보니샘과 함께하는 자신만만

프로젝트
수업 10

보니쌤과 함께하는 자신만만

프로젝트 수업 10

초판 1쇄 펴낸날   2020년 7월 16일
초판 4쇄 펴낸날   2024년 1월 24일

지은이   구본희
펴낸이   홍지연

편집   홍소연 이태화 김영은 차소영 서경민
디자인   권수아 박태연 박해연 정든해
마케팅   강점원 최은 신종연 김가영 김동휘
경영지원   정상희 여주현

펴낸곳   (주)우리학교
출판등록   제313-2009-26호(2009년 1월 5일)
주소   04029 서울시 마포구 동교로12안길 8
전화   02-6012-6094
팩스   02-6012-6092
홈페이지   www.woorischool.co.kr
이메일   woorischool@naver.com

ISBN 979-11-90337-39-7 03370

보니샘과 함께하는 자신만만

프로젝트 수업 10

구본희 지음

우리학교

차례 ──────•

자유학년제
프로젝트 수업 10

2011년 즈음 혁신학교와 '배움의 공동체'를 접하게 됐을 때다. 무엇보다 나는 ㄷ자 자리배치 방식이 아주 마음에 들었다. 하지만 일반 학교에서 수업시간에 ㄷ자로 앉혀 수업한다는 건 쉽지 않았다. 학생들은 국어 시간에만 책상을 옮겨야 한다며 짜증을 내기도 했고, 모둠활동 하면서 협력하는 분위기가 겨우 생겼다 싶으면 다음 날 들어가보면 언제 그랬냐는 듯이 분위기가 바뀌어 있기도 했다. 그런 학생들을 다독이며 마음을 모아 어렵게 다시 수업을 해야 했다. 시시포스의 형벌 같았달까. 하루 중 한두 번 모둠 수업으로 공동체적 문화나 협력의 분위기가 생기기를 바라는 것 자체가 욕심이었다. 혼자서 할 수 있는 게 아니었다. 협력하고 수업을 중요하게 생각하는 문화가 필요했다. 그래서 혁신학교를 만들고 싶었다. 수업시간에 숨통 좀 트고 싶었다.

혁신학교 시도가 흐지부지되면서는 창의적이고 자유로운 분위기가 갖춰진 학교로 가고 싶었다. 마침 관악중학교(서울 관악구)에서 혁신학교를 시도한다는 이야기가 있었고, 다른 학교에서는 아직 시작하지 않은 서울형 자유학기제를 시도한다고 했다. 그래? 그럼 자유학기제를 혁신학교처럼 해볼까? 다행히 그 학교에는 함께 혁신학교를 준비했다가 먼저 옮겨간 선생님도 계셨다.

그렇게 2014년, 관악중학교로 옮겨와 자유학기제를 핑계로 내가 하고 싶은 모든 것을 원 없이 시도했다. 수업 대부분을 프로젝트식으로 바꾸었고, 다양한 교과와 융합 수업을 해보았다. 1학년만의 계절 축제를 만들었고, 수련회든 봉사활동이든 수업과 연결하여 시행했다. 1년 동안 부쩍 자라는 학생들의 모습을 보면서 '학교가 학생을 키운다'라는 것이 무엇인지 확인할 수 있었다. 학생들 스스로 '관악중학교 학생'이라는 데 대한 자부심이 넘쳤다.

더 나은 수업을 하고 싶다는 선생님들의 열망으로, 드디어 2017년 관악중학교는 혁신학교가 되었다. 학년부를 중심으로 만들어진 교원학습공동체와 정례적인 수업 공개를 통해 수업에 관한 이야기를 일상적으로 할 수 있었다. 개인적으로는 어떻게 해볼 수 없던 것도 시스템이 바뀌니까 가능했다. 한 달에 한 번 정도 깊게 수업에 관해 논의할 수 있었고, 학년별로 같이 모여 앉아 언제든 생활지도와 수업 이야기를 할 수 있었다.

2018년에는 다른 학교보다 일찍 자유학년제를 시작했다. 자유학기제를 통해 학생들이 부쩍 성장하는 모습을 봤기 때문에, 교사들 대부분이 기꺼이 자유학년제를 해보자고 하셨다. 나는 1학년 부장을 맡으면서 어떻게 학생들과 교사가 함께 성장할 수 있을까 고민했다. 그 단초를 융합 수업에서 발견했고 적극적으로 시도했다. 미리 협의를 했어도 이해도가 달라 여러 번 다시 이야기해야 하는 경우도 있었고, 처음에는 단순한 수다로 시작했다가 실제 수업으로 발전하는 경우도 있었다. 서로 다른 우리였지만 학생들과 함께 자유학년제라는 군무를 완성하기 위해서는 서로를 살피며 스텝을 맞춰야만 했다.

이후 제시할 모든 수업은 절대 혼자의 힘으로는 불가능했다. 1학년 담임 선생님들과 당시 혁신부장 선생님께서 물심양면으로 도와주셨기에 가능했던 일이었다.

① 교육과정을 재구성하다

2018은 개정된 2015 교육과정이 처음 시작되는 해였다. 이해중심 교육과정이나 역량 같은 말들이 새롭게 들어왔지만, 나는 민주시민 교육을 기른다는 교육의 목표가 성취기준으로 교과서로 내려오면서 여전히 파편화되고 분절적으로 된다는 의심을 지울 수 없었다. 국어과 교육과정의 성취기준은 하나하나 뜯어보면 참 좋다. 하지만 이것이 비판적이고 창의적인 사고력을 기른다는 국어과 목표와 유기적으로 맞아떨어지고 있을까? 교과서는 각 성취기준에 맞게 잘 만들어놓았지만, 이것이 진짜 교육의 목표, 국어교육의 목표에 잘 부합하고 있을까?

이런 의심들은 나를 교과서와 점점 멀어지게 만들었다. 기계적으로 배분해놓은 성취기준으로는 내가 원하는 수업뿐만 아니라 국어교육의 최종 목표를 이루는 데도 한계가 있다는 생각이 들었다. 처음 시작은 내가 원하는 대로 프로젝트를 만들어서 교과서 단원 사이 틈을 내어 시작했다. 하지만 하다보니 성취기준만 제대로 달성한다면 굳이 교과서로 수업을 할 필요가 있을까 싶었다. 성취기준 중에 마음에 그다지 들지 않는 부분도 있지만 내가 만난 학생이 그해에 그것을 익히지 않으면 이후에 뜻하지 않게 고생을 할 수도 있기에 과감하게 성취기준을 뒤흔들지 않았지만, 프로젝트 수업을 어떻게 해볼까 고민하는 와중에 충분히 달성할 수 있는 성취기준이 보였다. 그래, 그렇다면 성취기준만 놓고, 내가 하고 싶은 프로젝트 수업과 매칭을 잘 해보자. 그렇게 교육과정 재구성을 시작했다. 성취기준을 놓고 교사 교육과정을 새로 짠 것이다.

[표❶] 자유학년제 국어 수업 교육과정

연번	프로젝트 제목	시기	10분 책읽기	성취기준	수업 내용
	수업 안내	3월 1주			
1	공책 표지에 얽힌 이야기	3월 2주 ~4월 1주	읽고 싶은 책 (책 소개하기)	[9국01-10] [9국02-03] [9국03-05] [9국03-06]	자기 자신을 잘 표현하는 단어를 골라 그에 얽힌 이야기를 쓰고 발표. 개요짜기부터 고쳐쓰기까지 쓰기의 전 과정을 거쳐 글을 쓴 후, 개인별, 짝 혹은 모둠별로 말하기 연습을 함. 학생들이 말하기 하는 장면을 영상으로 찍은 후 자신의 모습을 보고 자기 성찰 평가를 함.
2	진로체험 활동지 만들기 (+ 진로 수업)	4월 2~4주		[9국01-04] [9국02-03] [9국02-08]	진로체험 장소에 대해 학생들이 직접 활동지를 만듦. 장소에 관한 설명, 미션과 퀴즈, 장소와 관련된 직업을 조사하여 홈페이지에 올리면 그것을 모아 다시 편집하여 실제 활동지로 만듦. 여기에 미션과 퀴즈를 낸 학생들의 이름을 밝혀 실음.
3	학교 가는 길 글쓰기 (+ 사회, 미술 수업)	5월 1~4주	글쓰기 이론 (내용 요약하기)	[9국02-03] [9국03-05] [9국03-06]	사회과에서 위치와 지도에 관해 배운 후, 국어 수업을 통해 글쓰기에 관한 글을 읽고, 자신이 각자 학교 가는 길에 관찰한 것을 개요를 짜고 고쳐 쓰면서 글로 완성함. 미술 과목에서 이를 말풍선 넣은 지도로 만듦.
4	책 예고편 영상 만들기 (+ 정보 수업)	6월 1~3주	소설 (갈등 요소 찾기)	[9국01-04] [9국03-08] [9국05-03] [9국05-10]	정보 과목에서 동영상 만드는 법을 배운 후, '작가와의 만남' 행사로 김혜정 작가를 모시기 전에 그의 책을 4권씩 6종류 구입하여 모둠별로 같은 책을 읽음. 토의를 통해 책 예고편 영상을 만듦. 수업시간에 스토리보드를 짜고 직접 촬영하였으며 작가를 만나기 전에 강당에서 '책 예고편 영상 발표회'를 엶. *한 학기 한 권 읽기
5	시, 너를 알고 싶다 (마인드맵과 내용 요약)	6월 4주 ~9월 1주	시 이론, 시집 (비유와 상징 찾기)	[9국02-03] [9국05-02] [9국01-04] [9국01-10]	비유와 상징이 잘 드러난 시 10편을 읽으면서 시 하나당 두 명이 시의 구절 해석과 시에 드러난 비유와 상징을 붙임 쪽지에 쓴 후, 교실 곳곳에 붙어 있는 전지에 붙임. 모둠에서 맡은 시에 관한 전지를 떼어와, 친구들이 붙인 쪽지를 분류하고 그 의견을 종합하여 시에 관한 해석과 시에 드러난 비유와 상징에 관해 발표하게 함.
6	우리 동네 생태지도 만들기 (+ 사회, 과학, 미술 수업)	9월 2주 ~10월 3주	소설 (예측하며 읽기 + 묘사 찾기)	[9국02-02] [9국01-10] [9국01-03] [9국05-02]	위치와 지도에 관해 배운 사회 수업을 바탕으로 과학 시간에 생태에 관해 배운 후, 학교 근처를 28개 구역으로 구분, 전체 1학년 학생들이 모둠별로 나눠 맡음. 국어 시간에 비유를 써 묘사할 동식물과 그에 관해 면담할 사람을 섭외하여 묘사하는 글을 쓰고 면담 보고서를 작성함. 반별로 잘한 모둠은 강당에서 '우리 동네 생태지도 만들기' 발표회에서 발표함. 미술 시간에는 묘사한 것을 세밀화로 그린 후, 모둠별 1/28에 해당하는 지도를 그려 협동화로 완성함.
7	혐오 표현 안 쓰기 (+ 도덕, 사회 수업)	10월 4주 12월 3주		[9국01-12] [9국02-08] [9국03-06]	도덕 수업시간에 인권과 혐오 표현에 관해 배운 후, 국어 수업에서도 혐오 표현과 관련된 수준이 다른 4종류의 책을 읽으며 방과후 친구들과 대화를 녹음함. 매일 '혐오 표현 안 쓰기 체크리스트'를 작성하면서 자신을 돌아봄. 녹취한 것을 바탕으로 자신의 언어생활에 대한 보고서를 작성함. 사회과에서 예능과 드라마 등 대중문화에 드러난 혐오 표현에 관해 수업함. *한 학기 한 권 읽기
8	우리말 바로 쓰기 (+ 정보 수업)	11월 1주 ~11월 3주 +12월 3주	혐오 관련 책 (내용 요약하기)	[9국02-03] [9국01-10] [9국04-01] [9국04-04] [9국04-05]	문법 단원을 묶어 관련 텍스트를 읽고 비주얼 씽킹을 통해 각자 정리한 후, 모둠별로 자신들이 공부한 내용을 발표함. 질의응답을 통해 내용을 이해함. 형성평가로 아는 것을 확인하고, 모둠별로 '형성평가 돌아보기'를 작성하면서 모든 문제에 대한 해설을 달아봄.
9	반가 만들기 (+ 음악 수업)	11월 4주 ~12월 2주		[9국01-04] [9국03-05] [9국05-02]	축제 때 반가를 발표하기 위해 음악 시간에 곡을 선정하고 국어 시간에 개사를 함. '질문 형성 기법'으로 학급의 1년 생활을 돌아본 후, 모둠별로 개사하고 발표함. 잘한 모둠을 골라, 그 모둠의 개사를 바탕으로 전체가 함께 수정함. 반별로 안무를 짜서 음악 시간과 국어 시간에 연습한 후 강당에서 발표회를 함.
10	갈등과 성장 배우기	12월 4주 ~1월 1주	소설 이론 (내용 요약하기) / 소설	[9국05-03] [9국05-10] [9국01-04]	갈등에 관한 글을 읽고 정리한 후, 단편소설 「나비를 잡는 아버지」를 텍스트로 질문을 만들어 월드 카페 대화 수업을 진행함.

그렇다면 남은 문제는 어떤 프로젝트 수업을 할까였다. 기준이 필요하겠다는 생각에 나름대로 수업의 원칙을 세워보았다.

무엇보다 학생들은 자신의 생활과 관련된 문제에 맞닥뜨리면 관심을 보인다. 그 점을 기억해야 했다. 학교에서 배우는 교과가 삶의 문제를 건드려주지 않는다면 학생들은 흥미를 쉽게 잃지만 자신의 문제라고 생각하면 열성적으로 참여하고, 그렇게 배운 것은 오래 간직한다. 수업 시간에 배우는 내용이 너무 추상적이면 중학교 1학년 학생들로서는 수업에 다가가기가 수월하지 않다. '최대한 학생의 삶에서 시작한다', 그것이 내 첫 번째 원칙이었다.

2014년 자유학기제에서 융합 수업을 처음 시도한 이래, 다른 학년을 맡으면서도 계속 융합 수업을 시도했다. 수업을 다른 과목과 함께 진행하면 큰 도움을 받는다. 국어 수업에서 제대로 엄두를 내지 못했던 것도 수준 높게 진행할 수 있다. '동네 그림책 만들기' 수업은 아주 마음에 들었다. 이전에 국어 수업을 하면서 그림책을 만드는 수업을 했었지만 언제나 그림이 졸라맨 수준이어서 좌절했었다. 하지만 미술과가 함께 하니 호화찬란한 그림책이 가능했다. 융합 수업을 하면 학생들의 결과물이 수준 높았다.

과정 중심 평가가 강조되면서 수행평가의 비중이 늘었고, 아울러 수행해야 하는 과제의 개수도 많아졌다. 그러나 융합 수업을 하면 하나의 과제로 둘 혹은 그 이상 여러 교과의 수행평가를 하게 되므로 개수가 줄어든다. 북한과 통일에 관한 보고서를 써서 도덕 시간과 국어 시간에 각각 내용과 형식 면에서 평가한다면, 학생은 하나의 과제로 두 과목에 걸쳐 점수를 받을 수 있다. 국어 시간에 '한 학기 한 권 읽기'로 소설을 읽고 영어 시간에 그 내용으로 북리뷰를 쓰고, 가정 시간에 소설에 드러난 가족 상황을 분석하고 문제점과 대안을 찾는 수행평가를 실시한다면 학생들은 영어 시간과 가정 시간에 따로 내용을 만들어내느라 힘을 들이지 않아도 된다. 여러 교과에서 함께하는 시너지 효과 덕에 결과물도 수준이 높아지고 수행평가 개수도 줄어드니, 수업을 계획하기 전에 항상 어떤 교과와 함께하면 서로 좋을지 고민하게 된다. 그래서 '다른 교과와 함께해서 더 나은 효과를 볼 수 있다면 융합 수업을 한다'라는 것을 두 번째 원칙으로 세웠다.

1년의 교육과정은 **표❶**과 같다. 표에서 밑줄 친 부분은 다른 교과와 함께 융합 수업을 계획한 것이고, * 표시는 '한 학기 한 권 읽기'로 진행한 프로젝트이다. 이 표에는 매시간 수업 시작하기 전에 했던 '10분 책 읽기'의 구체적인 내용도 제시되어 있다.

10분 책읽기는 국어 수업 시작하기 전에 10분간 책을 읽히는 프로그램이다(자세한 내용은 『한 학기 한 권 읽기 어떻게 할까?』[김주환·구본희·이정요·송동철, 북멘토]에 실려 있다). 학생들에게 책을 읽을 시간을 주어야겠다는 생각으로 이 방법 저 방법 궁리하다가 시도했는데 의외로 반응도, 효과도 좋아서 지속하고 있다. 10분 책읽기가 아직 익숙하지 않은 초반에는 학생들이 읽고 싶은 책을 골라 10분 동안 읽게 했다. 조금 익숙해지면 7~8분 정도 책을 읽고 2~3분은 후속활동을 한다. 공책의 뒷부분에 '나의 책 보물 창고'라는 섹션을 만들고, 그곳에 읽은 내용을 간략하게 요약하거나 마음에 드는 구절을 적도록 안내한다. 그리고 읽은 내용을 짝에게, 혹은 앞뒤 사람에게 소개한다.

10분 책읽기는 프로젝트에 관해 더 깊은 배경 지식을 탐구하거나, 이론적 기반을 쌓는 시간이기도 하다. 초반 몇 년 동안은 10분 동안 학생이 자유롭게 원하는 책을 읽게 했는데, 국어 시간 동안 10분 책을 읽는 것이라면 아침독서운동의 10분 책읽기와는 달라야겠다는 생각을 했다. 아침독서운동에서는 읽고 싶은 책을 어떤 독후활동 없이 읽으라고 제안하지만, 국어 시간 시작 전 10분을 할당한 책읽기는 좀 더 수업의 성취기준과 연결되는 게 좋다고 판단했다.

3, 4월에는 학생들이 아직 10분 책읽기에 익숙하지 않은 상태이기 때문에 원하는 책을 읽은 후 간단하게 정리하게 했고, 이후 자리가 잡힌 후에는 10분 책읽기를 교육과정과 연계하여 진행했다. 글쓰기 수업을 하면 글을 잘 쓰는 방법에 관한 글을 읽혔고, 시나 소설 수업을 하면 이론적인 배경이 되는 글을 읽혔다. '비유와 상징의 표현 효과를 바탕으로 작품을 수용하고 생산한다'라는 성취기준을 달성하기 위한 프로젝트는 시집을 읽으면서 '비유'와 '상징'이 드러난 구절을 찾아 적는다든지, 소설을 읽으면서 '비유'를 적용한 묘사하기를 찾아 적는 등의 활동을 하게 했다. '독자의 배경 지식, 읽기 맥락 등을 활용하여 글의 내용을 예측한다'라는 성취기준과 관련해서는 소설을 읽으면서 다음 내용을 계속 예측해보게 하고, '한 학기 한 권 읽기'와 연계해서는 혐오 표현과 관련된 책을 읽히기도 했다.

10개 프로젝트로 구성한 중학교 1학년 국어과 성취기준은 다음과 같다.표❷ 성취기준의 괄호 안 숫자는 프로젝트 제목 번호이다. 예를 들어

[표❷] 프로젝트 성취기준

듣기·말하기	읽기	쓰기	문법	문학
[9국01-03] 목적에 맞게 질문을 준비하여 면담한다.(6) [9국01-04] 토의에서 의견을 교환하여 합리적으로 문제를 해결한다.(2, 4, 5, 9, 10) [9국01-10] 내용의 타당성을 판단하며 듣는다.(1, 5, 6, 8) [9국01-12] 언어폭력의 문제점을 인식하고 상대를 배려하며 말하는 태도를 지닌다.(7)	[9국02-02] 독자의 배경 지식, 읽기 맥락 등을 활용하여 글의 내용을 예측한다.(6) [9국02-03] 읽기 목적이나 글의 특성을 고려하여 글 내용을 요약한다.(1, 2, 3, 5, 8) [9국02-08] 도서관이나 인터넷에서 관련 자료를 찾아 참고하면서 한 편의 글을 읽는다.(2, 7)	[9국03-05] 자신의 삶과 경험을 바탕으로 하여 독자에게 감동이나 즐거움을 주는 글을 쓴다.(1, 3, 9) [9국03-06] 다양한 자료에서 내용을 선정하여 통일성을 갖춘 글을 쓴다.(1, 3, 7) [9국03-08] 영상이나 인터넷 등의 매체 특성을 고려하여 생각이나 느낌, 경험을 표현한다.(4)	[9국04-01] 언어의 본질에 관한 이해를 바탕으로 하여 국어생활을 한다.(8) [9국04-04] 품사의 종류를 알고 그 특성을 이해한다.(8) [9국04-05] 어휘의 체계와 양상을 탐구하고 활용한다.(8)	[9국05-02] 비유와 상징의 표현 효과를 바탕으로 작품을 수용하고 생산한다.(5, 9) [9국05-03] 갈등의 진행과 해결 과정에 유의하며 작품을 감상한다.(4, 10) [9국05-10] 인간의 성장을 다룬 작품을 읽으며 삶을 성찰하는 태도를 지닌다.(4, 10)

'[9국01-03] 목적에 맞게 질문을 준비하여 면담한다(6)'는 '우리 동네 생태지도 만들기' 프로젝트의 성취기준이라는 말이다.

프롤로그를 포함해 이 책의 본문은 각 프로젝트를 어떻게 진행했는지에 관한 구체적 설명이다. 제시된 학생 자료 대부분은 2018년 관악중학교 1학년 학생들의 공책에서 빌려왔다. 이 자리를 빌려 고맙다는 말을 전한다.

② 프로젝트의 구조를 짜다

프로젝트 수업은 목적에 맞게 학생 스스로 조사와 탐구를 통해 경험하고 실천하면서 과제를 해결해가는 형태의 수업이다. 프로젝트라는 말이 흔히 사용되고 나도 수업시간에 프로젝트라는 자주 말을 쓰는데, 정확한 의미가 뭘까, 궁금하여 다시 찾아봤다. 오영범의 논문「프로젝트 수업 사례를 통한 프로젝트 수업의 의미 탐색」(2017)에 따르면, 프로젝트는 학습방법 측면의 '자기 주도성', 수업 실행 측면의 '삶의 맥락과의 통합', 학습결과 측면의 '최종 산출물'이라는 공통 속성이 있다. 즉, 학생들이 자기 주도적으로 학습을 하고, 수업이 학생들의 삶과 연결되어 있으며 학습한 후 어떤 결과물이 나오면 그것을 프로젝트로 볼 수 있다는 이야기다.

교사가 교육과정과 교과서, 교사용 지도서에 따라 수업을 하다보면, 자칫 실제 자신이 만나는 학생들의 상황이나 수준보다는 국가가 정해놓은 '평균적인 학생'의 수준을 따라가게 될 수 있다.『평균의 종말』(토드 로즈, 21세기북스)이란 책에서 지적하듯이, '평균'이라는 개념은 실제로는 존재하지 않는 허상이다. 교과서나 교사용 지도서에는 갑자기 날씨가 더워졌을 때의 학생들 모습이나 방학 직전의 들뜸이 반영되지도 않는다. 교사용 지도서의 진도표는 언제나 별일 없는 학생을 상상하여 만든 것이다.

학습의 양을 줄인다고는 하나, 교육과정에는 여전히 배워야 할 것이 많다. 배워야 할 내용을 단원별·차시별로 세분해 제시한 국가 수준의 교육과정을 따라가자면, 학생들이 자신의 흥미와 배움의 속도에 맞게 학습을 조절하기 어렵다. 깊이 있게 지식을 탐구하거나 기능을 익히기에, 나아가 어떠한 태도나 가치관의 변화를 일으키기에도 적합하지 않다. 2~3시간 다른 사람을 배려하는 말하기를 배우고 연습한다고 해서 과연 그러한 태도가 몸에 밸까? 5시간 정도 플라스틱의 문제점에 관해 광고를 만들고 발표한다고 해서 플라스틱을 줄이는 일상의 실천까지 이어질까? 나는 이러한 문제에 대한 해결을 프로젝트 수업에서 찾을 수 있다고 생각했다.

프로젝트 수업은 우선 기간이 길다. 배운 것을 내면화해서 실천으로 나갈 수 있을 정도로 충분한 여유가 있다. 하지만 제대로 배우고 제대로 실천하고 있는지 점검하지 않는다면 뭔가 바쁘게 활동을 했다는 것으로 그칠 염려도 있다. 그렇게 되지 않으려면 계속해서 자기의 학습을, 자기의 실천을 돌아보는 일이 필요하다. 그런 고민 끝에 내가 발견한 단어는 '성찰'이었다. 자기 자신의 지금 수준이 어디이고, 지금 무엇을 하고 있고, 어느 방향으로 나가야 하는지를 학생 스스로 깨달아야 제대로 성장할 수 있다고 판단했다. 교사가 하라는 대로 정신없이 끌려다니는 것이 아니라 주체적으로 자기 모습을 점검하는 메타인지를 활성화시켜야 한다고 생각했다.

그래서 프로젝트 전반에 걸쳐 학생들이 학습의 주인이 될 수 있도록 성찰할 수 있는 기회를 만들었다. 일부러 점검하는 꼭지들을 만들고 이를 구조화하려 했다. 그런 노력을 학습의 전/중/후로 나누어 제시해보려고 한다.

1. 학습 전 성찰

① 프로젝트의 맥락 보여주기

길 건너 초등학교에 친한 선생님을 찾아갔던 일이 시작이었다. 걸어서 15분인데도 따로 찾아가기에는 시간이 나지 않았다. 1학년 진로체험활동의 일환으로 초등학교 교사가 꿈인 학생들을 인솔하여 인근 초등학교를 방문해야 하는 일이 생기자 자원하여 그곳을 방문했다. 학생들이 교실에 들어가 실제 수업에서 보조교사 노릇을 하는 동안, 따뜻한 차 한 잔을 대접받으며 초등학교 선생님과 담소를 나누었다. 차를 내리면서 교실을 둘러보는데, 신기하게 교실 곳곳이 보이기 시작했다.

생각해보면 이전에도 초등학교 교실에는 꽤 여러 번 갔다. 하지만 모두 학부모총회나 공개수업과 같이 아들과 관련한 일로 인한 방문이었다. 목적이 그러니 교실에 들어가 있다 한들, 수업시간에 아들이 어떻게 하고 있나만 보이고, 교실 뒤쪽 게시물도 아들의 작품 말고는 눈여겨본 적이 없었다. 하지만 완전히 다른 이유로 찾아온 초등학교 교실에서 나는 지금까지와는 다른 것을 보게 되었다.

우선 초등학교 교실은 매우 친절했다. 지금까지 어떤 것을 해왔고, 앞으로 무엇을 할 것인지에 대한 안내가 교실 곳곳에 붙어 있었다. 여기서 6학년을 이렇게 배운 학생들을 바로 다음 해에 내가 맡아 1학년을 가르치게 될 터였다. 이렇게 대접받으며 지내온 아이들이 졸업 후 2주 남짓 보내고 중학교에 오면 새로운 교사인 나를 마주치게 되는 거였다. "선생님, 체육 어디서 해요?" "수학 숙제는 언제까지예요?" 이런 질문을 들을 때마다 퉁명스럽게 "그걸 왜 나한테 물어봐!" 했던 내 모습이 떠올랐다. 학생들은 자기 담임이니까 별생각 없이 6년간 하던 대로 내게 물었는데, 중학교 시스템에 익숙한 나는 어이없는 말을 들은 것처럼 반응을 했겠지. 그동안 얼마나 불친절한 학교, 불친절한 교사로 비쳤을까.

중학교에 온다는 것 자체가 너무도 낯선 문화 충격인데, 아침에 30분 일찍 일어나거나, 갑자기 버스를 타고 몇 정거장을 거쳐 등교하는 일도 꽤 낯설 텐데 말이다. 내 수업 역시 그렇지 않았을까?

초등학교 교실을 흉내 내어 프로젝트 수업을 하면서 우리가 지금 어디쯤 와 있는지 표시해주기 시작했다. 첫 시간에 프로젝트 전체 안내를 하면서 '우리는 이러한 과정을 거쳐 이러한 결과물을 내는 프로젝트를 할 것'이라고 세세히 알렸다. 색지에 코팅하고 자석으로 붙였는데, 나중에 알고 보니 교구 사이트에서도 써붙일 수 있는 자석을 다 팔고 있었다. 그러나 만든 게 아까워서 계속 쓰고 있다.

학생마다 학습 스타일이 다르다. 성격도 다르다. 전체적인 그림을 알아야 안심이 되는 나 같은 학생도 분명 있다. 내가 전체 과정과 현재 단계를 알려준다면, 학생들은 저마다 지나온 일과 앞으로 해야 할 일 사이에서 자신의 자리를 찾고 자기 조절 능력을 키울 수 있다. 좀 더 긴 시간적 상황에서 자신을 메타인지적으로 바라볼 수 있게 된다.

② 프로젝트의 목표 세우기

가끔 다른 선생님들이 "학생들의 프로젝트 결과물 수준이 괜찮은데 그 이유가 뭔가요?" 하고 묻는다. 그때 내가 드리는 말씀이 몇 가지 있다. 그중 하나가 시작할 때 공들여 '목표 세우기'를 한다는 점이다. 왜 이 프로젝트를 하는지, 이 프로젝트에서 자신의 목표가 무엇인지를 생각하게 하고, 채점기준표를 함께 읽으며 학생이 자신의 지금 수준과 상황을 생각하게 한다. 모둠별로 이 주제로 이야기를 나누면서 더 나아지기 위해 무엇을 할 수 있는지 친구들의 조언을 듣게도 한다(이 채점기준표는 당연히 프로젝트가 끝나고 다시 돌아볼 때도 이용하고, 평가에도 이용한다). 좀 더 자세히 풀어보면 다음과 같다.

우선 왜 이 프로젝트를 하는지 써보게 한다. 실제로 써보기 전에 칠판과 학습지를 보며 전반적인 수업 과정을 먼저 설명한다. 이 프로젝트는 왜 할까? 프로젝트를 하면 뭐가 좋을까? 등등 몇 가지 질문을 던진후 2분간 글을 쓰게 한다. 2분 쓰기. 이는 허병두 선생님께 배운 1분 글쓰기를 변형한 활동인데, 3월 초에 1분 쓰기를 몇 번 연습시킨 후 2분쓰기, 3분 쓰기로 늘여가는 것이다. 중학생에게는 5분 쓰기가 최대치이다. 5분을 쓰면 공책 10줄 정도를 쓰는데, 학생들의 머리에서 모락모락 김이 나는 듯한 느낌이 든다. 그만큼 힘들어한다.

1분 쓰기는 주제를 주고 시간을 재어 딱 1분의 시간만큼만 글을 쓰게 하는 것이다. 1분이 지나면 문장을 다 맺지 않아도 그만두게 하고 몇 글자를 썼는지 글자 수를 센다. 글자 수를 세도록 하면 도전의식이 생겨서 자꾸 한 번만 더 하자고 학생들이 졸라댄다. "시작!" 외친 후 알람이 울리기 전까지 사각사각 글자 쓰는 소리를 듣고 있으면 참으로 뿌듯하다.

학생들이 다 열심히 쓸까? 물론 열심히 쓰지 않는 학생도 있다. 그래서 1분 쓰기를 설명하고는 과장 섞인 동기부여를 한다. "1분 동안 쓴 글자의 숫자는 말이지", 이렇게 운을 떼면 학생들은 눈을 동그랗게 뜨고 교사를 바라본다. "네 아이큐야."라고 말하는 순간, 여기저기서 다양한 반응이 튀어나온다. 놀라는 소리, 당황하는 소리. 그러면 꼭 한 학생이 물어온다. "사람 아이큐가 얼마나 돼요?" 누군가 대답한다. "100이잖아." "그럼 1분에 100자나 써야 한단 말이야?" 또 시끌시끌. "샘, 빨리 우리 해봐요."

"잠깐, 얘들아. 그런데 사람만 아이큐가 있는 게 아니거든?" 이렇게 말을 꺼내면서 차례차례 동물들의 아이큐에 관해 이야기한다. 물론 과학적인 근거는 없다. 인터넷을 뒤져 대략의 추정치를 10단위로 재분류한 것이다. 칠판에 쭉 써주면 학생들은 안달이 난다. 자신이 물개일까, 강아지일까, 곰일까, 고양이일까 궁금한 거다. 그리고 "시작!" 1분을 알리는 알람이 울리면 학생들은 누가 뭐랄 것 없이 자신이 쓴 글자 수를 세느라 여념이 없다. 잠시 후에 이어지는 탄식과 기쁨의 함성. "난 강아지예요." "난, 원숭이야." "그래? 난 돌고래인데." 곧 한목소리가 된다. "선생님, 한 번 더 해요." "이번엔 주제가 뭐예요?"

이걸 자꾸 연습하면 학생들의 글쓰기 속도가 꽤 빨라진다. 1년이 지난 후 평가서를 받으면 '글을 빨리 쓰는 능력이 늘었다'라는 이야기가 나온다(안타깝게도 '잘 쓰는 능력'이 아니다). 아마 1분 쓰기 때문일 것이다. 학생들은 아이큐를 높이기 위해 꼼수를 쓰기도 한다. '지하철'을 주제로 주면 '1호선, 2호선, 3호선, 모르겠다, 모르겠다, 나는 지하철이 좋다, 4호선, 5호선' 이렇게 이어가기도 한다. 그래서 1분 쓰기를 하기 전에 3명 정도 무작위로 발표시킬 것이라고 예고한다. 그래야 이상한 말을 반복하여 글자 수만 늘리는 일이 줄어든다.

1분 쓰기가 익숙해지면 2분 쓰기로 들어간다. 주로 도입 부분에 많이 쓴다. 단원을 시작할 때 '시는 왜 배울까?' '고전이란 무엇일까?' '문법을 공부하는 이유는?' 등에 관해 쓰기도 하고, '잘된 말하기란 무엇일까?' '말하기 평가를 앞두고 우려되는 부분은 뭘까?' 등 수행평가 직전에도 쓴다.

프로젝트를 왜 하는지 2분 쓰기를 한 후 약속대로 3명 정도 발표를 시킨다. 여러 뽑기 프로그램을 이용해서 번호를 뽑는다. 학생들이 발표를 하면, 나는 내용을 요약하여 칠판에 적는다. 이것저것 발문을 주고 뜸을 들이고 시작해서인지 학생들이 생각하는 수준은 매우 놀랍다. 내가 설정한 프로젝트 목표보다 훨씬 멋진 말로 이 프로젝트의 의미를 말한다. 교사가 꺼내려 하지 않아서 그렇지, 학생들 안에는 이미 놀라운 보석들이 다 숨어 있다. 어떻게 이런 단어들을 사용했을까, 어떻게 성취기준과 이렇게 연관 지었을까, 놀라다가 가만히 생각하면 초반에 전체적인 흐름을 설명하면서 내가 흘렸던 말을 학생들이 자기화하여 쓴 것들이다. 예를 들어 '나만의 책 만들기 프로젝트'를 진행한다고 하면 목표는 다음과 같이 나온다.

나만의 책 만들기 프로젝트는 왜 할까요? 하면 무엇이 좋을까요? 어떤 의미가 있을까요?

• '나만의 책 만들기 프로젝트'를 하면서 내가 평소에 관심 있었고 좋아했던 내용을 한번 조사해보는 시간이 될 것 같고, 우리가 직접 책을 만들면서 책이 어떻게 만들어지고 어떤 (2분 동안 여기까지 썼다)

• 내가 작가가 되어 작가가 책을 쓰는 데 어떤 과정을 거쳐 만들며, 어떤 어려움이 있는지, 책을 쓸 때의 감정은 어떤지 느껴보라는 프로젝트인 것 같다.

• 구본희 선생님께서 만들라고 하셔서. 나만의 책을 만들 수 있어서, 책을 직접 써보면서 책 쓰기 경험하기, 친구들이 쓴 책을 읽을 수 있어서, 내가 원하는 책을 직접 만들 수 있어서.

그다음은 이 프로젝트에서 '나의 목표'에 관해 2분 쓰기를 한다. 프로젝트의 목표는 이렇다. 그렇다면 거기서 '나'의 목표는 무엇인지 생각하게 한다. 학생에 따라서 수업 내용에 관한 목표를 쓰는 친구도 있고, 과제를 제때 하겠다든지 모둠활동에 적극적으로 참여하겠다든지 여러 목표를 쓰기도 한다. 마찬가지로 3명 정도 발표를 시키거나 앉은 자리에서 4명씩 모둠을 만들어 공책을 오른쪽으로 돌리며 친구가 쓴 목표에 댓글을 달게 한다. 댓글 조건은 긍정적일 것, 30자 이상일 것 등이다. 이렇게 자잘하게 안내하지 않으면 친구들의 장난에 상처받는 학생이 생긴다.

• 이 프로젝트는 나에게 어휘력 상승의 효과를 가져오지 않을까 싶다. 나의 목표는 프로젝트를 통해 내가 작가가 되어 나만의 책을 만들어 보는 거와 어휘력 향상으로 내 글쓰기 능력이 향상되어 자신감이 있고 이해하기 쉬운 글을 쓰는

것이다.

- 나만의 책을 만들기 위해서. 내가 정한 것과 비슷한 주제의 책을 읽어서 해당 정보를 찾아 직접 한글로 책을 만들어보고, 다른 책들도 더 읽어보는 것이다.
- 이 프로젝트의 나의 목표는 나의 관심사에 관해 알아보고, 내가 바라는 진로를 찾으며 앞으로 한 발자국 나아가는 것이다. 나 자신이 좋아하는 것이 무엇인지, 자신에 대해 더욱더 알아가는 시간일 것 같다.

스스로 목표를 세우면 그 목표를 달성하고 싶은 생각이 강해진다. 친구들의 목표를 살피면서 자기 목표와 비교해볼 수도 있다. 이 정도 하면 프로젝트를 제대로 해보고 싶다는 마음이 조금은 들지 않을까?

③ 자기 수준 점검하기

다음 할 일은 학생들과 함께 채점기준표를 읽는 일이다. 일반적으로 프로젝트 전체를 아우르는 학습지를 만들어 첫 시간에 나눠주는데(10장 분량이 넘기도 한다), 채점기준표(루브릭)가 첨부되어 있다. 채점기준표를 통해 학생들은 자신이 어떤 과제를 어느 수준으로 해야 하는지 감을 잡을 수 있다.

채점기준표는 수업 내용과 모둠활동에 관련된 것으로 나누어 만든다. 실제 성적을 매기기 위한 것이 아니라(물론 그렇게 사용하기도 한다) 학생들의 학습을 점검하기 위한 용도로 쓴다. 모둠활동 루브릭은 모둠활동이 끝날 때마다 쓸 수도 있다. 수업 내용과 관련된 루브릭은 성취기준을 얼마나 달성했는지에 관한 내용이기 때문에 사용된 용어가 쉽지 않다. 학생들과 함께 채점기준표를 읽으면서 질문을 받다보면 학생들은 교사가 원하는 수준을 이해할 수 있다.

보통 성취기준 몇 개를 합치기 때문에 채점기준표의 세로줄인 평가 차원(표❸ 참조)은 영역별로 나누어 주요 성취기준의 숫자만큼 제시한다.

	평정 수준 1(상)	평정 수준 2(중)	평정 수준 3(하)
평가 차원 1			
평가 차원 2			
평가 차원 3			

너무 복잡해질까봐 주요 성취기준에 해당하는 내용만 평가 차원에 넣었는데, 실제로 학생들의 능력을 향상하기 위해서는 수행과제를 세분화해서 제시해도 좋을 것 같다. 예를 들어 성취기준에 '통일성 있는 글쓰기'가 있다고 해서 이 부분만 짚는 것이 아니라, 글쓰기의 서두, 본문, 맺음말이 어때야 하는지를 각각 채점기준표로 나타내주면 학생들이 실제 글을 쓸 때 어느 부분에 어떤 주의를 기울여야 하는지 알 수 있다.

평정 수준은 보통 3~4수준으로 만든다. '우수(잘함), 보통, 미흡'이라는 용어를 이용하여 3수준으로 만들었는데, 이에 관해서는 아직 고민이 많다. '보통'을 성취기준에 도달한 것으로 보고 '우수'는 이를 뛰어넘는 것으로, '미흡'은 부족한 것으로 본다면, '보통'이 아니라 '도달'이나 '달성'으로 봐야 하지 않을까 싶다. '우수'보다는 '매우 뛰어남', '보통'보다는 '달성함', '미흡'보다는 '조금만 더'가 나아보인다. 4수준으로 만들 경우에 가장 낮은 단계에 '힘을 내'라는 이름을 붙였다. 2020년부터는 '매우 뛰어남', '달성함', '조금만 더', '힘을 내' 용어를 쓰고 있다. '매우 뛰어남'과 '힘을 내'의 상세한 설명은 교사가 제시하고 학생들이 의논하여 '달성함'과 '조금만 더'에 들어갈 내용을 적어볼 수도 있다.

학생들과 함께 채점기준표를 읽으면서 학생들에게 지금 자신의 수준에 해당하는 부분에 검정색으로 동그라미를 치게 한다. 자신이 어떤 항목에서 '달성함'이나 '조금만 더'를 받을 것 같은지를 적고, 왜 그렇게 생각하는지 이유를 2줄 정도 쓰게 한다.

- 고쳐쓰기 : 나는 내가 쓴 글의 문제점을 잘 찾아내지 못하고, 그 문제점을 고쳐 쓰는 걸 잘하지 못한다.
- 통일성 : 통일성을 갖춰서 쓸 수 있을 것 같지만, 주제를 명료하게 드러내지는 못할 것 같다.
- 설명 방법 : 효과적으로 쓰지는 못할 것 같다.

모든 항목에 자신은 '매우 뛰어남'을 받을 것 같다고 장난으로 표시하는 학생들이 있다. 모두 '매우 뛰어남'을 받든 아니든 그 이유를 2줄 써야 한다고 이야기한다. 왜 나는 이 모든 항목을 잘하는지 쓰는 일은 쉽지 않기 때문에, 학생들은 곧 진지하게 활동에 임한다. 진짜 잘하는 학생은 모두 '매우 뛰어남'으로 표시하고, 왜 내가 이러한 항목을 잘하는지도 구구절절 잘 쓴다.

그다음, 앉은 자리에서 4명으로 모둠을 만든다. 1명씩 2줄로 이유를 쓴 부분을 읽으면, 다른 친구들은 잘 듣고 있다가 '달성함'이나 '조금만 더'인 항목이 '매우 뛰어남'으로 가기 위해서는 어떤 노력을 할 수 있는지 조언을 해준다. 처음 발표한 학생은 학습지에 친구들의 조언을 정리한다. 1명이 끝나면 시계 반대 방향으로 돌면서 4명 모두 친구들의 조언을 듣는다.표❹

[표❹] 채점기준표 – 자기 평가와 조언

'달성함'이나 '조금만 더'를 받을 것 같은 항목은 무엇입니까? 이유도 2줄 정도 적어봅시다.	모둠원들과 어떻게 하면 '매우 뛰어남'으로 갈 수 있을지 의논하여 그 결과를 적어봅시다.
고쳐쓰기 : 나는 내가 쓴 글의 문제점을 잘 찾아내지 못하고, 그 문제점을 고쳐 쓰는 걸 잘하지 못한다.	내가 독자가 되어 읽어보자.
통일성 : 통일성을 갖춰서 쓸 수 있을 것 같지만, 주제를 명료하게 드러내지는 못할 것 같다. 설명 방법 : 효과적으로 쓰지는 못할 것 같다.	주제와 공통점을 생각한다. 여러 가지를 대입해서 어울리는 것을 생각한다.

친구들의 조언 수준은 '사전을 찾아봐', '선생님께 여쭤봐' 등 단순한 것부터 '다른 사람들이 쓴 글을 찬찬히 살피면서 읽어', '글쓰기에 관한 책을 찾아봐' 등등 꽤 쓸 만한 조언까지 다양하다. 모둠에 따라 유치한 조언이 난무하기도 하는데, 그럼에도 불구하고 지금 자신의 수준을 진단하고 출발점을 명확히 하여 더 나은 수준으로 성장하기 위해서는 학생들에게 이 활동이 필요하다고 생각한다. 학생들의 메타인지를 자극할 수 있는 방법으로 자꾸 성취기준에 관해서 고민하는 기회를 만들어 주면, 나중에 자기 성찰 평가서에도 그러한 내용이 담긴다.

2. 학습 중 성찰

① 오늘의 목표 세우기─배우고 느낀 점

프로젝트를 시작할 때, 공책 한 쪽을 비우고 크게 프로젝트 제목을 쓰게 한 후, 그다음 쪽에 '배움 진행표'를 작성하게 한다. 배움 진행표는 매시간 시작할 때 날짜와 오늘의 '목표'를 쓰고, 끝날 때 '배우고 느낀 점'을 쓰는 단순한 양식이다.

수업을 시작할 때 오늘 자신의 '목표'를 쓴다. 프로젝트 전체 진행을 알 수 있는 학습지를 시작할 때 나눠줬고, 칠판에 진도를 알리는 안내가 붙어 있어서 학생들은 그날 대략 어떤 활동을 할지 알고 있다. 학생은 이를 자기 목표와 연관 지어 쓴다. 보통은 교사가 '오늘은 ~를 할 거야. 그것과 관련지어 목표를 써봐'라고 안내한다. 학생들은 그날 할 일을 중심으로 목표를 쓴다. '제시간에 과제를 끝내고 모둠활동을 적극적으로 한다'라는 목표도 있고, '졸지 않고 바르게 앉아 최대한 열심히 듣는다'와 같은 목표도 있다. 짧게 쓰는 학생들도 있어서 30자 이상 쓰라고 잔소리도 한다.

'배우고 느낀 점'은 수업 마치기 1~2분 전쯤 그날 배운 것에 관한 생

배움 진행표

각을 쓴다. 목표와 관련지어 쓰면 좋겠으나 그렇지 않을 때도 있다. 매 시간 학생들의 수업 피드백을 받을 수 있어 교사에게 매우 유용하다. 수업을 망쳤다는 생각이 들 때, 학생들이 쓴 '배우고 느낀 점' 글을 보면 뭔가는 배웠구나 싶어 안심되기도 하고, 수업을 잘했다는 자만에 빠질 때 학생들이 어떤 부분이 제대로 이해가 안 된다는 이야기를 써놓은 것을 보면 다음 시간에 다시 짚어야 할 내용을 고민하기도 한다. 교사에게도 수업 개선을 위한 피드백이 된다는 생각 때문에 학생들에게 50자 넘게 매시간 쓰도록 했다. 처음에는 그냥 쓰라고만 했는데 제대로 안 쓰는 학생들이 있기에, 수업 끝날 때 가지고 나와 사인을 받아야 교실을 나가게 했다(exit card).

앞 사진은 1주일에 1번 수업이 있던 해, 한 2학년 학생이 쓴 공책이다. 10월 16일 목표를 보면 '다양한 설명 방법을 잘 익히고, 그 설명 방법을 이해해서 내가 글을 쓸 때 이용하고 싶다'라고 되어 있다. 교사가 그날 어떤 내용을 학습하게 될지 안내했기 때문에 학생은 그와 관련지어 목표를 쓰게 된다. 이 학생의 '배우고 느낀 점'을 보면 자신의 목표와 관련지어 '설명 방법에 대해 다시 생각하면서, 책에 어떤 설명 방법이 자주 들어가고, 어떤 설명 방법이 꼭 들어가야 되는지에 대해 알게 된 것 같다'라고 썼다. 만약 '배우고 느낀 점'에 설명 방법 구분이 어렵다거나 적용이 어렵다는 이야기가 있으면, 다음 시간에 그 부분을 다시 보충한다. 이렇게 되면 긴 프로젝트를 진행하더라도 교사나 학생이나 성취기준에 관한 관심을 계속 유지할 수 있다.

② 수업 일기

2000년부터 지금까지 수업시간에 수업 일기를 썼다. 교과나 교사에 따라 매시간 끝나기 5분 전쯤 그날 수업에서 배운 것과 궁금한 것 등을 적어보게 하기도 한다. 지난 수업시간이 어땠는지 돌아보는 방법으로 학생이 자신의 학습 정도와 상태를 점검할 수 있다.

내가 쓰는 방법은 반마다 한 권씩 공책을 마련하여 한 사람이 그날 수업에 있던 일을 쓰는 방식이다. 수업 일기를 쓴 학생은 다음 시간 수업 시작할 때 수업 일기를 발표한다. 이것도 취향에 따라 다양한 방법이 가능한데, 수업 시작할 때 수업 일기 쓸 사람을 정하는 교사도 있고, 번호순에 따라 돌리는 교사도 있으며, 끝날 때 원하는 사람에게 쓰게 하는 교사도 있다. 수업 일기에는 일반적으로 수업시간에 배운 내용과 그에 대한 자신의 느낌, 감상이 담기는데, 교사에 따라서는 교과와 관련지어 책을 추천하게 하거나, 발표날의 역사적 사실을 조사하게 하거나,

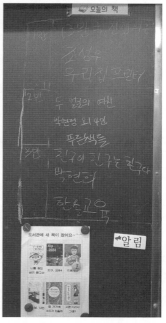

존경하는 과학자를 적어 발표하게 하는 경우도 있다.

발령 첫해 국어교사모임에서 새내기 연수를 받으며 수업 일기 이야기를 들었다. 그렇게 시작한 수업 일기, 지금까지 한 해도 거르지 않고 계속 이어나갔다. 수업이 끝날 때 자발적으로 수업 일기 쓸 사람을 정하고(수업 일기를 쓸 학생이 정해져야 수업이 끝난다. 한 바퀴 다 돌고 난 후에는 쓴 사람이 또 쓸 수 있다), 그 학생이 수업시간에 있던 일을 정리하는 일기를 쓰고 다음 시간에 자신이 써온 수업 일기를 읽는다. 활동 중심으로 진행한 날, 학생들은 수업 일기 쓰는 것을 어려워한다. 품사 수업을 했다면 품사 종류와 기능에 관해 배운 내용을 그대로 쓰면 분량을 채우기 쉽지만, 1시간 내내 글을 썼거나 친구들의 말하기 발표를 들은 경우, 학생들은 쓸 내용이 없다고 생각한다. 그럴 때는 교사가 수업 일기를 내주면서 학생에게 어떤 내용으로 쓸 수 있는지 질문을 통해 힌트를 줄 수 있다(수업시간에 네가 쓴 내용을 요약해서 써봐. 어떤 점이 어려웠니? 재미있던 점은 없어? 수업을 하니까 어떤 능력이 더 길러진 것 같니? 등등). 수업 일기는 같은 반 학생들끼리 돌려쓰기 때문에 시험 때나 학기말이 되어야 내 손에 들어온다. 나중에 학생들의 이야기를 들어보면 자신이 쓰겠다고 수업 일기를 받아가면 이전에 친구들이 썼던 글을 쫙 읽어본다고 한다. 나도 모르는 사이에 학생들은 수업 일기로 복습을 하고 있었던 거다!

처음 수업 일기를 쓸 때는 수업 내용 정리 용도로만 썼다가 절반은 수업 내용을 쓰고, 절반은 책을 추천하는 것으로 바꾸었다. 읽은 책 중(혹은 읽고 있는 책 중) 다른 친구들에게 권하고 싶은 책을 추천하는 체제로 바꾸었는데, 이에 관한 자세한 이야기는 『한 학기 한 권 읽기 어떻게 할까?』를 참고하면 된다.

③ 학생의 자기 점검

학습지 중간에 과정을 점검하는 체크리스트를 넣으면 오랜 시간을

[표❺]

[개인] 읽기 점검 : 나는 글을 읽으면서 무엇을 했나?

		그렇지 않음	때때로 그러함	항상 그러함
1	예측하면서 글을 읽었다.			
2	마음속으로 그림을 그리면서 글을 읽었다.			
3	연관성을 찾으면서 글을 읽었다.			
4	이해에 어려움을 느낀 이유를 깨달았다.			
5	문제를 해결하기 위해 조치를 취했다.			

[개인] 목표 점검 : 우리는 '관악 청소년 문학상' 프로젝트를 통해 아래의 목표를 달성해야 합니다. 자신의 상태에 v표를 해봅시다.

	잘하고 있음	나아지고 있음	노력이 필요함
읽기의 가치와 중요성을 깨닫고 읽기를 생활화하여 장편소설을 끝까지 집중하여 시간 내에 읽을 수 있다.			
핵심 정보가 잘 드러나도록 내용을 구성할 수 있다.			

*총평(위 내용에 관한 자신의 생각을 50자 이상 쓰세요)

들이지 않고도 학생은 자기 상태를 점검할 수 있다. 이러한 점검이 학생 개인에게 어떤 의미인지, 앞으로 학습에 어떤 도움을 줄 수 있는지 언급하면 학생들은 진지하게 임한다.표❺

다음과 같은 프로젝트 중간 점검을 체크리스트를 통해 할 수 있다(『프로젝트 수업 제대로 하기』(지식프레임)에서 힌트를 얻어 작성하였다).표❻

2019년에 1주일에 1시간씩 전 학년 독서 수업을 들어가면서 간단한

[표❻] [개인] 프로젝트 중간 점검

학습의 목적	기억나는 프로젝트의 목표는 무엇인가?	
	프로젝트가 진행되는 동안 알게 된 것을 어떤 방식으로 표현할 것인가?	
나의 위치	어떤 성취기준을 달성하였는가?	
	채점기준표에서 지금 나의 위치는 향상되었는가?	
	자신의 배움을 높이기 위해 취해야 할 다음 단계는 어떤 것들이 있는가?	
할 일	매시간 배우고 이해한 것을 다른 사람들에게 알리는 방법에는 어떤 것들이 있는가?	
	다음 단계로 어떤 것을 염두에 두고 있는가?	
학습 공동체	선생님의 수업이나 교사, 친구의 피드백이 어떤 점에서 효과적이라고 생각하는가?	
	나는 다른 친구들의 학습에 어떤 도움을 주었는가?	

[표❼] [모둠] 학습 점검 서클

1회 /	이번 주에 가장 많이 하고 있는 생각은 무엇인가?	
	학습 중에 어떤 어려움을 느끼는가? 그것을 어떤 방식으로 해결하려고 하는가?	
2회 /	오늘(다음) 수업에서 무엇을 기대하고 있는가?	
	오늘(다음) 수업을 잘해보기 위해 나는 무엇을 할 수 있는가?	
3회 /	요즘 수업에서 이해가 안 되거나 어려운 점은 무엇인가?	
	친구의 이야기를 듣고 궁금한 점은 무엇인가?	
4회 /	요즘 수업에서 내가 잘하고 있는 점이나 궁금한 점은 무엇인가?	
	친구의 이야기를 듣고 느낀 점은 무엇인가?	
5회 /	학습 중에 어떤 지점(부분)에서 어려움/곤란함을 느끼는가? 이유는 무엇이라 생각하는가?	
	친구를 돕기 위해 내가 할 수 있는 일은?	

'학습 점검 서클'을 운영해보았다.표❼ 우선 다음 질문에 대해 간단히 써본 후, 자리에서 간단히 의자를 돌려 모둠을 만든다. 4명이 하나씩 돌아가면서 질문에 대해 자기 이야기를 한다. 상황에 따라 교사가 질문을 더 추가해도 좋다. 시작할 때 분위기를 부드럽게 하는 질문(요즘 자기 상태를 날씨에 비유해 이야기하기, 오늘 가장 재미있던 수업 등등) 하나 정도를 더 추가해도 좋다. 5분 내외로 간단히 하는 활동이므로 학습 점검 서클 때문에 분위기가 흐트러지지 않도록 유의한다. 중요한 것은 자신과 친구들의 상태를 간단하게 점검하는 것이다. 교사는 학생들이 활동하는 동안 옆에서 듣고 있다가 추후 학생지도에 이용할 수 있다.

④ 교사와 학생 상호 피드백

학생들이 어떤 과제를 수행했을 때, 구체적이고 자세한 피드백이 필요하다. 교사는 피드백을 반영하여 학생이 자신의 과제를 수정하여 제출할 수 있도록 도와야 한다. 학생들의 성장을 돕기 위해 1회성 평가가 아니라 과정에 개입하여 과제의 질을 높일 수 있고, 학생의 능력을 향상할 수 있는 평가가 되어야 한다. 지금 과정중심 평가를 강조하고 있는데 그 핵심 고갱이는 피드백이라 생각한다. 각각의 프로젝트에서 교사와 학생 상호 간 피드백이 어떻게 이루어졌는지는 나중에 설명하겠다.

3. 학습 후 성찰

① 채점기준표 점검

프로젝트 마무리 단계이다. 다시 한번 채점기준표를 읽으며, 프로젝트가 끝나고 난 후 자신의 수준이 어느 정도인지 학생들이 다른 색으로 표시하게 한다. 처음에 표시했던 검정색 동그라미와 비교하여 어떤 부분이 어떻게 달라졌는지, 그 이유는 무엇인지 써본 후, '달성함(보통)'이

6-2. 수업 시작하기 전 예상했던 것과 달라진 점

항목	이유
예측과 평가 (좋아짐)	내가 평소에 책을 읽을 때 별다른 생각 없이 빠르게 읽는 편인데, 이번 프로젝트에서는 내용이나 작가의 의도에 관해 생각하며 자세히 읽었던 것 같다.

6-3. '달성함' 이나 '조금만 더' 를 받은 항목과 그 이유를 2줄 정도 적어봅시다.

항목	이유
설명 방법 파악과 고쳐쓰기	설명 방법 파악은 아직 내가 이해가 부족해서 더 노력해야겠고, 고쳐쓰기도 맞춤법을 조심해야겠다.
요약하기	쓰고 싶은 이야기는 너무 많고 정리가 안 되어서 글을 작성할 때 시간이 걸린다.
통일성	적절한 내용을 풍부하게 선정하지 못하고, 주제가 좀 덜 명료하게 드러나도록 글을 썼기 때문이다.
통일성	마지막에 갑자기 바꾸어서 매우 급조된 것같이 되었다.

6-4. 모둠원들과 어떻게 하면 '매우 뛰어남' 으로 갈 수 있을지 의논하여 그 결과를 적어봅시다.

항목	의논 결과
설명 방법 파악과 고쳐쓰기	책을 많이 읽어. 받아쓰기 연습을 해봐.
요약하기	머릿속으로 정리한 후 요약하기. 여러 번 훑어보기.
통일성	다양한 자료를 찾아서 한번씩 정리한 후 써봐. 주제에 초점을 맞춰서 써봐.
통일성	구체적인 계획을 먼저 짜고 설명을 잘 들어서 쓰기. 차분하게 써봐.

나 '조금만 더(미흡)'를 받은 항목을 쓰고 그 이유를 2줄 정도 쓰라고 한다. 처음 시작할 때와 마찬가지로 앉은 자리에서 모둠을 만들어 '달성함'이나 '조금만 더'를 받은 항목이 앞으로 더 발전해 '매우 뛰어남'이 되려면 어떻게 하는 게 좋을지 친구들의 조언을 받아 함께 의논한다.표❽

채점기준표에 모둠활동과 관련된 내용을 넣으면 자신의 모둠활동에 대해서 돌아볼 수 있다. 이는 성취기준과 직접적인 관련이 있는 것이 아니기에, 성적을 매길 경우(중학교 2, 3학년)에는 합산하지 않는다. 하지만 의사소통능력과 협력하는 역량을 기를 수 있기 때문에 모둠활동을 했을 경우, 자신이 어땠는지 돌아볼 기회를 학생들에게 주는 것이 좋다. 채점기준표는 수업 도중 모둠활동이 끝났을 때마다 잠깐씩 돌아보는 체크리스트 용도로도 쓸 수 있다('매우 뛰어남'이라고 생각하는 사람 손을 드세요, '달성함'이라고 생각하는 사람은? '조금만 더'는? 식으로 간단히 손을 들게 하고, 모둠원끼리 왜 그렇게 생각하는지 이야기를 나눈다). 오래가지는 않더라도 앞으로는 모둠활동에 기여해야겠다는 다짐을 하게 한다면 그것으로도 괜찮지 않나 싶다.표❾

학생들이 작성한 채점기준표는 교사의 수업 성찰에도 좋은 재료가 된다. 얼마나 많은 학생이 어떤 항목의 '조금만 더'에 표시했는지를 살피면 다음 수업을 계획할 때 이를 반영할 수 있다. 제대로 수업이 진행

[표❾] 모둠 참여도(개인 참여 중심으로 평가)

	매우 뛰어남	달성함	조금만 더
모둠 기여도	일관성 있게 적극적으로 토론에 기여하고 주어진 모든 과제를 적극적으로 수행했다.	모둠에 기여하는 바가 있지만 일관성이 없고, 다른 누군가가 독려하는 경우 할당된 과제를 완수했다.	모둠에 기여하는 바가 없고 할당된 과제를 완수하지 못했다.
모둠원들과 협동	여러 가지 아이디어를 제시하고, 말할 때와 들을 때 다른 친구들의 감정과 아이디어를 배려했다.	간혹 아이디어를 제시하고 때로 친구들의 말을 경청하거나 배려한다.	아이디어를 공유하지 않고, 다른 친구들의 감정과 아이디어를 배려하지 않는다.

상호평가 자료

되었다면 학생들은 '달성함' 이상이 나와야 한다. 그래야 성취기준에 도달한 것이기 때문이다. 그렇지 않다면 그 항목 혹은 프로젝트에서 미비했던 점을 어떻게 점검하고 보충할 것인지 고민해야 한다.

② 자기 성찰 평가

채점기준표를 통해 자신의 학습을 점검하는 과정이 끝나면 마지막으로 자기 성찰 평가서를 쓴다. 그냥 쓰라고 말하면 보통 자기 감상 위주의 글이 나오는데, 채점기준표를 꼼꼼히 읽고 소감문을 쓰게 하면 배움에 대한 성찰이 담긴 소감문이 나온다. 이를 돕기 위해 몇 가지 질문을 함께 주고, 그중에서 몇 개를 골라 글을 써보도록 한다.

【 질문 】

수업을 통해 무엇을 알게 되었는가? 더 궁금한 점은 무엇인가? 궁금증을 어떻게 해결할 것인가? 배움을 발전시키기 위해 자신이 해야 할 일은 무엇인가? 어떻게 실천할 것인가? 프로젝트에서 자신이 잘한 점이나 부족한 점은 무엇인가?

프로젝트를 수행하면서 재미있던 점이나 어려웠던 점은 무엇인가? 프로젝트를 수행한 후 앞으로 다르게 해보고 싶은 것은 무엇인가? 프로젝트를 수행하면서 어떤 능력(역량)과 지식이 향상되었는가? 이번 프로젝트는 자신에게 어떤 의미가 있는가?

【 '나만의 책 만들기' 자기 성찰 평가서 】

• 내가 만들기로 한 책의 주제인 강아지에 관해서 좀 더 자세히 알게 되었고 강아지를 더 잘 키울 수 있는 방법을 알 수 있었다. 책에 사용되는 다양한 설명 방법을 더 자세히, 많이 알아보고 싶다고 느꼈다. 또 내가 다 읽지 못한 강아지에 관한 책들이 궁금하다. 다양한 설명 방법을 알아보기 위해 좀 더 다양한 책을 읽어야겠다고 다짐했고, 강아지 책들을 좀 더 찾아서 읽어봐야겠다. 내가 배웠던 것들을 발전시키기 위해 선생님께서 수업하실 때 대충 듣지 말고 머리에 잘 새겨 놓을 것이며 한 귀로 듣고 한 귀로 흘리지 않을 것이다. 프로젝트에서 잘한 점은 모둠원들과 의견을 잘 나눈 것, 부족한 점은 프로젝트를 다 실천하지 못한 것이다. 이번 프로젝트는 내 능력이 어느 정도인지 좀 알 수 있어서 뜻깊었다.

• 수업을 하면서 내가 하고 싶은 주제에 관해 자료를 찾고, 책에 들어가는 말, 나오는 말 등등을 어떻게 써야지 잘 쓰는 것인지, 어떤 방식으로 글을 써서 독자들에게 호기심을 주는지 알 수 있어서 새로웠다. 그리고 이 프로젝트를 하면서 가장 궁금하였던 것은 책을 만들 때 어떻게 해야 내용과 사진을 잘 어우러지게 쓸 수 있는지가 궁금하다. 이 궁금증을 해결하기 위해서는 최대한 내용을 이해하고 그것에 맞는 사진을 넣어 시도해보면 해결할 수 있을 것 같다. 내가 이 프로젝트를 하면서 제일 잘한 점은 내용에 중요한 내용을 요약하여 잘 쓴 것이고 부족한 점은 책표지와 마지막에 시트지 붙이는 것을 제대로 하지 못하여 좀 아쉬웠다. 가장 어려웠던 점은 내가 어떠한 주제로 내용을 써야 재미있고 특이해질까 하는 고민을 해결하며 주제를 선택하는 것이었다. 이 프로젝트는 자료, 내 생각, 내가 알고 있는 것들을 독자들이 읽기 쉽게 중요한 내용만 쓰는 그러한 설명 능력이 필요하며, 설명하는 방법을 좀 더 기를 수 있었던 것 같다.

③ 학기 중간에 점검하기

프로젝트를 진행하면서 학습지를 만들고 공책에 붙이게 한다. 그러면 공책은 한 학생의 국어 수업 이력을 그대로 담은 포트폴리오가 된다. 그래서 공책을 구입하라고 할 때나 학습지를 만들 때, 조금 신경 쓴다. 1년을 써야 하기 때문에 100쪽가량 되는 튼튼한 공책을 고르라고 말한다. '비닐 노트'나 '대학 노트'라고 부르는 것들이다. 학습지는 A4 사이즈로 만들지만, A4로 출력한 것을 2장 모아 86% 축소 복사하여 B4 크기로 인쇄를 맡긴다. 한 번만 절반을 자르면 공책과 같은 크기가 된다.

학생들에게 학습지를 붙일 시간을 주어야 한다. 수업 시작이나 끝에 잠시 시간을 주어 붙이게 한다. 시간을 주지 않으면 학습지는 곧 교실 바닥에 흩어지고 만다. 학습지는 하나의 프로젝트를 시작할 때 적게는 3~4장부터 많게는 10장 정도씩 한꺼번에 나누어준다. 앞으로 수업의 흐름이 어떻게 될 것인지 학습지만 보더라도 미리 짐작할 수 있게 한다. 학습지를 붙이면 공책이 매우 두툼해지고 학생들이 풀 붙이는 노동의 피로함을 호소하기도 하지만, 학습의 과정을 보여주는 것이므로 잘 붙이라고 지도한다.

학습지가 공책에 잘 남아 있지 않은 또 다른 이유 중 하나는 학생들에게 당장 풀과 가위가 없기 때문이다. 교과 예산이나 자유학년제 예산을 이용해 학생 숫자만큼 풀과 가위, 칼, 30센티미터 자 등을 준비하여 바구니에 넣어 다니거나 교실마다 비치하게 한다. 자는 주로 표를 그리거나 대고 자를 때 이용한다. 풀은 금방 떨어지므로 자주 채워놓는다. 교과교실이 있다면 좋겠지만, 그렇지 않을 경우 이동의 편의를 위해 작은 카트를 마련해 준비물을 담아 다니는 것도 좋다.

처음 학습지를 만들 때는 힘들지만, 일단 학습지에 익숙해지고 몇 년 정도 자료가 쌓이면 학습지를 이용해 수업하는 것이 훨씬 편하게 느껴진다. 공책에 직접 손으로 쓸 수 있는 내용을 굳이 학습지로 만들 필요

기말 공책 검사와 상호평가

는 없다. 하지만 전체 학년을 모두 들어가지 않을 경우에는 흐름을 공유하기 위해 의논하여 학습지를 함께 만들어야 같은 학년이 비슷한 배움을 얻을 수 있다. 특히 학습지를 만들 때 빈칸 채우기나 자신의 말로 재구성하지 않고 교과서에서 찾아 빈칸 채우기를 만드는 것은 지양하는 것이 좋다. 학생들이 학습한 전체 맥락을 이해하려 하기보다 빈칸 채우는 데만 급급해하는 경우가 많기 때문이다. 되도록 교과서 등 텍스트를 읽고 스스로 요약하여 자신의 언어로 정리할 수 있도록 학습지를 만드는 것이 좋다. 학생들이 스스로 체계를 만들어 자기 공책에 정리할 수 있게 도와주는 것이 필요하다.

학생들이 학습지를 비롯하여 공책 정리를 어떻게 하고 있는지는 수업을 진행하면서 확인한다. 교사에 따라 매시간 혹은 활동이 하나 끝날 때마다 확인할 수도 있고, 프로젝트가 끝났을 때 한꺼번에 확인할 수도 있다. 하지만 이외에도 한 학기에 1~2회 정도 공책의 정리 상태를 살필 수 있다. 과정중심 평가 이야기를 하면서 학생에게 모든 시간 성실하라고 요구하면 학생의 성격이나 특징에 따라 힘들어하는 경우도 있다. 공책 정리를 성적을 매기는 용도보다는 성취기준을 제대로 달성했는지를 살피고 자신이 했던 활동을 돌아보고 정리하는 기회로 활용하면 좋겠다. 그러려면 미리 예고하고 정리할 시간도 주어야 한다.

또한, 교사가 확인하는 것보다 학생들이 친구들 공책을 서로 점검하는 상호평가도 함께하면 좋다. 서로의 공책을 보며 어떻게 해야 잘할 수 있는지 배울 수 있다. 욕심이 있는 학생은 친구의 공책을 보며 따라서 하려고 애쓰기도 한다. 서로에게 배울 공식적인 기회를 주는 것이다.

교사가 성실한 학생의 공책을 근거로 점검 목록표를 만든다. 점검 예고 1주일 전에 평가기준과 목록을 나누어주고, 기준에 맞게 미비한 것을 학생들이 정리할 수 있게 한다. 그동안 수행한 학생 자신의 프로젝트를 돌아보는 기회이기도 하다.

평가 당일 평가지와 공책을 돌려보며 친구들과 상호평가하게 한다. 상중하로 체크할 뿐 아니라 친구 공책에 대해 각자 평을 쓰도록 한다. 친구들이 평가한 뒤 공책이 자신에게 돌아오면, 친구들의 평가를 본 후 자기 공책에 관해서 자평을 써보게 한다. 교사가 하고 싶은 잔소리를 친구들이 대신 해준다. 자기 평가를 쓴 글을 보면 아마 교사가 이야기 했다면 귓등으로 흘렸을 이야기들도 친구들의 이야기는 더 귀기울인다는 걸 알 수 있다.

④ 학기 끝났을 때 성찰하기

한 학기가 끝난 후에는 그동안 수업한 내용을 학생 스스로 평가하게 한 후, 공책에 부착하여 학부모께 '성장 편지' 형식으로 보내드렸다. 학기말 평가 양식에 관해 이모저모 궁리를 해보았는데, 학생들이 교사에

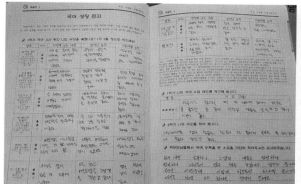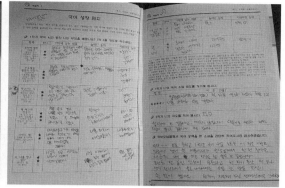

국어 성장 편지

대해서(성격이나 외모 등) 혹은 수업의 재미나 힘든 점에 관해 이야기하는 것은 스스로 돌아보는 데 그다지 도움이 되지 않는다고 생각했다.

그래서 프로젝트별로 '흥미도', '기억에 남는 내용', '늘어난 능력', '키워야 할 능력' 등의 항목을 만들어 적어보게 했다. 학생들은 이전까지 수업했던 내용(공책)을 살피면서 한 학기 평가를 적는다. 공책에 부착된 학습지에 자신의 결과물과 채점기준표가 있기 때문에 이를 참고한다. 학기가 끝날 즈음인데도 공책 앞쪽을 살피며 부지런히 적느라 교실은 조용히 분주하다.

'늘어난 능력'이나 '키워야 할 능력'에 해당하는 말을 찾기 힘들어하는 경우가 있어 끄트머리에 21세기 핵심역량과 2015 교육과정에 제시된 핵심역량 목록을 준다. 전반적인 수업 태도를 평가하는 별점을 매기고 이유도 쓴 후, '앞으로의 각오'도 적어보게 한다. 이 평가는 공책에 부착한 후 집에 가져가서 부모님께 보여드리고 학부모 소감을 받아온다. 학부모는 공책을 통해 학생의 한 학기 배움을 한눈에 볼 수 있다. 성적표에 점수나 이해하기 쉽지 않은 서술 형태로 적힌 것보다 확실하게 자녀의 강점과 약점, 성장 모습을 파악할 수 있다.

【 국어 성장 편지—학부모 소감 】

· 앞부분(표지 설명) 글에서 네 번의 교정 끝에 첫 번째와는 비할 수 없이 꽤 그럴듯한 글이 나오는 것을 보고, 감탄했습니다. 쉽지 않으셨겠지만 할 수 있도록 이끄시는 선생님이 계시면 망아지 같은 아이들도 따라가는구나 하는 사실에요.. 또 ○○ 개인에게는 자신만 아는 데서 끝나지 않고 다른 친구들과 함께하고, 하도록 하는 능력이 필요하다고 느꼈는데, 팀작업을 통해서 스스로 느낄 수 있게 된 것이 좋은 경험이라 생각됩니다. 선생님의 열정에 감사드립니다.

· 엄마가 중학교 다닐 때 국어공부를 하던 방식과 하늘과 땅 차이만큼 달라서 깜짝 놀랐고, ○○가 글쓰기가 매우 취약했던 부분이었는데 써놓은 글을 보고 깜짝 놀랐습니다. 뒷부분으로 갈수록 글 쓰는 내용이나 스킬이 확연히 달라지고 있습니다. 다만 글씨체를 좀 더 공들여 쓴다면 엄마로서 마음이 더 편안해질 것 같습니다. 그래도 한 학기 동안 이렇게 열심히 해주어 너무 대견하고 마음이 좋습니다.

⑤ 학년이 끝났을 때 '들어가는 말' 쓰기

학년말에는 학기초 공책의 앞부분에 비워두었던 '들어가는 말'을 쓰게 한다. 공책을 처음 마련할 때 '작가소개란'을 만들고 채운다. 그 옆에 '들어가는 말'이라고 제목만 써놓는다. 공책은 자신이 만든 교과서이자 책이고, 본인은 그 저자라고 이야기하며, 국어 공책은 내가 만들어가는 공책이라는 점을 강조한다.

학생 각자가 자기 국어 공책의 저자가 되어 '들어가는 말'을 써야 하는데, 일반적으로 작가들이 책 내용을 다 쓰고나서 가장 마지막에 '들어가는 말'을 쓰기 때문에 이번 학년 맨 마지막 시간에 쓸 것이라고 이야기한다. 그리고 2월 마지막 시간에 자신이 1년간 썼던 공책을 돌아보며

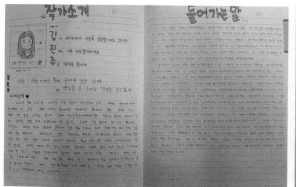
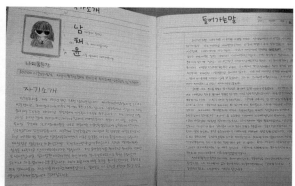

국어 공책 - 작가소개와 들어가는 말

1년 수업 평가, 기억에 남는 수업 등을 중심으로 '들어가는 말'을 작성하게 한다.

"얘들아, 오늘이 마지막 국어 수업시간이다. 우리 처음에 공책 만들 때 '들어가는 말' 만들었던 거 기억나니?" 이렇게 운을 떼면, 학생들은 대부분 무슨 얘기냐는 듯 쳐다본다. "자, 공책의 맨 앞을 펴볼까? '들어가는 말'이라고 쓴 부분이 있지?" 학생들은 공책을 넘기다가 비어 있는 '들어가는 말'을 발견하고는 깜짝 놀란다. '내가 언제 이런 걸 써놓았지?' 이런 표정이다.

"10년 후의 나, 혹은 20년 후의 딸이나 아들이 독자가 될 거야. 맨 앞장을 폈을 때 무슨 이야기들이 있으면 좋을까? 처음엔 국어 수업이 어땠다는 전체 평을 쓰는 게 좋겠지? 다음 문단부터는 유난히 기억에 남는 프로젝트에 관해서 써보자."

이렇게 말을 꺼내면 2월의 어수선함은 사라지고 조용하게 펜을 움직이는 소리, 혹 가끔가다 예전에 했던 프로젝트에 관해 질문하는 소리만 들린다. 학생들이 1년 동안 얼마나 성장했는지 발견하는 매우 소중한 시간이다.

⑥ 기록하기

자유학년의 성적표는 다른 학년과는 다르게 수업시간에 보인 개개인의 특성과 장점에 관해 기술하는 방식이다. 학기말에 한꺼번에 작성하려면 힘들지만, 프로젝트가 끝날 때마다 틈틈이 작성하면 어렵지 않다. 매시간이 끝나고 교사가 앱 등에 기록하여 저장해놓거나 그날 수업을 복기하는 수업 성찰 노트를 쓴다. 수업이 어땠는지를 돌아보기도 하지만 명렬을 두고 날짜와 그날의 특기상황을 누가적으로 기록해놓으면 좋다.

조금 더 쉽게 평어를 만드는 방법도 있다. 우선 성취기준에 맞게 채점기준표를 참고하여 프로젝트 달성도를 3~5단계로 구분한다. 수업을 하면서 채점기준표를 만들었다면 그것을 이용하여 조합하면 간편하다. 예를 들어 '공책 표지에 얽힌 이야기'를 쓰고 발표하는 프로젝트를 평가한다고 했을 때는 다음처럼 적을 수 있다.

먼저 핵심 성취기준을 확인하여 이를 바탕으로 5수준 정도의 평어를 적어본다. 여기에 따로 기록해놓은 학생들의 특징을 조합하고 전체적인 흐름을 살펴 평어를 완성한다.

【 성취기준 】

[듣기 · 말하기] 내용의 타당성을 판단하며 듣는다.

[쓰기] 자신의 삶과 경험을 바탕으로 하여 독자에게 감동이나 즐거움을 주는 글을 쓴다.

[쓰기] 다양한 자료에서 내용을 선정하여 통일성을 갖춘 글을 쓴다.

생활기록부 '세부능력 및 특기사항'란에는 글자 수 제한이 있지만 자유학년 성적표에는 그렇지 않으므로 이를 고려해 기록한다.

이러한 평어는 학기가 끝났을 때 마지막으로 제공되는 총괄평가의

2018학년도 1학년 1학기 과목별 성취 수준

과목: 국어

관악중학교

번호	평가항목		성취 수준
1	'공책 표지에 얽힌 이야기' 쓰고 발표하기	A	자신의 경험에서 내용을 선정하여 짜임새 있게 조직하였으며, 맞춤법에 맞게 통일성 있는 글을 작성함. 매우 적절한 속도와 성량으로 발표하였으며, 내용의 타당성을 판단하여 성실히 듣기활동을 함.
		B	자신의 경험에서 내용을 선정하여 짜임새 있게 조직하였으며, 맞춤법에 맞게 글을 작성함. 적당한 속도와 성량으로 발표하였으며, 내용의 타당성을 판단하여 성실히 듣기활동을 함.
		C	자신의 경험에서 내용을 선정 및 조직하여 글을 작성함. 적절한 속도와 성량으로 발표하였으며, 내용의 타당성을 판단하여 듣기활동을 하였음.
		D	자신의 경험에서 내용을 선정하여 조직하였지만, 글에 통일성을 부여하거나 맞춤법에 맞게 글을 쓰는 요령이 약간 요구됨. 내용의 타당성을 판단하여 듣기에 약간 어려움을 겪음.
		E	자신의 경험에서 내용을 선정 및 조직하여 맞춤법에 맞는 글을 쓰는 데에 매우 어려움을 겪음. 내용의 타당성을 판단하여 듣기에 많은 노력이 요구됨.

5수준 평어

공책 제목	특징	등급	최종 평가
개미	어릴 적과 성격이 비슷하고 좋아하는 책임.	A	표지에 얽힌 이야기 발표에서 '개미'라는 제목에 대해 자신의 어릴 적 성격과 유사한 점과 자신이 좋아하는 책이 『개미』임을 내세워, 자신의 경험에서 내용을 선정하여 짜임새 있게 조직하였으며, 맞춤법에 맞게 통일성 있는 글을 작성함. 적절한 속도와 성량으로 청중과 호흡하며 상세하고 친절하게 발표하였으며, 내용의 타당성을 판단하여 성실히 듣기활동을 함.
호박	어렸을 때 커다란 호박을 친척으로부터 받은 경험. 엄마가 해준 음식에 호박이 들어가면 맛남.	B	표지에 얽힌 이야기 발표에서 '호박'이라는 제목에 대해 어렸을 때 커다란 호박을 선물받은 경험과 엄마가 해준 음식을 떠올리며 자신의 경험에서 내용을 선정하여 짜임새 있게 조직하였으며, 맞춤법에 맞게 글을 작성함. 적당한 속도와 성량으로 발표하였으며, 내용의 타당성을 판단하여 듣기활동을 함.
나호라고?	이름 때문에 반 친구들과 웃었던 경험	C	표지에 얽힌 이야기 발표에서 '나호라고?'라는 제목에 대해 초등학교 때 이름 때문에 친구들과 웃었던 경험을 들어 글을 작성함. 적절한 속도와 성량으로 재미있게 자신의 경험을 발표하였으며, 내용의 타당성을 판단하여 듣기활동을 하였음.
소+우빵	소고기를 좋아하고 얼굴이 동그래서 친구들이 우빵이라고 부름.	D	표지에 얽힌 이야기 발표에서 '소+우빵'이라는 제목에 대해 소고기를 좋아하는 것과 얼굴의 생김새에 얽힌 이야기를 선정하여 내용을 조직하였지만, 글에 통일성을 부여하거나 맞춤법에 맞게 글을 쓰는 요령이 약간 요구됨. 내용의 타당성을 판단하여 듣기에 약간 어려움을 겪음.
럭비공	어디로 튈지 모르는 자신의 성격	E	표지에 얽힌 이야기 발표에서 '럭비공'이라는 제목에 대해 어디로 튈지 모르는 자신의 성격에 관해 내용을 선정 및 조직하여 맞춤법에 맞는 글을 쓰는 데에 매우 어려움을 겪음. 내용의 타당성을 판단하여 듣기에 많은 노력이 요구됨.

최종 평가

성격을 갖는다. 다른 학습 기회를 더 줄 수 없기 때문에 피드백이 가능하지 않으니, 되도록 학생의 성장을 보여주는 긍정적인 말로 적어야 한다. 그러나 학생의 현재 상황도 표현되어야 하므로 모두 긍정의 말로 적기에는 애매한 부분이 있다. 교사야 각 문장이 어떤 등급을 의미하는지 알지만, 학생이나 학부모의 입장에서는 그렇지 않기 때문이다. 이를 보완하기 위해 프로젝트에 사용된 채점기준표가 최종 성적표에 이용될 것이라고 미리 알릴 수 있다.

또 다른 방법으로 '형성평가의 등급에 따른 평어'를 미리 학생에게 제시해줄 수 있다. 품사 수업을 하고 난 후 제대로 개념을 알고 적용할 수 있는지 확인하는 형성평가를 했다. 평가 전 테스트를 통해 미리 각 점수에 따른 평어를 학생들에게 공개하고 자신이 받은 점수와 평어를 확인시킨 후 1시간 복습을 했다. 그다음 시간에 형성평가를 보고 그에 따른 점수와 평어가 성적표에 나가게 될 것이라고 공지했다. 자신의 형성평가 점수가 마음에 들지 않으면 남아서 다시 테스트를 받을 수 있다. 이런 과정을 거친 후 성적표를 받으면 학생들은 평어가 의미하는 바가 무엇인지 좀 더 명확하게 알 수 있다. 성적표도 학생의 성장을 보여주고, 성장에 도움이 되도록 이용할 수 있다.

1장

공책 표지에 얽힌 이야기

매년 학생들과 국어 수업을 하면서 공책을 만든다. 수업시간에 벌어지는 모든 것을 공책 한 권에 다 담는다. 그러다보니 공책이 두꺼워지고 일반 공책을 쓰는 경우에는 서너 권을 묶어야 했다. 그래서 학생들에게 1년을 충분히 쓸 수 있는 두께의 비닐 노트 (대학 노트)를 권했다. 표지가 너무 심심해 보여 꾸며보자고 생각한 이후, 2000년부터 지금까지 매해 첫 국어 수업은 공책 표지를 꾸  미는 수업이 되었다. 표지를 만들면 '내 공책'이라는 애착이 더 가지 않을까? 수업시간에 좀 더 잘하고 싶은 생각이 들지 않을까? 표지를 어떻게 만들라고 하지? 자기 공책이니 자기 자신이 잘 드러날 수 있도록 꾸며보라고 할까? 이거 친구들에게 소개하면 자기소개도 되겠는걸? 하는 마음에서다.

이렇게 시작한 '공책 표지에 얽힌 이야기' 프로젝트는 자기 자신을 잘 드러내는 공책 표지를 만들고, 그 표지에 얽힌 사연을 쓰고, 이야기하는 수업이다. 특히나 중학교 1학년은 다양한 초등학교에서 모였기에 서로 서먹한 경우가 많다. 돌아가며 공책으로 자신을 소개하니, 관계를 트고 다지는 데 도움이 되었다. 교사인 나도 학생들을 깊게 파악하게 된 것은 물론이다.

한 해 한 해가 지나가면서 수업은 점점 정교하게 되었고(20년을 했으니!) 그 때문인지 대부분 학생들이 2분 정도 자신의 이야기를 공식적으로 말할 수 있게 되었다. 학생들에게 말하기를 바로 시키면 어려워하기 때문에 쓰기를 먼저 시켰고, 쓰기를 시키다보니 문장과 문단의 개념, 개요짜기에 관한 이야기를 할 수밖에 없었다. 당연히 고쳐쓰기도 몇 번 시켰다. 말하기를 하기 전에 혼자서 연습도 해보고 짝과 연습하고 모둠별로도 연습했다. 말하기를 하는 동안 내용을 판단하면서 듣는 연습도 시켰다. 처음엔 간단하게 시작했는데, 해가 갈수록 꽤 큰 프로젝트가 되었다.

① 첫 시간 수업 안내하기

첫 시간, 학생들을 만나면 『왜요?』라는 그림책을 읽어준다. 내가 좋아하는 토니 로스의 그림책이다. 표지에 부드러운 색연필로 그린 주황색 머리의 소녀 모습이 인상적이다. 학생들과 표지 그림에서부터 이야기를 나눈다. "이 소녀 표정 어떠니?" "너희는 어떨 때 이런 표정을 짓니?" "여기 있는 검은 그림자가 뭐 같니? 그림자는 소녀와 어떤 관계가 있을까?"

아빠에게 시도 때도 없이 "왜요?"라고 묻는 릴리가 주인공이다. 아빠는 릴리의 질문에 나름 성심껏 대답하지만, 자꾸만 물으니 종종 골치도 아프다. 어느 날 릴리와 아빠가 공원에서 모래놀이를 하고 있을 때 우주선이 나타났다. 외계인들이 지구를 정복하기 위해 내려왔는데 이들에게 계속 "왜요?" 하고 끈질기게 질문한 릴리 덕에 그들은 다시 지구를 떠났다는 이야기이다.

학생들에게 이야기한다. "'왜요?'라는 질문으로 릴리는 지구를 구했단다. '왜?'라는 질문으로 너희도 지구를 구할 수 있을지는 잘 모르겠지만 네 삶을 구할 수는 있을 거야." 그러고는 학생들에게 계속 "왜?"라는 질문을 던진다. 왜 국어를 배울까? 왜 학교에 다닐까? 왜 공부를 할까? 이런 질문에 정답이 있는 게 아니라고 말하고, 자신만의 대답을 찾으면 된다고 이야기한다. 공부를 하는, 혹은 국어 공부를 하는 자기만의 이유가 있으면 좋겠다고.

이어서 나는 국어를 '왜' 가르치는지도 이야기한다. 너희들이 말하고 듣고 읽고 쓰는 걸 잘했으면 좋겠다고. 그래서 자기 삶과 세상 돌아가는 일에 줏대를 가지고 대했으면 좋겠다고. 나아가 함께 사는 공동체가 더 좋은 곳이 되도록 변화시키는 멋진 시민이 되면 좋겠다고, 나는 그것을 위해 수업을 한다고. 그리고 강조한다. 그래서 선생님은 교과서로 가르치지 않아. 교육과정에 나와 있는 대로 너희가 말하고 듣고 읽고 쓰는 걸 잘할 수 있도록 가르칠 거야. 교과서는 하나의 제재일 뿐이야. 너희가 다양한 제재를 통해서 비판적이고 창의적인 생각을 할 수 있으면 좋겠어.

그다음 시간에 본격적으로 공책 쓰는 방법을 설명한다. '공부는 왜 할까'부터 '공책은 왜 쓸까'까지. 기록의 중요성을 이야기하고, 선배들이 예전에 썼던 공책을 보여준다. 나에게 자신들의 공책을 건네주기를 주저했던 여러 사연도 곁들이면서. 공책을 잘 쓰길래 중학교 졸업할 때, 대학 다닐 때까지는 빌려달라고 했더니 '입양신고서'(공책이 자기 자식인데 나에게 입양한단다)를 안에 넣어 졸업식 선물로 내게 공책을 빌려준 학생,

대학교에 들어간 뒤 실제로 공책을 찾으러와서 가져간 학생, 1학년 때 쓴 공책을 빌려달라고 했지만 거절하길래 3학년 때 만나면 달라고 했다가 진짜 3학년 때 다시 만나 그때 쓴 공책을 나에게 선물로 남겨준 학생……. 선배들의 공책은 후배들의 욕심에 불을 댕긴다. 그것보다 더 멋진, 국어 선생님이 탐내는 공책을 만들어보겠다는 다짐을 하는 것이다.

국어 시간의 모든 활동이 공책에 오롯이 담기기 때문에 학생들은 진학을 위해 자기소개서를 쓸 때 국어 공책을 펼쳐 보며 쓴다. 그뿐만 아니라 자신의 삶이 담겨 있기에 쉽게 버리지 못하고 몇 년이 지나도 책장 위에 꽂아놓고 자신의 성장 과정을 더듬어보기도 한다.

공책 첫 쪽에는 수업계획표를 붙이게 하고 다음 쪽에 '작가소개'를 적게 한다. 이때 자신을 잘 드러낼 수 있는 3행시를 쓰는 게 가장 핵심이다. 생각이 잘 떠오르지 않는 학생들을 위해 사전도 준비한다. 중요한 것은 말장난으로 끝나지 않게 하는 것이다. 자신을 소개하는 3행시가 되어야 한다. 또 다른 조건은 3행시 중 자기 이름을 쓸 수 없다는 것. 학생들은 서로 도와가며 어렵게 어렵게 3행시를 짓는다. 교실에 국어사전을 몇 권 두고 뒤져가면서 짓게 한다. 다음 시간은 3행시를 발표하는 것부터 시작한다. 아직 못 만든 친구는 부지런히 만들고, 이미 만든 친구는 자기 캐릭터를 그리고 꿈 문장을 쓰고 자기소개를 적는다(자세한 사항은 72쪽 학습지 참조). 이 3행시 발표를 모두 하는 데 생각보다 오래 걸린다. 내가 자기 자신이 잘 드러나지 않는다며 쉽게 통과시켜주지 않는 것도 원인이지만, 학생들이 자기 자신을 어떻게 드러낼 수 있을지 고민하고 고민하기 때문이다.

첫 쪽 꾸미기가 마무리되면 공책 표지 만드는 수업으로 들어간다. 다음은 백워드 디자인에 맞게 프로젝트 수업 내용을 정리한 것이다. 이 내용은 서울시교육청 자료집 「더불어 교실혁명을 위한 수업 및 평가 혁신 자료집」에 실었던 것을 재구성했다.

② 말하기 준비를 위한 단계별 글쓰기

수행과제로 정한 것은 '공책 표지에 얽힌 이야기'를 친구들 앞에서 발표하는 일이다. 하지만 발표를 제대로 하기 위해서는 단계별로 준비가 필요하다. 말할 내용에 관해 먼저 글을 쓸 건데, 글을 쓰기 전에 개요를 먼저 짠다. 개요짜기는 선배들의 글을 요약하면서 배울 수 있다. 글을 쓰고 고친 후 그것을 바탕으로 말하기를 할 것이므로 관련된 성취기준을 찾아본다. 프로젝트와 관련하여 재구성한 성취기준은 다음과 같다.

> [9국01-10] 내용의 타당성을 판단하며 듣는다.
> [9국02-03] 읽기 목적이나 글의 특성을 고려하여 글 내용을 요약한다.
> [9국03-05] 자신의 삶과 경험을 바탕으로 하여 독자에게 감동이나 즐거움을
> 주는 글을 쓴다.
> [9국03-06] 다양한 자료에서 내용을 선정하여 통일성을 갖춘 글을 쓴다.

국어 공책 표지를 만들 때도 선배들이 만들었던 다양한 공책 표지를 보여주고, 그에 얽힌 이야기를 들려준다. 자신이 잘 드러나는 공책 표지를 만들라고 말하면 학생들은 처음에는 쉽게 시작하지 못한다. 자신이 좋아하는 게 뭔지, 자신이 잘하는 게 뭔지, 자신의 인생에서 중요한 게 뭔지, 중요한 사건은 뭔지, 생각할 거리가 많기 때문에 제목 하나 정하는 데도 시간이 꽤 걸린다. 이때 선배들의 다양한 사례를 들려주면 도움이 된다. '담배'라는 공책을 만들었던 한 학생은 초등학교 때 호기심으로 담배를 피워보았다가 들켜서 혼이 난 일 이후, 이제는 쓸데없는 호기심을 부리지 않겠다는 이야기를 했다. '별'이라는 공책을 만들었던 선배는 돌아가신 외할아버지와 옥상에서 별을 관찰하던 기억을 풀어놓는다. 선배들의 지극히 개인적인 이야기를 예로 들려주면, 학생들은 처음 보는 친구들 앞이지만 의외로 숨겨놓은 자신의 속내를 조금씩 드러

내기 시작한다.

　나눠준 A4 색지에 큼지막하게 자기를 잘 표현하는 제목을 쓰고 그것을 표현하는 그림을 그린다(공책 크기에 맞게 종이를 미리 자르라고 하지 않으면 제목이나 그림이 잘리기도 한다). 잊지 말고 학번과 이름을 쓰라고 하고 공책의 책등을 만들게 한다. 표지가 완성되면 공책에 붙인 후, 투명시트지를 덧붙인다. 환경을 위해서는 좋지 않지만, 시트지를 바르지 않으면 공책 표지가 몇 개월 버티지 못하고 떨어진다.

　표지를 완성한 학생들은 이제 공책에 왜 이 공책 제목이 자신을 잘 표현하는지 글을 쓴다. 처음엔 그냥 자유롭게 적어본다. 20줄 정도 써야 한다고 말하면 학생들은 질린 얼굴로 쳐다본다. 어떻게 20줄이나 채우지? 중학교에 왔으니 그 정도는 기본이라고, 나중에 선생님이 그 비법을 알려줄 테니 우선은 써보라고 이야기한다.

　다음 시간에 교사는 학생들에게 길게 쓰기의 비법을 알려줘야 한다. 우선 기본은 '글 – 문단 – 문장'으로 이어지는 흐름을 가르친다. 초등학교 때 배웠지만 글을 쓸 때 거의 생각해보지 않은 문단 개념에 관해 이야기한다. 배운 지 오래라 다 잊어버린 중심 문장과 뒷받침 문장, 들여쓰기를 알려준다. 이걸 알아야 글을 제대로 쓸 수 있다고 공들여 설명한다.

다음 작업은 개요쓰기이다. 학생들에게 그냥 개요를 짜라고 하면 당연히 어려워한다. 선배가 쓴 글을 주고 중심 문장을 찾아보게 한다. 중심 문장을 바탕으로 문단을 요약하게 한다. 중심 문장을 모아놓으면 그게 선배가 처음에 생각했던 개요라고 말한다.

요약하기는 중학교 1학년 성취기준에 나와 있다. 요약하기의 방법을 간단하게 설명하고, 선배가 쓴 글로 문단별 요약을 해본다. 이때 학생들의 수준 차이가 확 드러난다. 꼼꼼하게 관찰하여 요약을 제대로 하지 못하는 친구들을 돕고 눈여겨보아야 한다. 앞으로 더 많은 주의를 기울여야 하는 학생들이다.

본격적인 개요짜기를 한다. '놀이터'라는 제목으로 공책 표지 발표를 한 선배의 동영상을 보여주고, 동영상 내용을 요약하면서 말하기 개요를 함께 분석한다. 이때에도 다른 예를 더 들며 주제에 맞는 말하기를 위해 어떤 개요가 가능한지 말하면 좋다. 개요 만들기를 힘들어하는 학생들에게는 학습지의 개요를 자신의 내용으로 바꾸어 써보라고 조언한다. 이미 뛰어난 학생이라면 창의적인 개요짜기가 가능하나, 그렇지 않은 학생은 예시 덕분에 짜임새 있는 글을 써볼 수 있다.

글쓰기에서는 처음 부분은 3~5줄, 중간 부분은 5~7줄, 끝부분은 4~5줄 정도 써보라고 한다. 개요가 잘 짜여 있으면 글 쓰는 일은 그리 어렵지 않다. 그래도 어려우면 학습지에 제시된 '호빵맨' 예문을 자기 내용으로 바꾸어서 써보라고 한다. 이렇게 쓴 글을 처음에 자신이 그냥 쓴 글과 비교하게 한다. 개요를 잘 짜는 것이 글을 편하고 길게 쓰는 비법이라고 말한다. 글을 쓴 후에는 처음에 썼던 글과 비교해보게 한다. 개요를 짜고 글을 썼을 때 어떤 이로움이 있는지 생각해보게 한다.

다 쓴 친구들은 고쳐쓰기를 한다. 체크리스트를 살피며 자신이 쓴 글을 고친다. 2~3번 정도 고치면 학생들은 자기 표지에 얽힌 이야기 내용을 거의 외울 정도가 된다. 그러면 말하기를 위한 준비 과정이 끝난다.

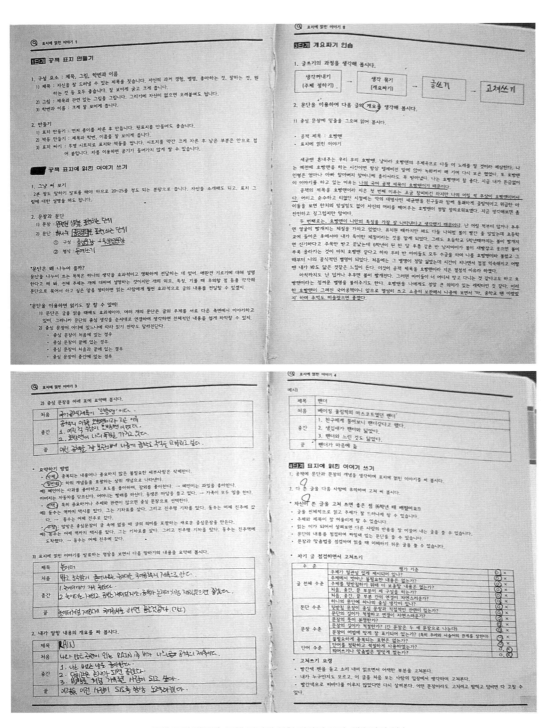

공책 표지 만들기, 공책 표지에 얽힌 이야기 쓰기, 개요짜기 연습

표지에 얽힌 이야기와 고쳐쓰기

③ 핵심 질문으로 목표 설정하기

이해중심 교육과정의 주창자인 맥타이와 위긴스는 교육의 진정한 목적은 '이해'이며, 진정한 이해는 실제 생활에서 수행을 할 수 있을 때 일어나는 것이라 했다. 우리는 세상의 모든 지식을 다 가르칠 수 없고, 전이가 가능한 핵심 개념을 통해 그야말로 하나를 배우면 열을 알 수 있도록 해야 한다는 것이다. 맥타이와 위긴스의 이해중심 교육과정을 '백워드 디자인, 백워드 교육과정'이라고도 하는데, 종래의 '목표–활동–평가'의 타일러식 교육과정과 비교하자면 '목표–평가–활동'으로 순서를 바꾸었기 때문이다.

이들은 평가를 활동의 앞자리에 배치함으로써 우리가 저지르는 잘못을 교정할 수 있다고 보았다. 즉, 목표와 평가를 고려하지 않고 활동중심에 치우쳐 고등정신능력을 신장시키지 않는 수업, 또한 평가를 고려하지 않고 전체 내용을 훑기 위해 빠르게 진도 나가는 수업이 그것이다.

'활동중심 수업' 혹은 '학습자중심 수업'이라는 말이 나오면서 학생들은 수업시간에 예전보다 많은 활동을 하고 있는데, 그 활동에 들어 있는 의미를 성찰하지 않고 단순한 흥미나 재미를 위한 활동 수업들이 있다. 게다가 평가는 이 활동과 동떨어진 지식 위주의 평가로 이뤄지기도 한다. 이러한 문제를 피하기 위해서는 '이 단원을 통해 무엇을 알게 할 것인가' 하는 핵심 질문에 초점을 두어야 한다고 말한다.

이해중심 교육과정은 '학습자들이 어떤 것을 제대로 이해했다면 할 수 있는 것이 무엇이고, 그것이 어떤 모습이어야 할 것인가'를 수업활동을 계획하기 전에 '평가'의 형태로 떠올려보라고 한다. 이해의 증거를 먼저 생각한 다음, 그 평가 과제의 성공적 '수행'을 뒷받침하는 방식으로 수업활동을 구성하는 방식이다. 이해중심 교육과정에 맞는 수업 설계의 단계는 다음과 같다.^{표❶}

간단하게 말하면 1단계는 '목표 설정하기, 이해, 핵심 질문' 등을 포괄하는 전반적인 목표 설정 단계, 2단계는 수행과제를 설정하고 채점기준표(루브릭)를 만드는 평가를 고민하는 단계, 3단계는 차시별 학습 계획을 짜는 단계이다.

[표❶] 이해중심 교육과정 수업 설계 단계

1단계	바라는 결과 확인하기	성취기준 검토 – 아이디어 선정 – 바람직한 '이해' – '핵심 질문' 도출
2단계	수용 가능한 증거 결정하기	수행과제 선정 – 다른 평가 증거 고려(다양한 평가 방법을 활용하여 평가의 유형, 형태 및 측정하고자 하는 성취 대상과 관련 있는 평가가 되도록) – 평가준거 결정(목표와 이해를 고려하여 수행과제를 결정한 후 평가 방법을 선택하고 평가준거를 마련함)
3단계	학습 경험과 수업 계획하기	주요 아이디어(최종 수행을 위해 학생들이 알고 있어야 하는 것)를 구조로 만들고 학습의 전이가 되도록 학습 활동 계획

우선 1단계에 맞추어 가장 중요한 것이 무엇인지 핵심 질문으로 만들어보았다. 맥타이와 위긴스에 따르면, '핵심 질문'이란 중요한, 세월이 흘러도 변하지 않는 질문, 기본적이고 근본적인 핵심 내용을 학습하는 데 필요한 질문이다. 핵심 질문을 만든다는 것은 교육과정에서 우선순위를 분명하게 결정하고 수업의 목표를 보다 정교화하여 학생들이 이해에 도달할 수 있게 하는 본질적인 질문을 해본다는 것이다(『핵심 질문—학생에게 이해의 문 열어주기』, 맥타이·위긴스, 사회평론아카데미). 그렇다면 수업하기 전에 스스로 물어야 할 것이다. 나는 왜 이것을 하려 하는가?

핵심 질문: 나 자신을 잘 알고 그를 표현하는 것이 공동체의 관계 맺기에 어떤 영향을 주는가?

그러나 실제 수업을 하기 위해서는 이러한 본질적인 핵심 질문보다는 성취기준과 관련한 '한정적 핵심 질문'이 필요하다. 이는 성취기준과 연결되어 수업 목표가 될 것이다.^{표❷}

[표❷] 수업 목표 설정 1단계

1단계: 바라는 결과 확인(목표 세우기)	
설정된 목표(성취기준에 근거하여 목표 세우기) – 자신을 잘 표현하는 말하기를 짜임새 있게 하기 – 친구 발표 내용의 타당성을 판단하며 듣기	
이해(주요 아이디어: 설명, 해석, 적용, 관점, 공감, 자기 지식) – 자신의 경험에서 자신을 잘 드러낼 수 있는 내용을 선정한다. – 통일성 있게 말할 내용을 준비한다. – 내용의 타당성을 판단한다.	**본질적 질문** – 나 자신을 잘 알고 그를 표현하는 것이 공동체의 관계 맺기에 어떤 영향을 주는가?
핵심 지식(학생은 다음 ~을 알게 될 것이다) – 개요의 개념 – 말하기의 방법 (자세, 태도)	**핵심 기능(학생은 다음 ~을 하게 될 것이다)** – 공적인 자리에서 말하기 – 내용의 타당성 판단하며 듣기

말하기 수업을 앞둔 학생들의 목표는 어떨까? 말하기를 잘 배우기 위해서는 무엇을 하면 좋을지 학생들과 2분 쓰기를 통해 함께 생각했다. 자신의 목표를 세워보고 함께 나누는 과정에서 학생들은 각오를 다잡게 된다.

이 글은 한 학생이 '/' 앞의 '연습을'까지, 2분 안에 쓴 것이다. 글자 수를 세어 2로 나눈 후(그래야 1분에 쓴 글자 수가 나온다), 쓰려다가 못 쓴 문장을 마저 쓰게 한 후 무작위로 발표를 시킨다. 발표를 공유하는 과정에서 친구들의 생각을 알 수 있고, 말하기 수행과제에 대한 감을 잡을 수 있다.

④ 수행과제 선정과 채점기준표 만들기

본격적으로 '말하기' 수행과제에 들어가기에 앞서, 학생들과 함께 평가기준을 만들어본다. 교사도 채점기준표(루브릭)를 만들어 학생에게 제시할 수 있지만, 학생들이 스스로 만들어보면 확실하게 자신들이 해야 할 과업을 알게 된다.

지금까지 공식적인 자리에서 발표를 참 잘한다고 생각하는 학생들은

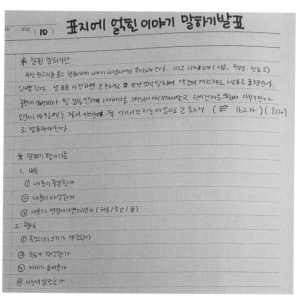

학생이 쓴 평가기준

어떤 특징을 지녔는지 생각해보라고 한다. 목소리는 어땠는지, 내용은 어땠는지, 자세는 어땠는지 등등. 학생들에게 2분 정도 시간을 주고 잘 된 말하기란 어떤 것인지, 이 정도면 완벽하다고 생각하는 말하기의 모습을 적어보게 한다. 2분이 지난 후 여러 학생을 지목하여 자기가 생각한 '잘 된 말하기'를 발표하게 한다. 발표한 내용을 모두 칠판에 적고 학생들과 함께 비슷한 유형으로 분류한다. 보통은 크게 내용과 형식으로 나뉘고, 그걸 바탕으로 비슷한 것들을 묶어 평가기준을 만든다. 반별로 구체적인 내용은 약간 다를 수 있는데, 대부분 비슷한 평가기준이 나온다. 어떤 반에서 중요함에도 전혀 언급되지 않은 항목이 있다면, 교사가 다른 반에서 이러한 내용도 나왔다고 이야기하며 평가기준을 보충한다. 교사는 이 내용을 기록하든가, 학습지로 만들어 학생들에게 나누어 주고 이에 맞추어 준비할 수 있도록 돕는다.표❸

교사가 채점기준표를 만들 수도 있다. 만든 채점기준표에 점수를 기

[표❸] 수업 목표 설정 2단계

2단계: 수용 가능한 증거 결정하기(평가 계획)	
수행과제 당신은 새 학년을 맞아 낯선 친구들 앞에서 자기 자신을 표현해야 한다. 자기를 가장 잘 드러낼 수 있는 소재를 찾아 그것을 표지로 만든 후, 이를 소개하기 위해 글로 내용을 작성해 반 친구들 앞에서 표지에 얽힌 이야기를 발표해야 한다.	다른 증거(퀴즈, 관찰, 구두 면접, 자료 요약 학습지, 공책에 배운 내용 정리, 쪽지시험, 성찰 일지, 스토리보드 등) 요약하기, 개요짜기 내용이 담긴 학습지 작성, 글쓰기와 피드백을 반영한 고쳐쓰기, 친구들의 피드백을 반영하여 말하기 연습하는 과정 관찰, 상호평가표 작성 검사, 자기 평가표 작성 검사.

평가준거(루브릭)

영역	평가기준	잘함	보통	미흡
내용	내용이 충분한가 (2점)	내용 설명이 자세하고 구체적이며 자기 자신을 솔직하게 잘 드러내고 있으며, 분량이 2분 정도이다.	내용의 설명이 대략적이고 자기 자신에 관한 설명도 충분하지 않아 1분 30초 정도 분량이다.	내용 설명이 부족하여 1분이 되지 않는다.
	내용이 타당한가 (2점)	제목을 그렇게 지은 근거를 두 가지 이상 들어 자기 자신, 공책 표지와 연결 지어 이야기했다.	근거가 한 가지이거나, 제목에 관한 설명만 있고 표지로 설정한 이유에 관한 설명은 드러나지 않았다.	제목을 지은 이유만 간략하게 제시되었다.
	내용의 연결이 자연스러운가 (2점)	말하기가 유창하고 자연스러우며 처음, 중간, 끝의 구분이 명확하다.	말하기가 가끔 끊어져 부자연스럽거나, 처음이나 끝부분에 관한 내용이 빠져 있다.	내용을 대부분 보고 읽거나 중간 부분의 내용만 제시했다.
형식	목소리의 크기가 적당한가 (1점)	교실 구석구석까지 모든 사람에게 목소리가 잘 들린다.	목소리의 크기가 주변 사람들에게만 들린다.	목소리가 바로 옆 사람들에게만 간신히 들린다.
	속도가 적당한가 (1점)	말하는 속도가 적당하다.	말하는 속도가 약간 빠르거나 느리다.	말하는 속도가 매우 빠르거나 느리다.
	자세가 올바른가 (1점)	바른 자세로 말한다.	몸을 흔들거나 손을 움직이는 등 자세가 약간 불안정하다.	몸을 흔들거나 손을 움직이는 등 자세가 매우 불안정하다.
	시선이 알맞은가 (1점)	친구들에게 시선을 골고루 주며 말한다.	가끔 허공이나 다른 곳을 쳐다보며 말한다.	친구들과 눈을 마주치지 않고 말한다.

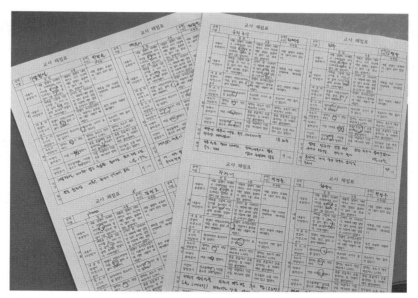

재하면 바로 수행평가가 된다. 단, 채점기준표는 수업 시작할 때 학생들에게 미리 제시해주어야 한다.

⑤ 연습하기

한 명당 대략 2분 정도 이야기 발표를 준비하게 할 때, 내용을 알아서 준비하고 연습도 알아서 해오라고 하면 학생 간 편차가 심해질 수밖에 없다. 원래 잘하는 학생은 잘하고 그렇지 않은 학생은 못한다. 그러므로 수업시간에 연습을 시켜 그 과정을 밟으면 누구나 잘할 수 있도록 해야 한다.

학생들은 이미 생각나는 대로 한 번 쓰고, 개요에 맞게 쓰고, 고치면서 두세 번 썼기 때문에 자신이 말할 내용은 거의 외울 정도가 되어 있

다. 우선 핸드폰 등을 이용해 혼자 시간을 재면서 연습하게 한다. 그러고는 짝에게 발표해본다. 공책을 최대한 보지 않고 표지에 얽힌 이야기를 한다. 짝은 들으면서 시간도 재고, 채점기준에 비추어 발표가 어땠는지 간단하게 평가한다. 짝에게 말하는 것은 공식적이지 않아 학생들이 마음 편하게 연습할 수 있다.

짝과 연습을 한 후, 잠시 개인적으로 다시 연습할 시간을 준다. 내용이 미처 생각나지 않아 곤란했던 학생들은 이때 더 열심히 연습한다. 그러고는 모둠으로 연습하게 한다. 앉은 자리에서 책상을 돌려 4명이 한 모둠을 만든다. 모둠에서 연습할 때에는 자리에서 일어나 진짜 발표하듯이 해보도록 하고, 1명이 발표하면 먼저 함께 연습을 한 짝이 아까에 비해 나아진 점을 말해준다. 다른 두 친구는 시간을 재고, 자세와 태도를 봐준다. 이 정도 연습하면 내용적인 면에서는 더 손볼 게 없기 때문에 형식적인 면을 위주로 평가하게 한다. 모둠에서의 연습은 좀 더 공식적인 분위기가 나고, 특히나 일어서서 할 때 자신도 모르게 취하는 태도에 관해 점검받을 수 있어 공식적인 말하기 직전 연습 단계로 좋다. 이러한 단계를 거친 후 1명씩 전체 앞에서 발표하면 이미 충분히 연습했기 때문에 대부분 자신감 있게 자기의 공책 표지에 관해 이야기할 수 있다.

⑥ 발표와 피드백 하기

발표를 하는 시간. 시작하기 전에 공책에 발표자의 공책 제목, 기억에 남는 점, 잘한 점, 부족한 점을 쓸 수 있는 표를 그린다. 다시 한번 평가 기준을 이야기하고, 자원자들부터 발표한다. 학생들에게 빨리하는 것이 훨씬 속 편하다고 이야기하면 준비가 됐다고 생각하는 학생들부터 자원해서 나선다. 앞에 나오면 먼저 칠판에 자신의 이름과 공책 제목을 적는다. 끝나고 궁금한 점을 질문하도록 하는데, 이름이 뭐냐, 공책 제목을 뭐라고 했냐는 중요하지 않은 질문이 나오곤 하기 때문이다. 질문의 수준을 높이려고 선택한 방법이다. 이 학생이 칠판에 적는 동안, 짝을 제외한 다른 친구들은 자신의 공책에 발표 학생의 이름과 공책 제목을 쓴다. 짝은 공책에 적지 않고 미리 나누어준 '짝 평가표'를 작성한다.

발표하는 학생의 뒷번호도 같이 나오는데, 이 학생은 발표 학생의 영상을 찍는 학생이다. 작은 삼각대를 놓고 발표 학생의 핸드폰으로 동영상을 찍어준다. 발표 학생이 핸드폰이 없는 경우에는 교사 핸드폰으로 찍고 그 자리에서 이메일을 물어 파일로 보낸다. 영상 촬영 학생은 앞

쪽에 따로 놓인 책상에 공책을 들고나와, 핸드폰의 동영상 버튼을 누르고 앞에 앉아 친구의 발표를 들으며 공책에 적어야 한다. 교사는 채점 기준표를 들고 채점을 하며 듣는다.

　발표가 끝나면 영상을 찍은 학생이 시간이 얼마나 걸렸는지 알려주고, 발표자의 짝은 자신이 작성한 '짝 평가표'를 요약해서 말한다. 이에 다른 친구들이 덧붙여서 잘한 점과 부족한 점을 이야기한다. 혹시 학생들이 지나친 부분이 있다면, 교사도 피드백을 돕는다. 정말 소심해서 발표를 제대로 못하는 학생이 있을 경우는 짝 평가만 듣고 교사가 잘한 점 위주로 이야기를 해준다. 자칫하다가는 친구들 사이에서 못하는 학생으로 낙인찍힐 위험이 있기 때문에 동료 평가는 칭찬할 점 위주로 신중하게 접근해야 한다. 이미 발표한 학생은 교사와 친구들의 피드백을 들은 후, 원한다면 더 연습해서 다시 발표할 수 있다.

　학생들이 흔히 저지르는 실수가 비슷하므로 몇 명이 같은 모습을 보이면 교사는 전체를 대상으로 피드백을 한다. 대부분 처음 시작 부분 없이 중간 내용으로 바로 들어가거나, 중간 부분의 이유를 이야기하고는 마무리 멘트 없이 갑자기 들어주셔서 감사하다며 끝내는 경우가 많다. 또한 발표하면서 '음', '에' 등의 간투사를 넣거나 몸을 흔드는 경우도 있다. 그런 부분은 다시 한번 짚어주면 좋다. 손을 어떻게 해야 할지 모르는 친구들이 있어서 공책을 양손으로 들고 표지를 보여주면서 발표를 하라고 하는데, 이러면 자세가 많이 안정된다. 보고 읽으면 안 되느냐고 묻는 학생들도 있는데, '낭독하기' 평가가 아니라 '말하기' 평가라고 분명하게 다시 말해준다. 앞에 나와서 하다가 정 생각이 나지 않으면 잠깐 훑어볼 수도 있지만, 일단 공책 내용을 읽기 시작하는 순간 더욱 전체 내용이 기억나지 않으므로 자신이 쓴 글을 보기보다는 개요만 공책 뒤쪽에 붙임 쪽지를 이용해 붙여두었다가 그걸 보는 방향으로 안내했다. 그래도 발표를 제대로 하지 못하는 학생이 전체 학년에

짝 평가표와 발표자 평가 메모

1~2명 정도 있는데, 이때는 발표를 듣기보다 교사가 중간에 자꾸 질문하면서 학생의 말을 이끌어주어야 한다(표지에 어떤 그림을 그린 건지 설명을 해줄래? 왜 그런 제목을 선택했을까? 다른 이유는 더 없니? 등등).

⑦ 성찰하기

일련의 수업이 끝나면 반드시 소감이든 평가서든 자신의 활동을 돌이켜볼 시간을 주어야 한다. 말하기의 경우, 현장에서 일회적으로 이루어지므로 말하는 모습에 대해 되돌아보기가 어렵다. 학생이 발표할 때 핸드폰으로 학생이 말하는 모습을 찍어두고, 말하기 발표가 다 끝난 후에 학생들이 각자 자신의 영상을 보면서 스스로 말하기 방식을 점검하게 한다. 자신이 시선을 어디에 두었는지, 손을 어떻게 움직였는지, 영상을 보면 보다 확실하게 성찰할 수 있다.

백워드 디자인 3단계 템플릿에 맞게 지금까지의 학습 과정을 정리하면 다음과 같다.표❹ 전체 차시가 꽤 오래가는 데다 초반에 수업 일기를 읽고, 10분 책읽기를 하면 시간이 넉넉하지 않다. 3월 한 달 내내 이 프로젝트를 끌고가야 한다. 하지만 성취기준 4개를 달성하는 셈이니 교과서로 나갈 때 대단원 한 단원 정도의 시간과 비슷하다. 교과서 진도를 나가면서 이러한 프로젝트를 한다면 부담스럽겠지만 아예 성취기준을 가르치겠다고 생각하면 그렇게 무리한 프로젝트는 아니라고 생각한다.

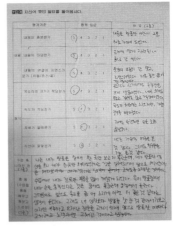

자기 발표 다시 듣고 또 평가하기

[표❹] 수업 목표 설정 3단계

3단계: 학습 경험과 수업 계획하기(차시 계획)			
단계	차시	학습 경험과 수업 계획	학습 자료
안내	1	수업 안내	예전 선배들 공책
표지 만들기	2	표지 만들기	학습지, A4, 색연필, 사인펜
	3	책등 만들기, 표지 싸기	사인펜, 투명시트지
글로 써보기	4	공책 표지에 얽힌 이야기 그냥 써보기, 문장과 문단	학습지
	5	분석을 통한 개요짜기 연습	학습지
	6	개요짜기	선배 동영상, 학습지
	7	글로 쓰기	공책
	8	고쳐쓰기	공책
말하기	9	말하기 평가기준 세우기	학습지
	10	말하기 연습	
	11~15	말하기 평가	공책
	16	자기 평가	자기 모습 찍은 동영상

⑧ 결과물 공유하기

　학생들의 발표를 듣고, 이렇게 다채로운 모습을 다른 반 학생들과도 함께 나누면 관악중학교 1학년 학생들이 서로 잘 알게 되지 않을까 싶어, 공책 표지와 첫 쪽의 자기소개 부분, 표지에 얽힌 이야기를 글로 쓴 것을 스캔해 자료집으로 만들었다(자유학년제 예산을 이용했다). 표지도 학생이 그리게 하고, 컬러 인쇄해서 학생들에게 한 권씩 나누어주니 책자를 받아들고 뿌듯해했다. 학생들에게 표지를 그릴 때부터 책자로 만들 예정이라고 말했지만 반신반의하다가 진짜 책자로 만들어지고 도서실

'공책 표지에 얽힌 이야기' 프로젝트로 만든 자료집

에서 전시를 하니, 그제야 더 열심히 할 걸 그랬단다. 학생들의 결과물 수준을 높이는 방법이 몇 가지 있는데, 그중 하나가 이렇게 책자로 만들겠다고 미리 공지하는 일이다. 자신이 한 작업을 선생님만 볼 때와 학급 친구들만 볼 때, 아니면 도서실에 전시하여 전교생이 다 본다고 할 때 학생들이 대하는 자세가 다르다. 번번이 그 재미를 본 나는 예산이 생기면 어떻게 해서라도 책자를 한 권 더 만들려고 애를 쓴다.

1. 국어란?

2. 국어 공부란?

『**왜요?**』 린제이 캠프 글, 토니 로스 그림 / 베틀북

별점 ☆☆☆☆☆
한 줄 평 :

   1) WHY : 목표

   2) WHAT : 내용

표현방식 \ 매체		
표현		
이해		

3. 국어 선생님

○
○
○

4. 국어 수업시간에 지켜야 할 일

   1) 선생님 맞이
   2) 국어 도우미 : 컴퓨터 켜서 알람 맞추기, 학습지 나눠주기, 교과실 칠판 지우기 등
   3) 수업 일기
      ① 친구들에게 추천하는 책 소개('나', '요즘 세상'과 연결한 내용이 들어가도록) 반쪽 + 수업 내용 정리 반쪽 (복습할 수 있도록 수업 내용과 상황을 쓴다)
      ② 소개한 책을 가져와 직접 보여주고 앞부분이나 마음에 드는 부분을 <u>약 반쪽 정도 읽어준다.</u> 이 책은 1년 동안 학급 친구들에게 기증한다.
      ③ 맨 위에 날짜, 요일, 교시, 글쓴이를 쓴다. 무조건 다음 쪽에서 시작한다.
      ④ 수업시간 끝났을 때 받아 그날 안에 쓰고 잘 보관하고 있다가 다음 수업 시작할 때 발표한다.

국어 공책에 나의 모습을 담자

0. WHY: 공책은 왜 쓰나요?

1. 공책 : 나만의 교과서
- 비닐 노트(대학 노트) 권장: 일반 공책은 늘어날 경우 계속 묶어둔다. 스프링 노트는 왼쪽 면 쓰기에 불편하고 찢어질 위험이 있다. 1년은 쓸 것이니 튼튼한 것으로 고른다. (5천 원 정도 가격의 두께가 적당)

2. 표지
- 공책 이름 지어주기: '나'만의 특징이 나타나도록 특별하게 공책 이름을 짓는다. (다음 차시 수업)
- A4에 공책 이름을 크게 쓰고 어울리는 그림을 그린 후 표지에 붙인다. (투명시트지로 표지 싸기)
- 반, 번호, 이름을 꼭 쓴다. (크게, 눈에 잘 뜨이는 곳에)

3. 보관
- 공책을 잃어버리지 않도록 간수한다.
- 공책이 늘어나면 전에 쓰던 공책 뒤에 꼭 묶어둔다. (풀이나 넓은 테이프를 붙이거나 구멍을 뚫어 묶는다)

4. 필기구
- 자신의 필통을 가지고 다닌다. (자, 칼, 가위, 풀, 지우개, 화이트 등도)
- 필기할 때: 검정이나 푸른색 볼펜이나 중성펜 사용 (3색 펜을 가지고 다녀도 좋다)
- 형광펜, 빨간 펜: 채점하거나 눈에 띄는 것을 표시할 때
- 사인펜이나 색연필: 표, 그림을 그리거나 마인드맵을 그릴 때

5. 공책 쓰기
- 글씨는 깨끗하게, 너무 작지 않게, 또박또박 쓴다. (칸에 70% 정도 차게)
- 새 단원이 시작되면 새 쪽에서 시작하고 제목은 큰 글씨로 쓴다. 다른 색깔 펜을 사용한다. (일관성 있게)
- 내용별로 충분히 띄어 써서 한눈에 구분이 되도록 한다.
- 나눠주는 유인물은 풀로 한 면에 한 장(B5)씩 한눈에 볼 수 있게 붙인다. (접어서 붙이지 않는다)

<공책 구성>

수업 계획	학습지 1	학습지 2	작가 소개	들어가는 말	차례	차례

<작가소개>

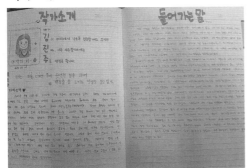

① 내 얼굴 사진 또는 실제와 닮은 그림
② 내 이름으로 지은 삼행시 (나를 잘 나타낼 수 있도록)
③ 나의 꿈 문장: 나는 무엇이 되어(또는 무엇을 하며) 어떤 인생을 살고 싶다.
　　예) 나는 사회복지사가 되어 남을 도와주며 행복을 느끼는 인생을 살고 싶다. 나는 세계를 여행하며 자유로운 인생을 살고 싶다.
④ 그 밖에 자기를 소개하는 내용을 자유롭게
　　*들어가는 말은 비워둡니다.

1단계 공책 표지 만들기

1. 구성 요소 : 제목, 그림, 학번과 이름

1) 제목 : 자신을 잘 드러낼 수 있는 제목을 짓습니다. 자신의 과거 경험, 별명, 좋아하는 것, 잘하는 것, 원하는 것 등 모두 좋습니다. 잘 보이게 굵고 크게 씁니다.
2) 그림 : 제목과 관련 있는 그림을 그립니다. 그리기에 자신이 없으면 오려 붙여도 됩니다.
3) 학번과 이름 : 크게 잘 보이게 씁니다.

2. 만들기

1) 표지 만들기 : 먼저 종이를 자른 후 만듭니다. 뒤표지를 만들어도 좋습니다.
2) 책등 만들기 : 제목과 학번, 이름을 잘 보이게 씁니다.
3) 표지 싸기 : 투명시트지로 표지와 책등을 쌉니다. 시트지를 약간 크게 자른 후 남은 부분은 안으로 접어 붙입니다. 자를 이용하면 공기가 들어가지 않게 쌀 수 있습니다.

2단계 공책 표지에 얽힌 이야기 쓰기

1. 그냥 써보기

2분 정도 말하기 발표를 해야 하므로 20~25줄 정도 되는 분량으로 씁니다. 자신을 소개해도 되고, 표지 그림에 대해 설명을 해도 됩니다.

2. 문장과 문단

1) 문장 :
2) 문단 :
   ① 구성 :   +
   ② 형식 :

◉ 문단은 왜 나누어 쓸까?

문단을 나누어 쓰는 목적은 하나의 생각을 효과적이고 명확하게 전달하는 데 있어. 애완견 기르기에 관해 설명한다고 해봐. 전체 주제는 개에 관하여 설명하는 것이지만 개의 외모, 특징, 기를 때 유의할 점 등을 각각의 문단으로 묶어서 하고 싶은 말을 정리하면 읽는 사람에게 훨씬 효과적으로 글의 내용을 전달할 수 있겠지.

◉ 문단을 이용하면 읽기도 잘할 수 있어!

1) 문단은 글을 읽을 때도 효과적이야. 여러 개의 문단은 글의 주제를 서로 다른 측면에서 이야기하고 있어. 그러니까 문단의 중심 생각을 순서대로 연결하여 생각하면 전체적인 내용을 쉽게 파악할 수 있지.
2) 중심 문장이 어디에 있느냐에 따라 읽기 전략도 달라진단다.
   • 중심 문장이 처음에 있는 경우
   • 중심 문장이 끝에 있는 경우
   • 중심 문장이 처음과 끝에 있는 경우
   • 중심 문장이 중간에 있는 경우

3단계 개요짜기 연습

1. 글쓰기의 과정을 생각해봅시다.

생각 꺼내기 (주제 정하기)	→	생각 묶기 (개요짜기)	→		→	

2. 문단을 이용하여 다음 글의 개요를 생각해봅시다.

1) 중심 문장에 밑줄을 그으며 읽어봅시다.

<예시문>
- 공책 제목: 호빵맨
- 표지에 얽힌 이야기

　세균맨 혼내주는 우리 우리 호빵맨. 〈날아라 호빵맨〉의 주제곡으로 다들 이 노래를 알 것이라 예상한다. 나는 예전에 〈호빵맨〉을 하는 시간이면 항상 텔레비전 앞에 앉아 녹화까지 해가며 다시 보곤 했었다. 또 호빵맨 인형은 엄마나 아빠, 할아버지, 할머니께 졸라서라도 꼭 받아냈다. 나는 호빵맨이 참 좋다. 지금 내가 뜬금없이 이 이야기를 하고 있는 이유는 나의 국어 공책 제목이 '호빵맨'이기 때문이다.

　공책의 제목을 '호빵맨'이라 지은 첫 번째 이유는 조금 창피하긴 하지만 나의 어릴 적 우상이 호빵맨이어서다. 어리고 순수하고 티 없던 시절에는 악의 대명사인 세균맨을 친구들과 함께 통쾌하게 골탕 먹이고 위급한 아이들을 보면 한 치의 망설임도 없이 자신의 머리를 떼어주는 호빵맨이 정말 정의로워 보였다. 지금 생각해보면 좀 잔인하고 징그럽지만 말이다.

　두 번째로는, 호빵맨이 나만의 특징을 가장 잘 나타낸다고 생각했기 때문이다. 난 어릴 적부터 덥거나 추우면 얼굴이 빨개지는 체질을 가지고 있었다. 유치원 때까지만 해도 다들 나처럼 볼이 빨간 줄 알았는데 초등학교에 들어온 후에서야 내가 특이한 체질이라는 것을 알게 되었다. 그래도 초등학교 5학년 때까지는 볼이 빨개지면 신기하다고 주목만 받고 끝났는데 6학년이 된 한 달 후쯤 같은 반 남자아이가 볼이 새빨갛고 웃으면 볼이 쑤욱 올라가는 것이 마치 호빵맨 같다고 하자 우리 반 아이들도 모두 수긍을 하며 나를 '호빵맨'이라 불렀고 그때부터 나의 공식적인 별명이 되었다. 처음에는 그 별명이 정말 싫었는데 시간이 지나면서 점점 익숙해지고 어떨 땐 내가 봐도 닮은 것 같은 느낌이 든다. 이것이 공책 제목을 '호빵맨'이라 지은 결정적 이유라 하겠다.

　아직까지도 난 덥거나 추우면 볼이 빨개진다. 그러면 아이들이 너 어디서 맞고 다니는 것 같다고도 하고 '호빵맨'이라는 정겨운 별명을 불러주기도 한다. 호빵맨은 나에게도 정말 큰 의미가 있는 캐릭터인 것 같다. 이러한 호빵맨이 그려진 국어 공책이니 앞으로 열심히 쓰고 소중히 보관해서 나중에 보면서 '아, 중학교 땐 이랬었지!' 하며 추억도 떠올렸으면 좋겠다.

2) 중심 문장을 아래 표에 요약해봅시다.

처음	
중간	
끝	

⊙ 요약하기 방법

- 삭제 : 중복되는 내용이나 중요하지 않은 불필요한 세부사항은 삭제한다.
- 일반화 : 하위 개념들을 포괄하는 상위 개념으로 나타낸다.
  - **예** 혜민이는 사과를 좋아하고, 포도를 좋아하며, 참외를 좋아한다. → 혜민이는 과일을 좋아한다.
    아버지는 자동차를 닦으신다. 어머니는 빨래를 하신다. 동생은 마당을 쓸고 있다. → 가족이 모두 일을 한다.
- 선택 : 특히 중요하거나 주제와 관련이 많으면 중심 문장으로 선택한다.
  - **예** 동수는 역까지 택시를 탔다. 그는 기차표를 샀다. 그리고 진주행 기차를 탔다. 동수는 어제 진주에 갔다. → 동수는 어제 진주로 갔다.
- 구성 : 알맞은 중심 문장이 글 속에 없을 때 글의 의미를 포괄하는 새로운 중심 문장을 만든다.
  - **예** 동수는 어제 역까지 택시를 탔다. 그는 기차표를 샀다. 그리고 진주행 기차를 탔다. 동수는 진주역에 도착했다. → 동수는 어제 진주에 갔다.

3) 표지에 얽힌 이야기를 발표하는 영상을 보면서 다음 말하기의 내용을 요약해봅시다.

제목	
처음	
중간	
끝	

3. 내가 말할 내용의 개요를 짜봅시다.

제목	
처음	
중간	
끝	

예	제목	팬더
	처음	베이징 올림픽의 마스코트였던 팬더
	중간	1. 친구에게 물어보니 팬더 같다고 했다. 2. 생김새가 팬더와 닮았다. 3. 팬더와 느린 것도 닮았다.
	끝	팬더가 마음에 듦

4단계 표지에 얽힌 이야기 쓰기

1. 공책에 문단과 문장의 개념을 생각하며 표지에 얽힌 이야기를 써봅시다.

2. 다 쓴 글을 다음 사항에 유의하여 고쳐 써봅시다.

◉ 자신이 쓴 글을 고쳐 쓰면 좋은 점 (6학년 때 배웠어요!)
  • 글을 전체적으로 읽고 주제가 잘 드러나게 할 수 있습니다.
  • 주제와 제목이 잘 어울리게 할 수 있습니다.
  • 읽는 이가 되어서 살펴보면 다른 사람의 반응을 잘 끌어내는 글을 쓸 수 있습니다.
  • 문단의 내용을 점검하여 짜임새 있는 문단을 쓸 수 있습니다.
  • 문장과 맞춤법을 점검하여 읽을 때 이해하기 쉬운 글을 쓸 수 있습니다.

◉ 자기 글 점검하면서 고쳐쓰기

수준	평가기준	O, ×
글 전체 수준	주제가 일관성 있게 제시되어 있나?	O, ×
	주제에서 벗어난 불필요한 내용은 없는가?	O, ×
	주제를 뒷받침하기 위해 더 보충할 내용은 없는가?	O, ×
	처음, 중간, 끝부분이 제구실을 하는가?	O, ×
	처음, 중간, 끝부분 간의 연결이 자연스러운가?	O, ×
문단 수준	하나의 문단에 하나의 중심 생각이 있나?	O, ×
	뒷받침 문장이 중심 문장과 직접적인 관련이 있는가?	O, ×
	문단의 길이가 적절하고 연결이 자연스러운가?	O, ×
문장 수준	문장의 뜻이 분명한가?	O, ×
	문장의 길이가 적절한가? (긴 문장은 두세 문장으로 나눈다)	O, ×
	문장이 어법에 맞게 잘 표기되어 있는가? (특히 주어와 서술어의 관계를 살핀다)	O, ×
	불필요하게 중복되는 표현은 없는가?	O, ×
단어 수준	단어를 정확하고 적절하게 사용하였는가?	O, ×
	띄어쓰기나 맞춤법은 알맞게 썼는가?	O, ×

◉ 고쳐쓰기 요령
  • 빨간색 펜을 들고 소리 내어 읽으면서 어색한 부분을 고쳐본다.
  • 내가 누구인지도 모르고, 이 글을 처음 보는 사람의 입장에서 생각하며 고쳐본다.
  • 빨간색으로 피바다를 이루지 않았다면 다시 살펴본다. 어떤 문장이라도 고치려고 맘먹고 덤비면 다 고칠 수 있다.

5단계 말하기 연습

1. 잘된 말하기란? (2분 쓰기)

2. 말하기의 평가기준은?

3. 말하기 연습
   1) 혼자서 : 천천히 중얼중얼 읽어보며 시간을 재본다. 부족하다면 내용을 더 보충한다.
   2) 짝과 함께 : 공책 표지를 보여주며 앉은 자리에서 이야기를 해본다. 짝은 시간을 재주고, 보충할 내용을 함께 고민해준다.
   3) 모둠과 함께 : 자리에서 일어나서 이야기를 한다. 다른 모둠원은 시간을 재고, 보충할 내용을 이야기해주고, 자세를 봐준다.

6단계 표지에 얽힌 이야기 말하기

1. 친구들의 말하기를 평가할 평가표를 공책에 그려봅시다.

연번	발표자	공책 제목	기억에 남는 내용	잘한 점	부족한 점

2. 짝이 말을 할 때 짝 평가표를 작성해봅시다.

★ 잘 배우려면? (2분 쓰기)

짝 평가표

채점자 _____

공책 이름					공책 주인	

		잘함	보통	부족함
내용	내용이 충분한가 (2점)	내용 설명이 자세하고 구체적이며 자기 자신을 솔직하게 잘 드러내고 있으며, 분량이 2분 정도이다.	내용의 설명이 대략적이고 자기 자신에 대한 설명도 충분하지 않아 1분 30초 정도 분량이다.	내용 설명이 부족하여 1분이 되지 않는다.
	내용이 타당한가 (2점)	제목을 그렇게 지은 근거를 두 가지 이상 들어 자기 자신, 공책 표지와 연결 지어 이야기했다.	근거가 한 가지이거나, 제목에 관한 설명만 있지 표지로 설정한 이유에 대한 설명은 드러나지 않았다.	제목을 지은 이유만 간략하게 제시되었다.
	내용의 연결이 자연스러운가 (2점)	말하기가 유창하고 자연스러우며 처음, 중간, 끝의 구분이 명확하다.	말하기가 가끔 끊어져 부자연스럽거나, 처음이나 끝부분에 관한 내용이 빠져 있다.	내용을 대부분 보고 읽거나 중간 부분의 내용만 제시했다.
형식	목소리의 크기가 적당한가 (1점)	교실 구석구석까지 모든 사람에게 목소리가 잘 들린다.	목소리의 크기가 주변 사람들에게만 들린다.	목소리가 바로 옆 사람들에게만 간신히 들린다.
	속도가 적당한가 (1점)	말하는 속도가 적당하다.	말하는 속도가 약간 빠르거나 느리다.	말하는 속도가 매우 빠르거나 느리다.
	자세가 올바른가 (1점)	바른 자세로 말한다.	몸을 흔들거나 손을 움직이는 등 자세가 약간 불안정하다.	몸을 흔들거나 손을 움직이는 등 자세가 매우 불안정하다.
	시선이 알맞은가 (1점)	친구들에게 시선을 골고루 주며 말한다.	가끔 허공이나 다른 곳을 쳐다보며 말한다.	친구들과 눈을 마주치지 않고 말한다.
기억에 남는 내용				
평가				/ 10

7단계 발표를 찍은 동영상을 보면서 자신이 했던 발표를 돌아봅시다.

	평가기준	평가 등급	이유 (2~3줄)
내용	내용이 충분한가	5 4 3 2 1	
	내용이 타당한가	5 4 3 2 1	
	내용의 연결이 자연스러운가 (처음/중간/끝)	5 4 3 2 1	
형식	목소리의 크기가 적당한가	5 4 3 2 1	
	속도가 적당한가	5 4 3 2 1	
	자세가 올바른가	5 4 3 2 1	
	시선이 알맞은가	5 4 3 2 1	
수업 후 나아진 점 (2줄)			
총평 (수업을 통해 배우고 깨닫고 느낀 점) (5~7줄)			

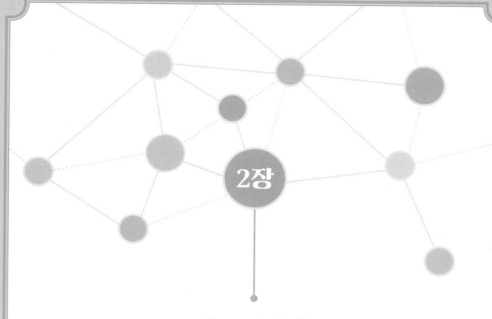

2장

진로체험
활동지 만들기

+

진로 수업

학생들과 체험학습을 하러 가면 빈손으로 가는 게 멋쩍어 무언가 간단하게라도 활동지를 만들곤 했다. 내용이야 간단했지만 나름 만드느라 품이 든 건데, 학생들에게 나눠주면 금세 바닥에 굴러다니는 학습지를 보면 마음이 쓰리다. 집에 가기 전 다 채워와야 보낸다고 으름장 놓으면 방금 받아놓고도 또 달라고 한다. 왜 이러는 걸까 생각하다가 혼자 내린 결론은 직접 만들지 않았기 때문이라는 것이다. 나는 활동지를 애써 만들었으니 길바닥에 흘리는 게 안타깝고, 학생들은 자신이 만들지 않았으니 내 손에 있든 없든 상관없는 거고. 그래? 그렇다면 너희가 직접 만들어보렴!

처음 시작은 2013년 3학년 학생들을 인솔해 지금은 소규모 테마형 교육여행으로 이름이 바뀐 수학여행을 다녀올 때였다. 꽤나 공들여 만든 수학여행 자료집이 버스 안에 뒹굴다 못해 발에 밟히는 게 싫어 학생들이 직접 자료집을 만드는 프로젝트를 기획했다. 수학여행 장소에 관한 책을 읽고, 인터넷 자료를 모아 학생들이 미션과 퀴즈를 정하고 수학여행 책자를 만들어야 했다. 나는 그중 괜찮은 내용과 미션, 퀴즈를 뽑아 그걸로 다시 자료집을 만들었고, 학생들은 편집된 자료집을 들고 다니며 수학여행을 다녀왔다. 자료집의 학생 미션과 퀴즈에 누가 만든 것이라고 일일이 이름을 실어주었더니 여행 내내 자료집 분실 사고는 없었다. 어, 이거 괜찮네. 이후 이 프로젝트는 점점 발전하여 급기야는 사회 과목과의 융합 수업으로 발전했다. 사회 시간에 수학여행 장소의 역사, 지리, 문화를 탐색하고, 모둠을 만들어 코스를 짠 후, 그걸 국어 시간에 이어받아 관련 책을 읽고 정보를 정리하여 미션과 퀴즈를 더해 모둠별로 20쪽 이상의 자료집을 만들었다. 나는 모둠별 보고서를 다시 편집하여 하나의 책자로 만들었고, 실제 책자와 PDF 파일을 들고 다니면서 모둠에서 짠 코스대로 각자 돌면서 자료집에 나온 미션과 퀴즈를 수행하는 방식이었다. 학생들의 반응은 놀라울 정도로 좋았다. 교사가 인솔하여 돌아다니는 것이 아니라 자신들이 스스로 짠 코스대로 다녔다는 점도 좋은 평가에 일조했겠지만 말이다.

이후 자유학기를 맞아 진로체험을 하면서 이 프로젝트를 축소해 '진로체험 활동지 만들기' 프로젝트를 진행하게 되었다. 3학년이 아니라 1학년 학생들이어서 정보검색 방법부터 차근차근 가르쳐야 했다. 그래도 학생들은 자신의 이름이 박힌 활동지를 소중하게 들고 다녔다.

① 진로 수업과 함께 준비하기

2018년에 관악중학교로 온 진로 선생님께서는 마침 내가 이 내용으로 한 강의를 들어본 분이었다. 2월에 4월 중간고사 기간에 있을 1학년 진로체험에 활동지 프로젝트를 해보고 싶다고 말씀드리니 아주 흔쾌히 동의하셨다. 실제로 진로 수업은 융합 수업을 따로 준비할 게 없었다. 진로체험 장소를 섭외하고 학생들에게 간단히 안내하는 수업은 국어 수업과 함께하지 않더라도 하셨을 일이다. 하지만 활동지를 국어 시간에 만들게 되니, 진로 선생님께서 활동지를 따로 만들지 않아도 되고, 담임 선생님은 학생들이 장소를 어떻게 찾아갈까 걱정하지 않아도 되니, 누이 좋고 매부 좋은 일이 된 셈이다.

학생들이 반별로 같은 장소로 가서 체험하는 것보다 이왕이면 자신이 관심 있는 장소로 가는 게 좋겠다 싶어 5개 반 학생들을 6군데 장소 중 원하는 곳으로 흩어지게 구조를 짰다. 한아세안센터, 전쟁기념관, 경인통계청, 한국의집, 올림픽기념관, 양성평등진흥원, 이렇게 6군데를 섭외했다. 진로 선생님은 수업시간에 각각의 장소를 안내했고, 학생이 원하는 장소를 선택하게 해 한 반에 6모둠으로 편성해주셨다. 또한 진로체험을 하러 갈 때의 유의사항, 안전사항도 세세히 안내해주셨다.

프로젝트 목표 세우기

국어 수업시간에는 다음과 같은 성취기준으로 프로젝트를 구성했다.

> [9국01-04] 토의에서 의견을 교환하여 합리적으로 문제를 해결한다.
> [9국02-03] 읽기 목적이나 글의 특성을 고려하여 글 내용을 요약한다.
> [9국02-08] 도서관이나 인터넷에서 관련 자료를 찾아 참고하면서 한 편의 글
> 을 읽는다.

학생들은 모둠에서 토의하면서 활동지를 만들어야 했고, 인터넷에서 필요한 자료를 찾고 그것을 요약해야 했다. 상중하로 제시된 채점기준표를 함께 읽으며 자기가 어느 수준에 해당하는지 표시해보고, '상'을 받지 못할 것 같은 항목을 어떻게 하면 '상'으로 가게 할지 모둠에서 의논하여 적게 했다.

③ 필요한 정보를 찾아 활동지 만들기

진로 시간에 이어 국어 시간에는 컴퓨터실에서 학습지를 이용해 자신이 갈 장소에 관한 기본 정보를 정리하게 했다. 이미 학생들은 사회 시간에 지도와 위치, 길찾기 앱을 이용하는 방법을 배웠기 때문에 모둠별로 컴퓨터를 이용해 체험 장소에 가는 방법을 찾았다. 그리고 홈페이지를 살피며 무엇을 하는 곳인지, 그곳이 어떤 진로/직업과 관련이 있을지도 생각해보았다.

학생들은 홈페이지에서 혹은 인터넷에서 어떤 정보를 찾아야 할까? 학생들을 바로 컴퓨터실에 데려가거나 핸드폰을 주고 필요한 정보를 찾으라고 하면, 추상적이고 막연한 검색어를 검색창에 넣고 너무 많은 정보의 홍수 속에서 허우적대다가 필요한 정보를 제대로 찾지 못한다. 이를 방지하기 위해, 무엇을 찾을지 검색어를 구체화할 수 있게 도와주어야 한다.

일반적으로는 먼저 관련 책을 읽고 대략적인 정보를 얻게 한다. 그 후 인터넷 검색을 하게 해야 학생들은 자신들에게 필요한 정보를 정확하게 찾을 수 있다. 무엇을 알고 무엇을 모르는지 명확하기 때문에 훨씬 효율적으로 정보에 접근할 수 있다. 일반적인 프로젝트에서는 '독서-정보검색'의 순서를 지켰으나, 이번 프로젝트의 경우 체험 장소에 알맞은 책을 미리 구하지 못해서 인터넷 검색으로 원하는 정보에 도달해야 하는 어려움이 있었다.

어떻게 해야 검색의 범위와 그물망을 좁힐 수 있을까 고민하다가, 『한 가지만 바꾸기 ― 학생이 자신의 질문을 하도록 가르쳐라』(로스스타인·산타나, 사회평론아카데미)에 나온 질문 형성하기 기법을 이용했다. 먼저 홈페이지를 샅샅이 살펴 기본 정보를 얻어 간단하게 요약·정리한다. 그러고는 그 장소가 무엇을 하는지를 질문초점으로 '질문 형성하기'를 했다. '질문 형성하기'는 모둠에서 정해진 5분 동안 질문초점에 관해 최대한 많은 질문을 던지는 것이다. 누가 무슨 이야기를 하더라도 괜찮다, 괜찮지 않다는 판단을 위해 질문을 멈추어서는 안 된다. 또한 질문에 답을 하거나 자신의 의견을 제시해서도 안 된다. 무조건 질문을 던지고 나온 질문을 모두 적는다. 누군가 평서형 진술로 이야기했다면, 질문으로 바꾸어 적어둔다.

나온 질문을 바탕으로 더 알아보고 싶은 것을 검색해서 학습지를 마저 채우게 했다. 학습지를 채울 때 중요한 점은, 읽은 내용을 요약하여 내 말로 정리하기와 초등학교 동생도 읽고 이해할 정도의 쉬운 말로 풀어쓰기다. 나중에 평가서를 받아보면 이 지점이 가장 어려웠다는 학생들이 많다. 이후 활동지를 만들 때 학생들은 사전 사이트를 열어놓고 낱말 뜻을 찾아 다른 말로 바꿔가며 정리했다(이 부분이 성취기준이었다). 제대로 이해했는지 확인하려면 내가 쉬운 말로 풀어 설명할 수 있어야

1. 진로 체험 학습 행사에 갈 곳에 대해 알아봅시다.	
내가 가는 곳	양성평등교육, 건강증진
모둠원	박윤아, 백건이, 김다빈, 김아영
가는 방법 (대중교통)	5호선 낮성대역 5번 출구 → 2호선 내선5순환선면 → 합정역 환승 → 불광역 하차 → 2번출구 나온다 → 도보로 양성평등센터 도착
무엇을 하는 곳인지?	여성인재아카데미, 청년 멘토링 운영 등. 온·오프라인 교육, 양성평등 대상인 공모전등이 진행하고도 포기하고 있다.
그곳은 어떤 진로/직업과 관련이 있을지?	양성평등 전문강사 / 양성평등 상담원 / 여성기획 공무원 / 성희롱·성폭력 예방 교육가 / 금연 및 흡연 예방교육

■ 1단계(각자) : 홈페이지 내용을 살핍니다. 친구들이 알아 두어야 할 내용을 다음 표에 정리해 봅니다. 장소에 대한 기본적인 설명을 적어 놓습니다. 위치, 세운 목적, 하는 일을 홈페이지에서 찾을 수 있는 정보를 찾아 쉽게 풀어 적습니다.

홈페이지 주소	http://www.warmemo.or.kr
알아야 할 내용	내 말로 정리하기 (베끼지 말 것! 초등학교 3학년도 이해할 수 있도록!!)
하는 일 (예시)	금융투자협회 회원뿐만 아니라 전 금융업권의 금융 전문 인력을 양성 하는 기관 → 금융투자업회 회원을 양성하고 금융관련 일을 하는 전문적인 사람을 교육시키는 기관
하는 일	대한민국을 지켜온 항쟁과 전쟁에 대한 기록을 보으로 보존하는 곳.
위치	대한민국 서울특별시 용산구 이태원로 29
목적	전쟁에 대한 교훈을 통해 전쟁을 예방하고, 평화적 통일을 목적으로 한다.
개관일	1994년 6월 10일
체험시설	한반도대컬 영상관, F-15K 3D 체험, 인천상륙작전 4D 체험, 광개토 357호정 안보전시관, 4D실감명상실
교육	어린 아이들부터 나이 드신 어른까지 전쟁의 역사에 대해 조금더 많이 알 수 있으며 직접 전쟁을 체험하고 전쟁에 대한 바른 가치관을 성립할 수 있다.
전시물	제 2차 세계대전, 6·25전쟁, 베트남 전쟁 당시 사용되었던 장비, K-1 전차를 비롯한 곡사포, 미사일, 헬리콥터, 수송기, 국군 전사자와 유엔군 전사자 20여 만 명의 이름이 새겨진 전사자 명비.

■ 2단계(각자/모둠) : 홈페이지의 정보를 바탕으로 자신이 갈 장소에 대해 '질문생성하기'를 해 봅니다.
   질문초점 : 내가 가는 ___전쟁기념관___ 는/은 전쟁 기록을 보존하고 전쟁 예방을/를 하는 곳이다.
★질문생성하기 (규칙 1) 가능한 많은 질문을 한다. 2) 어떤 질문이라도 토의 말단, 달아기 위해 최대한 멈추지 않는다.
3) 진술된 대로 정확하게 모든 질문을 적는다. 4) 진술은 질문으로 바꾼다. [방법] 5분 동안 최대한 많은 질문을 생성한다.

1. 왜 하필 1994년에 설립되었는가?
2. 무엇을 하는 곳인가?
3. 어떤 목적으로 세워졌는가?
4. 얼마나 유명한가?
5. 규모는 어떠한가?
6. 어떠한 체험을 할 수 있는가?
7. 어떤 버스를 타고 가야 하는가?
8. 가는데 뭐나 걸리는가?
9. 분야이 있는가?
10. 어떠한 직업이 있는가?
11. 그 직업이 필요로하는 능력은 무엇인가?
12. 어떠한 전쟁을 다루는가?

한다. 검색한 정보를 이용할 때마다 강조하는 내용이다.

　다음 단계에서는 찾은 정보를 바탕으로 그 장소에서 할 수 있는 미션과 퀴즈를 각자 만들어보게 했다. 아이디어가 잘 떠오르지 않을 수 있겠다는 생각이 들어 다양한 미션과 퀴즈의 예, 체험학습 관련 책자를 보여주었다. 개인적으로 만들어본 후 모둠별로 토의하면서 자신이 만

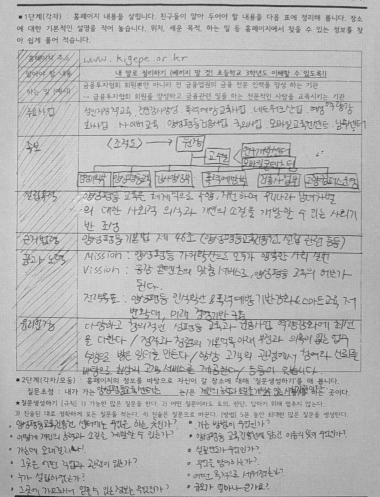

든 문제를 수정하거나 모자라면 함께 더 만들고, 보고서에 미션과 퀴즈를 어떻게 배치할지 의논하게 했다. 보고서 첫 쪽은 장소에 관한 설명이 있어야 하고 2, 3쪽에는 미션과 퀴즈를 넣어야 한다. 4쪽 이후에는 모둠별로 장소와 관련된 직업을 하나씩 찾아 조사한다.

학생들에게 직업을 조사하라고 할 때, 검색창에 바로 '사서'라고 치고

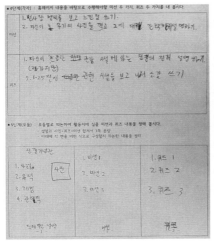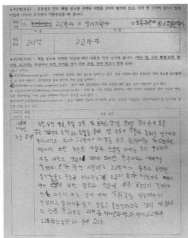

공식 홈페이지와 직업 조사

거기서 나온 정보가 마땅치 않아 고민하는 모습을 볼 수 있다. 또 학생마다 조사한 분량도 제각각이다. 그래서 '플로리스트'를 직업 사례로 삼아 하는 일, 연봉과 근무시간, 장단점, 자격, 관련학과 등을 조사한 예시 자료를 주었다. 학생들에게 이 상태에서 자신이 원하는 직업으로 내용만 바꿔서 조사하면 된다고 말했다. 다른 항목을 더 넣고 싶으면 얼마든지 가능하다고 했다.

학생들은 공식 홈페이지를 이용하는 방법을 잘 모른다. 직업·진로 관련 사이트를 여럿 소개하고, 바로 포털 검색을 하기보다 제공한 공식 사이트에서 먼저 찾아보라고 했다. 여행을 간다고 하면 사람들은 블로그에서 정보를 뒤지는데 시군청 홈페이지에 가면 알짜 정보가 많이 있다. 학생들에게 워크넷, 커리어넷 등의 사이트를 안내했다.

필요한 정보를 다 수집했으면 본격적으로 진로체험 활동지를 보고서 형태로 만들 차례다. 시간표를 확인하여 컴퓨터실을 쓸 수 있는지 살피고, 필요하다면 시간표를 조정하여 컴퓨터실을 확보한다. 학생들은 초등학교에서 한글 프로그램을 다뤄본 적이 별로 없어서 교사가 생각할 때 아주 당연하다고 생각하는 편집도 못한다. 스크래치 같은 코딩 프로그램은 잘 쓰고 타자 속도도 매우 빠른데(게임, 채팅 덕분이다), 워드 프로그램이나 PPT는 잘 다루지 못한다. '가운데 정렬'이라는 말은 당연히 모르고 스페이스 바를 열심히 움직여 글자를 가운데로 밀기 일쑤다. 표 하나 만드는 데도 한참 걸린다. 그래서 한글 보고서 예시를 학교 홈페이지에 탑재하고, 학생들에게 내려받아 자기 모둠의 내용으로 바꾸라고 했다. 학생들은 각자 직업을 조사하고 역할을 분담해 보고서를 만든다. 모둠원이 3~4명이어서, 내용이 많은 첫 쪽은 2명이 모둠원의 공책을 모아놓고 토의하면서 절반씩 정리하고, 2~3쪽의 미션과 퀴즈는 1~2명이 정리하게 한다. 4쪽 이후에는 직업 탐구한 것을 붙여 보고서를 홈페이지에 올린다.

④ 상호평가와 피드백 하기

모둠별로 학습지를 홈페이지에 올리면 다음 시간에 한 모둠당 2부씩 모아찍기로 출력하여 수업에 들어간다. 출력하는 김에 모둠원 숫자만큼 출력할 수도 있지만(이후에 각자 공책에 붙이라고 더 출력하기는 한다) 일부러 2부씩만 나눠준다. 모둠별로 자기 모둠 보고서를 나눠주면 제출했던 모둠은 벌써 뭐가 잘못되었다느니 뭐가 빠졌다느니 이런저런 이야기가 나온다.

보고서를 더 낫게 만들기 위해 친구들의 도움을 받을 거라고 이야기하고, 보고서를 시계 반대 방향으로 돌리게 한다. 그러면 우리 모둠에 옆 모둠 보고서 2부가 온다. 모둠원 2명이 보고서 1개를 보면서 빨간색 펜을 들고 고칠 부분에 표시한다. 내가 '빨간펜 선생님'이라고 지칭하는 상호 피드백이다. 옆 모둠의 보고서를 두고 2명이 함께 의논하여 그 결

과를 빨간 펜으로 적는다. 보고서를 인원 숫자만큼 나눠주면 제대로 하지 않는 학생들이 생긴다. 옆 친구와 함께 의논해 적으라고 해야 다른 모둠의 보고서를 들여다보기라도 한다. 친구들의 보고서에 수정해야 할 부분 표시를 하면서 동시에 자기 학습지에도 평가를 적어야 한다. 다른 모둠이 가는 장소에 대해서 아는 것이 없었는데, 보고서를 돌려보며 그 장소에 관한 정보, 관련된 직업 정보도 얻게 된다.

학습지에 미리 공지한 평가기준에 따라 다른 모둠 보고서를 보며 새롭게 알게 된 점, 잘한 점(눈에 띄는 점), 부족한 점(보완할 점)을 적고 점수를 매긴다. 이때 다른 모둠에 주는 점수는 우리 모둠원이 모두 합의한 점수를 줘야 한다. 그래야 개인적으로 누가 마음에 들지 않아 점수를 낮게 주거나 누구와 친해 점수를 높게 주는 일이 없다. 4명이 평가기준을 놓고 의논하여 다른 모둠 보고서의 점수를 매기다보면 평가기준을 확실하게 내면화할 수 있고, 자기 모둠 보고서에 대해서도 객관적인 시선으로 평가할 힘이 생긴다.

모둠별로 다른 모둠의 보고서를 평가한 후에는 점수를 등수로 환산한다. 10점이 만점이라고 하면 10점은 1등, 9점이 두 모둠이면 둘 다

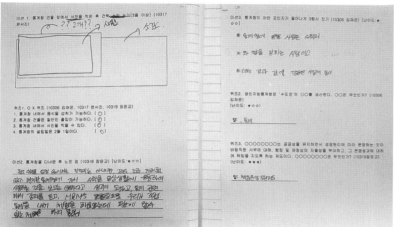

모둠별 활동지 만들기 & 친구들의 피드백

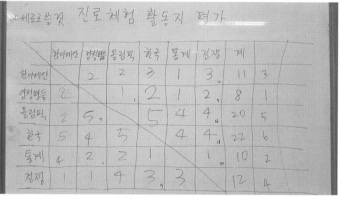

돌려 읽기 (상호평가)   상호평가

2등, 8점은 4등 이런 방식으로 매긴다. 모둠에서 1명이 나와 칠판에 세로 방향으로 다른 모둠의 등수를 쓴다. 모든 모둠이 등수를 쓴 후 가로로 합산을 하면 그 모둠이 어떻게 수행했는지 한눈에 볼 수 있다. 모둠 성향에 따라 평가를 박하게 하는 모둠도, 후하게 하는 모둠도 있어서 학생들의 상호평가를 성적에 반영하려면 이런 방식을 취한다(전체 점수에서 50~70% 정도를 차지하게 준다). 절대평가 위주로 진행하는 자유학년에

서는 군이 성적을 매길 필요가 없지만, 학급의 대표 모둠을 뽑을 때 이용할 수 있다.

⑤ 자기 성찰 평가하기

마지막 단계는 자기 성찰 평가이다. 자기 모둠의 활동을 소개하고, 모둠원들이 한 일에 대해 평가하며 활동지를 만들면서 느낀 점을 적은 후, 친구들의 활동지를 보며 배운 점을 적는다. 또한 채점기준표를 다시 작성해보고, 모둠에서의 활동도 함께 평가한다.

- 컴퓨터를 잘 못 다루는데 만들게 되어서 좀 힘들었고, 친구들과 통화를 하면서 하니 재밌기도 했다. 다들 잘한 것 같아서 다행이었다. 우리가 3명밖에 되지 않아 힘들었던 감이 있었지만, 그래도 만들고나니 뿌듯했다. 하면서 잘 될까 하는 생각이 들었는데(확실히 나는 이 과제가 어려웠다) 힘들었지만 재미있었던 것 같다. 다른 아이들 보고서는 내용이 알찬 아이들도 있었고 그렇지 않은 아이들도 있었지만, 이렇게 돌려보며 다른 모둠의 과제를 보니 신기하고 재미있었다. 다른 아이들이 한 것을 보면 편집에서 부족한 점이 보이긴 했지만, 노력은 한 것 같다. 돌려 보면서 다른 직업들과 진로체험처를 알 수 있어 재밌고 신기한 시간이었다. 잘한 아이들을 보니 그렇게 해야겠구나, 느낄 수 있어서 좋았다. 앞으로 이런 과제가 있으면 이번처럼 열심히 해보고 싶다.
- 진로체험학습 활동지 만들기를 하면서 미션과 퀴즈를 만드는 게 어려웠다. 그 이유는 다른 반도 내가 만든 미션과 퀴즈를 푸니까 부담스러워서 더 열심히 적당한 난이도의 미션과 퀴즈를 만들려고 노력했기 때문이다. 다른 친구들의 활동지를 보며 더 잘해야겠다고 생각했고, 질문을 더 구체적으로 써야겠다고 생각했다.

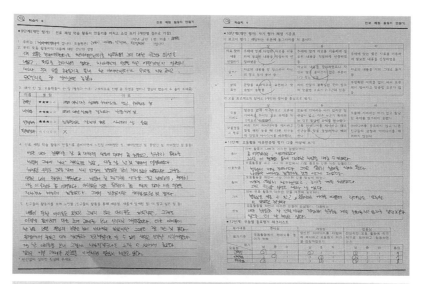

■11단계: 모둠활동 자유반응형 평가 (2줄 이상씩 쓰기)

흥미	이번 활동이 나에게 이러한 경험이었다. 보고서나 활동지를 만들어 본 경험이 이번이 처음이었어서 조금 힘들었지만 재밌는 경험이었다.
상호작용	모둠활동을 하고 나니 이 수업에서 가장 중요한 것은 이런 것들이다. 다른 활동들을 할때 모둠에 피해를 주지 않는 모둠 개개도 와 글룸 자신이 딜로 풀어쓰는 것이 가장 중요한 것 같다.
참여	모둠활동을 하면서 나는 이러한 것을 열심히 하였다. 자료 활동과 활동지 아이디어를 제시했는데 열심히 하였고, 편집도 도와서 열심히 참여한 것 같다.
가치	이번 모둠 활동은 이러한 것을 때문에 필요하다. 경인지방 통계청에 가서 더 열심히 참여할 수 있고, 사전에 찾아보아서 체험을 가서 이해가 더 쉬울 것 같다.
반성	모둠활동을 하면서 이러한 것들이 반성된다. 다음에는 자료 수집을 많이 못하였던점이 반성이 된다. 다음 모둠활동 때에는 자료 수집을 열심히 더 많이 해야겠다.

모둠활동 평가지

• 처음에는 보고서 6쪽을 어떻게 채우나 걱정이 많았지만, 선생님이 하나하나 알려주시니까 쉬웠다. 내가 총편집을 맡아서 카톡으로 모둠원들을 챙기느라 고생했다. 몇몇 애들이 자꾸 늦어 조금 화가 나기도 했다. 다른 아이들 것을 보니 우리 모둠의 부족한 점과 잘한 점을 알 수 있었다. 대부분 복붙을 많이 하고 들여쓰기를 하지 않거나 말이 어려웠다. 우리 보고서에 부족한 것을 써주니 공감이 되기도 했다.

• 애들이 빨리빨리 보내지 않아서 어떻게 할까 고민이 되었고 이러다가 못 보내는 건 아닌가 하는 생각까지 들었다. 어떻게 해야 하는지 처음에는 멘붕이 왔지만 어떻게든 성공했다. 근데 선생님께서 보시고 더 채워야 한다고 해서 또 한 번 멘붕이 왔다. 이런 보고서를 처음 만들어봐서 새로운 활동이었고 내가 컴퓨터를 잘못해서 아쉬웠다. 어떻게 해야 더 좋은 활동지를 만들 수 있는지 알고 싶다. 다양한 아이디어를 볼 수 있어서 좋았고 다양한 많은 것도 알게 되었다. 요약하고 정리하는 방법도 배울 수 있었다.

전체적인 수업의 차시를 정리하면 다음과 같다.

차시	수업 내용	비고
1차시	수업 안내	학습지
2차시	홈페이지 살펴 체험 장소에 관해 알아두어야 할 내용 정리하기	컴퓨터실
3차시	미션과 퀴즈 만들기	컴퓨터실
4차시	체험 장소와 관련된 직업 내용 조사하기	컴퓨터실
5차시	모둠별 편집	컴퓨터실
6차시	상호평가	평가지
7차시	자기 평가	

⑥ 진로체험의 날 행사

다섯 반 학생들이 모둠별로 작성한 활동지를 조합하여 실제 진로체험의 날에 쓸 활동지를 편집했다. 편집하면서 어떤 미션과 퀴즈를 누가 냈는지 이름을 적었다. 활동지를 진로체험의 날 당일에 배부했고, 학생들은 자신이 선택한 장소에서 체험한 후, 친구들이 낸 활동지의 미션과

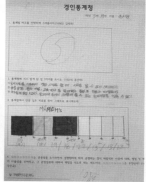
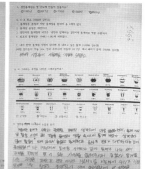

한아세안센터 탐방   통계청 활동지

활동지 전시

퀴즈를 풀어 제출했다. 학교에 돌아와 본인이 작성한 활동지를 다시 나
눠주고 자기 모둠 보고서와 함께 공책에 붙이게 했고, 다른 장소의 활
동지를 공유하고자 복도에 전시하기도 했다.

⑦ 번외편 1: 책읽기와 연계한 진로체험

국어 시간을 길게 내기 어렵다면 짧게 진로체험을 준비하는 방법도 있다(3차시). 진로체험 장소가 일찌감치 정해졌다면 관련 책을 읽고 체험에 참여하는 방법도 있다. 한 차시는 인터넷을 통해 검색하고, 두세 차시에 책을 읽는 단기 프로젝트이다.

체험처와 관련된 책을 구하는 일이 쉽지 않지만 사서 선생님의 도움을 받으면 한결 쉽게 접근할 수 있다. 학교 도서관에 있는 장서 중 관련된 책을 따로 빼놓고 권수가 부족하면 인터넷 서점에서 체험처와 관련된 분야를 검색어로 넣고 검색한다. 분류를 어린이/청소년으로 제한하면 책 목록을 편하게 얻을 수 있다. '청소년' 카테고리는 보통 고등학생에게 초점이 맞춰져 있어서 '어린이' 중 '고학년'을 선택하면 중학교 1학년 학생이 읽을 만한 책을 찾을 수 있다. 미리 책을 구매한 후 체험처별로 바구니에 담아놓는다. 일반적으로 책의 숫자는 학생 수보다 2배 이상 준비하는 것이 좋다. 학생들이 자신이 처음에 잡았던 책을 얌전히 읽는 경우란 드물기 때문이다. 뒤적거릴 정도의 책이 준비되어야 내가 먼저 집었네, 아니네 하는 자잘한 갈등을 줄일 수 있다.

처음 시간에는 인터넷을 이용해 체험 장소에 가는 방법, 체험 장소에 관한 정보, 관련 책 목록을 찾아보게 한다. 1학년은 보통 3월 사회 시간에 지리 정보에 관한 수업을 받으므로 길을 찾는 방법은 어렵지 않다. 책 목록을 만드는 활동은 학생들이 원하는 정보가 있을 때 책을 찾는 방법을 알려주고 싶어서 넣은 항목이다. 위에 제시한 대로 인터넷 서점을 이용하게 하고, 목차와 미리보기 등을 살펴 그 책들이 체험처와 어떻게 관련이 있을지, 읽을 만한지 판단하게 한다(비판적 사고력을 키울 수 있다!).

따로 학생이 활동지를 만들 시간이 없으므로 활동지는 교사가 여러 체험처에서 다 쓸 수 있도록 공통으로 만들어서 제시한다.

1. 내가 갈 진로체험 장소
   식사랑 농사랑

2. 찾아 가는 방법
   버스를 타고

3. 갈 곳에 대한 정보 요약
   • 식사랑 농사랑 운동이란?
   잘못된 식습관과 식의 중요성에 대한 인식제고를 위태롭게 우리 국민들이 건강을 위한 식생활과 더불어 우리농이 소중한 가치를 증진시키고자 전개하는 식생활 개선 운동입니다.

   • 식사랑 농사랑 운동으로 구체적으로 무엇을 하나요?
   식의가치를 누리고
   - 식생활과 건강을 주제로 한 다양한 교육을 통해 바람직한 식의 중요성을 인식함
   - "바람직한 공모전" (밥상알속, 동영상그림, 노래, 논술등)을 통해 바른 식생활을 확산시킵니다
   - 우리 농산물로 만든 제철별 건강식단을 통해 건강한 우리집 밥상을 실천함
   - 기업, 학교등의 구내식당과 "건강식 실천 캠페인" 등을 전개하여 목적이란 프로젝트를 건강하게 바랍니다

   농의 가치를 깨닫고
   - 농촌 식체험 교육마을에서 식과 농의 희사람을 깨닫습니다
   - 식이 관심이 높은 아들을 밥상부터 지역과의 향토음식도 만나고 재배가 되는 조신료를 직접 구매합니다
   - 우리가 먹거리 소비촉진 캠페인을 통한 농민·시민·환경 보호에 앞장섭니다

4. 갈 곳과 관련하여 내가 찾아 본 책들 제목을 세 권 이상 적어봅시다.
   (도서관 사이트, 리브로피아 앱, 인터넷 서점:교보문고, yes24, 알라딘 등 이용)

   음식과 언어
   식문화에 대한 다면언어 학적 연구를 담은 책이다. 음식문화와 언어, 표현되어 어휘, 음식과 속담등으로 구성되어 있다.

   우리 먹거리 문화
   식과 관련 문화 역사와 식품의 역사와 과학적 상식이 이 담겨있고, 쉽게 서술되었다.

   손맛으로 보는 한국인의 문화
   의식주에 대한 다양한 사회적 의미가 상징이 문화로, 나아가 음식의문화 - 우리나라 식생활

   음식과에대한

5. 진로체험 장소와 관련한 배경 지식을 쌓기 위해 책을 읽어 봅시다.

도서명	초라한 밥상
저자/출판사	마쿠우치 히데오

나에게 의미 있는 내용 정리	진로 체험 장소와 관련이 있을 만한 내용 정리
음식을 많이 먹는다고 식생활이 충분하다고 하지만 단순히 충분하게 먹는다고 건강하게 되는것은 아니다. 그런데 식사량이 넘쳐나게 되도, 식사로만 고려하는 사람이 부족, 늘어나고 있다. 우리가 흔히 말하는 자극하려는 맛은 건강하진 단지이다. 물론 첨가물도 철에 오랫하게 해두어 자연스럽게 만들어진 식품이다. 기미가 매우 치중한 내에지 많다지 자연스럽게 깨닫고 하는것에 더 맞게 되면 문화의 취지에 커나가는 일이다. 문제 식생활은 절제를 터득하다. 채식도 최저체소의 하는 것을 터무니 없이 많이 음식을 먹고...	각각의 민족은 자연풍토가 실고있는 풍토에 알맞게 적당히 음식을 편식하고 있다. 우리 역시 『우리 나라의 풍토에 적합한 음식』을 제식 해야 된다고 생각한다. 그것이 진정한 의미의 균형이다. 또 오늘날 우리는 어떤 의미도 갖지 않고 오래 뒤쳐 먹고 있잖아. 가만히 생각해보면 된장은 메주를 썩여 만든 식품이다. 듣기 쉽게 말해 발효시킨다. 하지만 옛날 이 문장 또한 초라함 먹던 사람은 대단히 용기를 지닌 사람이라가, 호기심이 매우 강한 사람 혹은 것이다. 그런 선조들이 일본기에 오늘날 우리는 문장 맛을 알 수 있는것이다. 이와 같이 인류가 자연들이 사는 자연풍토 위에서 창의와 개발, 상품까지 위한 것으로 식생활을 회임시켜 왔다.
위에 정리한 내용이 의미 있다고 생각한 이유	위에 정리한 내용이 관련 있다고 생각한 이유
나의 생각을 완전히 깨닫게하는 내용이었고, 나는 또 적당한 예시였다 그래서 더욱이가 있...	식사랑 농사랑은 식과 농을 고려 된다고 생각한다. 그래서 식이 나쁘면서 농이깊으...

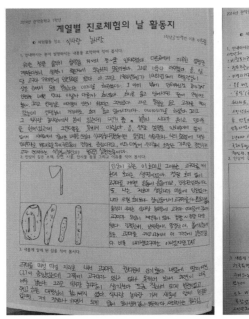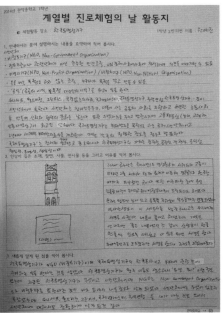

진로체험 활동지

마찬가지로 다녀오고 나서는 소감문을 쓴다. 소감문을 적기 쉽게 다음과 같은 질문을 주고 이에 답하는 방식으로 지도해도 좋다. 마지막 질문은 물론 교사가 의도한 것이다.

【질문】
- 이 체험을 통해 무엇을 느꼈나요?
- 이번 진로체험활동은 여러분에게 어떤 의미가 있었나요?
- 어려운 점, 힘든 점이 있었다면 무엇이었나요?
- 새롭게 알게 된 점은 무엇인가요?
- 미리 책을 읽고 체험학습을 한 것이 어떤 도움을 주었나요?

학생들의 활동지는 복도에 게시하여 다른 곳에 간 친구들이 무엇을 했는지 서로 배울 수 있도록 한다.

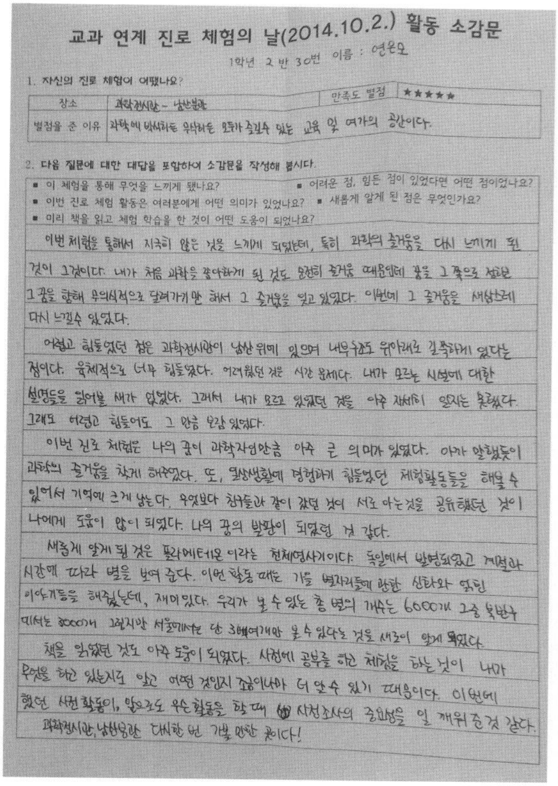

교과 연계 진로 체험의 날(2014.10.2.) 활동 소감문

1학년 2 반 30번 이름 : 연은오

1. 자신의 진로 체험이 어땠나요?

장소	과학전시관 – 남산분관	만족도 별점	★★★★★
별점을 준 이유	과학에 박식하든 무식하든 모두가 즐길수 있는 교육 및 여가의 공간이다.		

2. 다음 질문에 대한 대답을 포함하여 소감문을 작성해 봅시다.

- 이 체험을 통해 무엇을 느끼게 됐나요?
- 어려운 점, 힘든 점이 있었다면 어떤 점이었나요?
- 이번 진로 체험 활동은 여러분에게 어떤 의미가 있었나요?
- 새롭게 알게 된 점은 무엇인가요?
- 미리 책을 읽고 체험 학습을 한 것이 어떤 도움이 되었나요?

이번 체험을 통해서 지극히 많은 것을 느끼게 되었는데, 특히 과학의 즐거움을 다시 느끼게 된 것이 그것이다. 내가 처음 과학을 좋아하게 된 것도 온전히 즐거움 때문인데 꿈을 그 쪽으로 정하고 그 꿈을 향해 무의식적으로 달려가기만 해서 그 즐거움을 잊고 있었다. 이번에 그 즐거움을 새삼스레 다시 느낄수 있었다.

어렵고 힘들었던 점은 과학전시관이 남산 위에 있으며 내부구조도 위아래로 길쭉하게 있다는 점이다. 육체적으로 너무 힘들었다. 어려웠던 것은 시간 문제다. 내가 모르는 시설에 대한 설명들을 읽어볼 새가 없었다. 그래서 내가 모르고 있었던 것을 아주 자세히 알지는 못했다. 그래도 어렵고 힘들어도 그 만큼 보람 있었다.

이번 진로 체험은 나의 꿈이 과학자인만큼 아주 큰 의미가 있었다. 아까 말했듯이 과학의 즐거움을 찾게 해주었다. 또, 일상생활에 경험하기 힘들었던 체험활동들을 해볼 수 있어서 기억에 크게 남는다. 무엇보다 친구들과 같이 갔던 것이 서로 아는것을 공유했던 것이 나에게 도움이 많이 되었다. 나의 꿈의 발판이 되었던 것 같다.

새롭게 알게 된 것은 플라네타리움 이라는 천체영사기이다. 독일에서 발명되었고 계절과 시간에 따라 별을 보여 준다. 이번 활동 때는 가을 별자리들에 관한 신화와 얽힌 이야기들을 해줬는데, 재미있다. 우리가 볼 수 있는 총 별의 개수는 6000개 그중 북반구 에서는 3000개 그렇지만 서울에서는 단 3백여개만 볼 수 있다는 것을 새로이 알게 되었다.

책을 읽었던 것도 아주 도움이 되었다. 사전에 공부를 하고 체험을 하는 것이 내가 무엇을 하고 있는지도 알고 어떤 것인지 조금이나마 더 알 수 있기 때문이다. 이번에 했던 사전 활동이, 앞으로도 무슨 활동을 할 때 사전조사의 중요성을 일 깨워 준것 같다.

과학전시관, 남산분관 대시한 번 가볼 만한 곳이다!

과학전시관 소감문

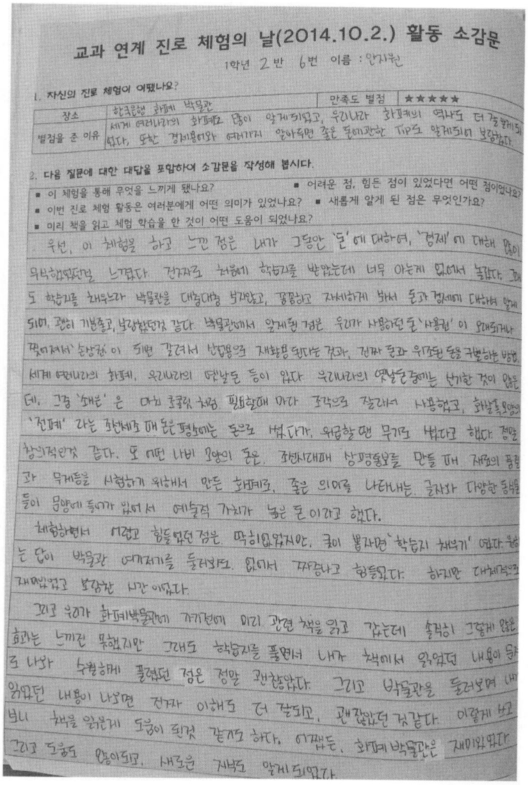

교과 연계 진로 체험의 날(2014.10.2.) 활동 소감문

1학년 2 반 6번 이름 : 안지원

1. 자신의 진로 체험이 어땠나요?

장소	한국은행 화폐 박물관	만족도 별점	★★★★★
별점을 준 이유	세계 여러나라의 화폐도 많이 알게되었고, 우리나라 화폐의 역사도 더 잘 알게되었다, 또한 경제용어와 여러가지 알아두면 좋은 돈에관한 TIP도 알게되어 보람찼다.		

2. 다음 질문에 대한 대답을 포함하여 소감문을 작성해 봅시다.

- 이 체험을 통해 무엇을 느끼게 됐나요?
- 어려운 점, 힘든 점이 있었다면 어떤 점이었나요?
- 이번 진로 체험 활동은 여러분에게 어떤 의미가 있었나요?
- 새롭게 알게 된 점은 무엇인가요?
- 미리 책을 읽고 체험 학습을 한 것이 어떤 도움이 되었나요?

우선, 이 체험을 하고 느낀 점은 내가 그동안 '돈'에 대하여, '경제'에 대해 많이 무박했었던걸 느꼈다. 견학자로 처음에 학습지를 받았는데 너무 아는게 없어서 놀랐다. 그래도 학습지를 채우느라 박물관을 대충대충 보지않고, 꼼꼼하고 자세하게 봐서 돈과 경제에 대하여 알게 되어, 괜히 기분좋고, 보람찼던것 같다. 박물관에서 알게된 점은 우리가 사용하던 돈 '사용권'이 오래되거나 찢어져서 '손상권'이 되면 갈려서 산업용으로 재활용 된다는 것과, 진짜 돈과 위조된 돈을 구별하는 방법, 세계 여러나라의 화폐, 우리나라의 옛날돈 등이 있다. 우리나라의 옛날돈 중에는 신기한 것이 많은데, 그중 '쇄은'은 마치 초콜릿 처럼 필요할때 마다 조각으로 잘라서 사용했고, 화살촉모양의 '전폐'라는 조선세조 때 돈은 평소에는 돈으로 썼다가, 위급할 땐 무기로 썼다고 했다. 정말 창의적인것 같다. 또 어떤 나비 모양의 돈은, 조선시대때 상평통보를 만들 때 재료의 품질과 무게등을 시험하기 위해서 만든 화폐로, 좋은 의미를 나타내는 글자와 다양한 동식물들이 문양에 들어가 있어서 예술적 가치가 높은 돈이라고 했다.

체험하면서 어렵고 힘들었던 점은 딱히 없었지만, 굳이 뽑자면 '학습지 채우기' 였다. 원하는 답이 박물관 여기저기를 둘러봐도 없어서 짜증나고 힘들었다. 하지만 대체적으로 재미있었고 보람찬 시간 이었다.

그리고 우리가 화폐박물관에 가기전에 미리 관련 책을 읽고 갔는데 솔직히 그렇게 많은 효과는 느끼진 못했지만 그래도 학습지를 풀면서 내가 책에서 읽었던 내용이 문제로 나와 수월하게 풀렸던 점은 정말 괜찮았다. 그리고 박물관을 둘러보며 내가 읽었던 내용이 나오면 전자 이해도 더 잘되고, 괜찮았던 것같다. 이렇게 보고 보니 책을 읽은게 도움이 된것 같기도 하다. 어쨌든, 화폐 박물관은 재미있었다 그리고 도움도 많이되고, 새로운 지식도 알게 되었다.

한국은행 화폐박물관 소감문

활동지 전시

⑧ 번외편 2: 학생 스스로 만드는 진로체험

이제 소개하려는 방식은 두 가지 상황에 적절하다. 진로 교사가 도움을 줄 수 없는 상황이나(학급별 체험학습 등) 학생들이 다양한 체험활동과 자치활동을 통해 스스로 하는 것이 익숙해진 상황이다. 이 경우가 아니라도 시도해볼 수 있으나, 더 많은 주의를 기울여야 한다.

이 방식은 학생들이 모든 것을 스스로 한다. 개인별로 체험 장소를 골라보고, 모여서 모둠별로 장소를 정하고, PPT로 발표한 후, 반에서 한 장소를 선정한다. 예약이나 실무도 학생들이 직접 하고, 활동지를 만들거나 활동 당일 도슨트 역할, 결과 공유도 학생들이 직접 한다.

먼저 학생들은 각자 자신이 가고 싶은 체험 장소를 골라본다. 어떤 곳에 가면 좋을지 정보가 없으므로 교사가 예를 제시할 수 있다. 진로체험에 적당한 장소를 연계된 과목과 함께 보여준다. 요즘은 자유학년 관련 사이트에 이러한 정보가 많다. 학습지의 장소는 웹 지도에서 '박물관' '미술관' '체험' 등을 검색하여 학교에서 멀리 떨어지지 않은 곳으로 골랐다.

개인별로 인터넷 검색을 통해 원하는 장소, 가고픈 이유, 가는 방법, 관련 과목, 장소 안내, 장점, 단점, 위험 요소, 예산, 준비물 혹은 특기 사항을 적어본다. 그리고 모둠별로 둘러앉아 자신이 조사해온 곳을 발표한 후 의논해서 한 장소를 고른다.

모둠에서 장소를 선택했다면 제시된 항목에 맞게 간단한 발표 PPT를 만든다. 이미 모둠원 중 누군가가 조사한 상태이므로 부족한 정보를 추가하는 방식으로 만든다.

이후 모둠별로 발표, 질의응답이 이어진다. 모둠 중 그 반의 체험처로 뽑힌 모둠은 이후 달리 수행할 것이 없으므로 학생들은 자기 모둠이 고른 장소가 선정되도록 최대한 설득력 있게 발표한다. 질의응답도 상당

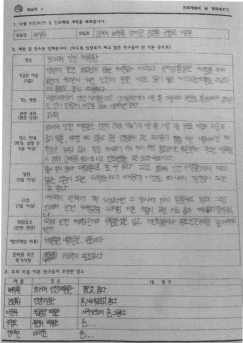

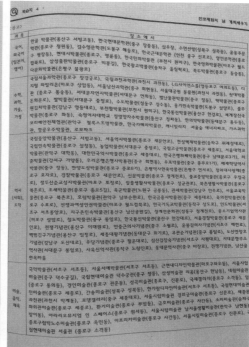

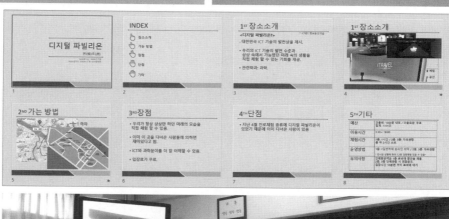

진로체험 장소 조사와 발표

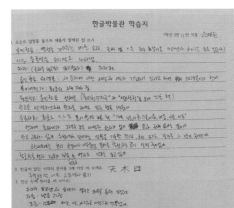
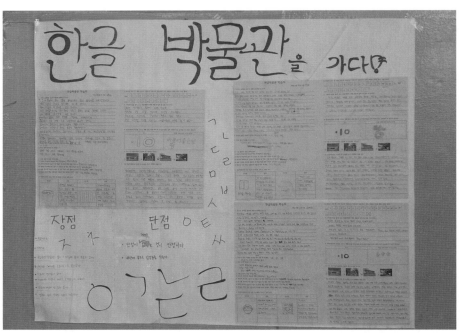

히 날카롭다. 투표를 통해 체험처를 정한다. 당첨된 모둠을 제외하고 다른 모둠은 활동지를 만들거나(활동지 모둠), 돈을 모으고 가는 방법을 알려주고 예약하거나(실무 모둠), 그 장소에 관해 도슨트처럼 안내를 하거나(안내 모둠), 다녀온 결과를 게시하는(활동 나눔 모둠) 역할을 맡는다.

다음 시간에 개인별로 미션과 퀴즈를 만들어 활동지 모둠에 전달한다. 모둠별로 어떻게 담당 과제를 수행할지 의논한다. 활동지 모둠은 완성된 활동지를 교사에게 전달하고, 담임 교사는 체험학습 당일 활동지를 복사해서 가져간다. 체험을 하면서 완성한 활동지는 활동 나눔 모둠이 보기 좋게 전시한다. 복도에 반별로 어느 장소를 어떻게 다녀왔는지 전시를 통해 공유한다.

체험활동이 일회성 행사로 끝나지 않으려면 교과 교사와 담임 교사가 함께 학생들의 체험을 고민해야 한다. 사전에 학습하고 그것을 바탕으로 실제 체험활동을 수행한 후, 다녀와서 정리하며 소감을 나누는 형태로 이루어지면 과정마다 학생들은 자신의 행동을 성찰할 수 있다. 학생의 체험과 수업이 밀접하게 연계되면 수업도 훨씬 생기있게 진행되고 체험도 알차진다. 그 과정에서 학생이 무엇을 어떻게 배울지를 계획하는 것은 교사의 몫이다.

1. 진로체험학습에 갈 곳에 대해 알아봅시다.

내가 가는 곳	
모둠원	
가는 방법	
무엇을 하는 곳인지?	
그곳은 어떤 진로/직업과 관련이 있을지?	

2. 다른 반 친구들이 수행할 미션과 퀴즈를 만들어봅시다.

<예시1> 장소 설명 : 태백고생대자연사박물관

우리나라에서 유일하게 고생대 지층 위에 건립된 고생대를 주제로 한 전문 박물관이다. 강원도 태백시가 2003년부터 총사업비 200억 원을 들여 1만 2727㎡ 대지에 지상 2층, 지하 1층 연면적 6207㎡ 규모로 신축했고, 2010년 10월 27일 개관했다. 이 박물관은 **태백시의 관문에 위치하고 있어 접근이 용이**하고, 박물관 주변에 고생대 퇴적침식지형과 삼엽충, 완족류 등 다양한 산출을 보이는 직운산층이 산재해 **전시물 관람뿐 아니라 살아 있는 현장을 체험하는 것이 가능**하다. '인간과 자연사의 공생, 고생대 보고 태백'이라는 주제하에 전시물은 선캄브리아기 20%, 고생대 60%, 중·신생대 20%로 구성돼 있다.

<예시2> 퀴즈 : 맞는 것끼리 줄을 그어서 이어라~

중생대시대	☆	☆ 고생대를 주제로 한 전문 박물관
선캄브리아시대	☆	☆ 초기 공룡류 및 포유류를 볼 수 있는 전시관
고생대자연사박물관	☆	☆ 지구가 생성되고 생물이 출현하게 된 환경을 소개하는 전시관
전기고생대시대	☆	☆ 공룡이 멸종 이후 포유류 번성 과정을 소개하는 전시관
신생대시대	☆	☆ 태백의 지층, 다양한 암석에 관해 소개하는 전시관

<예시3> 미션 : 고생대에 살았던 신비로운 생물 3가지 찾고 조사하기!

삼엽충	위왁시아	원시송곳조개
사진, 그림:	사진, 그림:	사진, 그림:
내용:	내용:	내용:

1단계 **개인** 홈페이지 내용을 살핍니다. 친구들이 알아두어야 할 내용을 다음 표에 정리해봅니다. 장소에 대한 기본적인 설명을 적어놓습니다. 위치, 세운 목적, 하는 일 등 홈페이지에서 찾을 수 있는 정보를 찾아 쉽게 풀어 적습니다.

홈페이지 주소	
알아야 할 내용	**내 말로 정리하기 (베끼지 말 것! 초등학교 3학년도 이해할 수 있도록!)**
하는 일 (예시)	금융투자협회 회원분만 아니라 전 금융권의 금융 전문 인력을 양성하는 기관 → 금융투자협회 회원을 양성하고 금융 관련 일을 하는 전문적인 사람을 교육하는 기관

2단계 **개인** 홈페이지의 정보를 바탕으로 자신이 갈 장소에 대해 '질문 생성하기'를 해봅니다.

★질문초점 : 내가 가는 _____는/은 _____을/를 하는 곳이다.

★질문 생성하기

[규칙] 1) 가능한 많은 질문을 한다. 2) 어떤 질문이라도 토의, 판단, 답하기 위해 멈추지 않는다.

　　　 3) 진술된 대로 정확하게 모든 질문을 적는다. 4) 진술은 질문으로 바꾼다.

[방법] 5분 동안 최대한 많은 질문을 생성한다.

3단계 `개인/모둠` 학습지의 10단계 '자기 평가 채점기준표'를 꼼꼼히 보면서 다음 활동을 해봅시다.

1) '상'을 받기 어려울 것 같은 항목(자료 찾아 내용 선정하기, 글쓰기, 글의 표현, 모둠 기여도, 모둠원들과 협동)
   에 한 가지 이상 동그라미를 쳐봅시다.

2) 모둠원들에게 그 이유를 설명하고 모둠원들이 해주는 조언을 적어봅시다. (모둠 활동)

4단계 `개인` 홈페이지 내용을 바탕으로 친구들이 수행해야 할 미션 두 가지, 퀴즈 두 가지를 내봅시다.
(진로체험 활동지 만들기 4 참조) 직접 가보아야 할 수 있는 미션과 퀴즈가 좋습니다.

미션	
퀴즈	

5단계 `모둠` 모둠별로 의논하여 활동지에 실을 미션과 퀴즈 내용을 정해봅시다.

- 설명과 사진+퀴즈+미션 합쳐서 3쪽 분량
- 아래에 각 면을 어떤 식으로 구성할지 의논한 내용을 정리 (1면의 설명에 무엇을 넣을지, 퀴즈와 미션으로
  무엇을 넣을지)

-1-	-2-	-3-

<미션과 퀴즈 예시 : 디지털 파빌리온>

1. 1~3층을 체험하면서 가장 기억에 남았던 것 그림으로 그리고 그 이유 쓰기.

2. 1층에 있는 체험활동 체험 후 인증샷 찍기!!!

3. 2층 ICT 탐구관에서 가상여행 자동차 게임을 하면서 증강현실을 체험하고 느낀 점 쓰기.

4. 3층 ICT 상상관 디지털 생명체에서 자신만의 디지털 물고기를 디자인해보고, 최대한 똑같이 그려보기.

5. 3층 ICT 상상관에서 스마트 처방을 받고 맞춤형 진단서를 작성해보기.

나에게 맞는 웰빙 음식은?	
그 웰빙 음식의 효능은?	

6. OX 퀴즈
① 디지털 파빌리온 지하 1층에는 식당 및 푸드코트가 있다. (   )
② 디지털 파빌리온에서 상업적 목적 촬영은 가능하다. (   )
③ 디지털 파빌리온은 창조관, 탐구관, 창의관으로 이루어져 있다. (   )
④ 3층 ICT 상상관은 미래 ICT 기술을 직접 체험하는 곳이다. (   )

7. ICT는 IT와 CT의 조합단어이다. ICT가 뜻하는 이니셜을 찾아 써보자!

8. 센서로 소리를 감지하면 빛과 소리로 반응하는 나무의 이름으로, 다음 그림에 나와 있는 나무의 이름은
   무엇일까?

9. 디지털 파빌리온에 있는 전시물에 관한 설명인데, 빈칸에 알맞은 단어 써넣기.
① 줄이 없는 _____모형에서 연주가 된다.
② 모형 경기장에 자동차를 합성하여 실감 나는 자동차 게임을 하며 _____현실을 체험해볼 수 있다.

10. 디지털 파빌리온의 마스코트 두 마리는 무엇 무엇일까?

11. 소감 10줄 쓰기

6단계 **모둠** 모둠별로 진로체험 장소와 관련된 직업을 모둠원 숫자만큼 생각해보고, 각자 한 가지씩 겹치지 않게 어떻게 나누어 조사할지 역할분담을 해봅시다.

관련 직업				
역할 분담	이름	직업	이름	직업

7단계 **개인** 체험 장소와 관련된 직업에 관한 내용을 각자 조사해봅시다.
(하는 일, 근무 환경·조건, 장·단점, 요구되는 특성이나 자격, 자격을 얻기 위한 과정, 관련 학교나 학과 등등)

<참고 사이트>

• 워크넷(www.work.go.kr): 전반적인 직업에 관한 정보를 알려주고 있다. 관련 직업에 관한 동영상은 여러 정보를 흥미롭게 알 수 있게 해준다. 심리검사를 통해 본인의 적성 등을 살펴본다.
• 커리어넷(http://www.careernet.re.kr): 특히 미래 유망직업과 미래 사회에 관한 정보가 다양하게 들어 있다.
• 서울진로진학정보센터(http://www.jinhak.or.kr): 10년 후 나의 직업을 위해서는 어떤 준비가 필요한지 내가 가고자 하는 길은 대학에서는 어떤 과를 선택해야 하는지 정보를 주고 있다.
• 한국대학교육협의회(www.kcue.or.kr): 모든 대학의 정보가 한꺼번에 보이는 곳으로 대입정보, 입학사정관 제 등 입시정보 및 입학 상담 등이 있다.

사이트 제목 사이트 주소	내용 요약

* 조사한 내용을 모아 따로 한글 파일을 만든 후, 정리를 하면 보고서 쓸 때 쉬워요!
* 보고서에 들어갈 사진도 찾아봅시다.

<직업 탐구 예시>

플로리스트

10100 김가가

1. 하는 일

플로리스트는 공간을 장식하고, 행사를 기획하기도 하며, 꽃집을 운영하기도 하고, 꼭 꽃집을 운영하지 않아도 고객의 목적에 맞게 선택된 꽃을 예쁘게 장식하기도 하며 장식이 필요한 다양한 공간을 찾아가 꽃으로 연출한다. 소규모 가게를 경영하고, 총판점, 인터넷 판매를 하기도 한다.

플로리스트라고 부르기도 하지만 그 안에도 여러 가지 직업들이 있다. 꽃집을 운영하거나 그곳에 소속되어 꽃을 용도에 맞는 아름다운 형태인 꽃다발, 꽃바구니, 웨딩부케 등을 연출하는 '플라워디자이너', 호텔 예식장, 파티장, 방송 스튜디오, 패션쇼장 등 플라워 디자인이 필요한 공간을 찾아가 꽃으로 공간을 장식하는 '플라워코디네이터'로 구분한다. 또한 대학이나 전문 사설학원에서 학생들을 가르치는 '플라워스쿨 강사' 일을 하기도 한다.

2. 연봉, 근무시간

플로리스트는 대부분의 디자인 분야처럼 견습생, 인턴으로 배우며 일하기 때문에 월급은 거의 못 받거나 최소한의 비용만 받고 일을 시작한다. 초보 플로리스트들의 월급은 오너의 마음과 일하는 분야, 근무시간, 직장에서의 위치에 따라 다르지만 보통 80~120만 원 정도의 급여가 책정된다. 근무시간 또한 일정하지 않고, 한가한 날이 있는 반면 야근을 해야 할 정도의 많은 일이 있는 날도 있다고 한다. 요즘은 인터넷에서 판매하는 경우도 있어서 이런 때 근무시간은 본인의 자유이다. 연봉은 경력과 명성에 따라 다르지만 플로리스트가 유명해지기 전에는 적은 연봉은 감당해야 한다.

3. 장단점

플로리스트라는 직업은 지금 현재에는 그렇게 많이 알려져 있지 않다고 생각한다. 플로리스트를 꿈꾸는 사람들의 연령은 중·고등학생, 20대 초반에서 40~50대까지 다양하다. 20대 중반, 30대 후반의 사람들이 가장 많지만 적은 월급을 받으며 오랜 시간 버티기는 쉽지 않아 중도에 포기하는 사람도 많다. 플로리스트의 장점은 다양한 연령이 즐길 수 있다는 것과 노력과 인내심이 필요한 직업이니만큼 그에 대한 결과물로 보람을 느낄 수 있다고 생각한다. 단점은 역시 많은 시간이 필요하다는 것과 적은 연봉이라는 것이다.

4. 요구조건

1) 자격요건

꽃에 관한 해박한 지식, 색감과 디자인 감각 필수, 가게나 농장 운영에는 뛰어난 사업수완이 필수. "플로리스트는 무엇보다 자연과 식물을 좋아해야 하며, 색채감각과 조형에 대한 소질이 필요하다." 꽃을 이용하여 디자인하는 일이므로 색채, 미적 손재주, 새로운 아이디어 개발능력이 있으면 적합한 전공이다. 꽃 구입을 위해 새벽 꽃시장에 나가기도 하고, 야근을 하는 일도 많으므로 강한 체력이 필요하다. 꽃의 꽃말을 알아두는 것 또한 중요하다고 생각한다. 같은 장미라도 색에 따라 꽃말이 다르듯, 꽃을 선물하는 데 그 의미를 함께 담는 것 또한 중요하다.

2) 자격증

자격증에도 여러 가지 종류가 있지만, 국가자격증에는 화훼장식기능사와 화훼장식기사 자격증이 있다. 민간자격증에는 플로리스트 자격증, 선물포장 코디네이터 자격증, 실내조경기사 자격증, 원예치료사 자격증이 있다. 플로리스트 (1~3급) 취득, 디자인 자격증(사범 자격증) 취득 후 강사로 활동 가능하지만, 자격증의 취득방법은 협회에 따라 다르다. 플로리스트에도 여러 직업이 있듯이, 직업에 따라 어느 자격증이 필요한지도 다르다. 학원 강사를 하려면 플로리스트의 사범 자격증이 있어야 하고, 파티플래너와 같이 결혼식장이나 생일파티 등을 기획하는 직업은 화훼장식기능사 자격증과 실내조경기사와 같은 자격증이 필요하다.

3) 관련 학교, 관련학과

현재는 플로리스트에 관하여 많이 알려진 것이 없고, 국내에서는 플로리스트라는 직업을 갖기에는 많은 학과도, 학교도 없다. 배움의 기회는 점점 늘어나고 있지만 플로리스트를 양성하는 학교는 국내에는 아직 없는 것 같다.

플로리스트 관련학과는 플로리스트과와 원예학과, 농업관련학과 등이 있다. 각 과에서는 드로잉, 화훼원예, 포장디자인, 화훼장식, 색채실습, 플라워디자인 등을 입문 과정으로 배우고 심화 과정으로는 분식물장식, 공간디자인, 테이블데코레이션, 원예치료, 꽃꽂이 등을 배운다. 학교보다는 학원의 수가 더 많기에 학교보다는 학원에 다니며 배우는 경우가 더 많다.

8단계 **모둠별 제출** **컴퓨터로 지금까지 모은 자료를 편집**

• 역할 분담 (각자 미션, 퀴즈와 직업 탐구는 최종 편집자에게 이메일로 보낼 것)

보고서	이름
1면(장소에 관한 기본 설명과 사진 넣기)	
1면의 다른 설명	
최종편집	

• 홈페이지[관악중 – 학습마당 – 국어방 – 진로체험]에서 틀을 내려받아 자기 모둠의 내용으로 바꿈.
• 모둠장이 전체 파일을 모아 편집하여 홈페이지 국어방에 올리기 (파일명 : 체험장소1101김가가02김나나 03김다다04김라라.hwp)
• 분량 최소 기준 : 총 4면 (1면 : 장소 설명, 2~3면 : 미션과 퀴즈, 4면 : 진로 관련 직업 알아보기, 각자 한 개씩)

9단계 **모둠별 평가** **다른 모둠이 만든 활동지를 돌려 읽고 평가**

★☆☆ 평가기준 (10점 만점으로)

① 설명이 알차고 재미있는가? (인터넷 자료를 그대로 복사해 넣었으면 감점, 쉬운 말로 풀어 쓸 것) 4점
② 퀴즈, 미션의 내용이 알차고 참신한가? 3점
③ 분량을 지켰는가? (1면 : 장소 설명, 2~3면 : 미션과 퀴즈, 4면 : 진로 관련 직업 알아보기, 각자 한 개씩) 2점
④ 편집이 알아보기 쉽게 깔끔한가? 1점

조(장소) /모둠원	다른 모둠 활동지를 통해 새롭게 알게 된 점	잘한 점 (눈에 띄는 점)	부족한 점 (보완해야 할 점)	점 수	등 수
				/10	
				/10	
				/10	
				/10	
				/10	

＊ 활동지는 미리 홈페이지에 올리면 선생님이 복사해줍니다. 돌려주면 공책에 부착해놓습니다.
＊ 다른 모둠 활동지를 읽고, 평가기준에 맞추어 채점 후 모둠이 의논하여 점수를 매깁니다. 점수를 등수로 환산합니다. 모둠 점수는 등위의 합으로 매깁니다.

10단계 **개인 평가** 진로체험학습 활동지 만들기를 마치고 소감 쓰기 (개인별 점수로 가감)

1학년   반   번 이름: _____

1. 우리는 (   )에 갑니다. 모둠원은(   )입니다.
2. 우리 모둠 활동지의 내용에 관한 간단한 설명

_____
_____
_____
_____

3. 내가 한 일, 모둠원들이 한 일 (별점과 이유: 구체적으로 진행 중 무엇을 얼마나 열심히 했는지 두 줄씩 쓰세요)

이름	별점	이유
	☆ ☆ ☆ ☆ ☆	
	☆ ☆ ☆ ☆ ☆	
	☆ ☆ ☆ ☆ ☆	
	☆ ☆ ☆ ☆ ☆	

4. 진로체험학습 활동지 만들기를 준비하면서 느낀 점 (어려웠던 점, 재미있었던 점, 좋았던 점, 아쉬웠던 점 등)

_____
_____
_____
_____
_____
_____

5. 친구들의 활동지를 보며 느낀 점 (친구들의 활동을 통해 배운 점, 새롭게 알게 된 점, 더 알고 싶은 점 등)

_____
_____
_____
_____
_____
_____

＊빈칸 없이 성의껏 작성해주세요.

11단계 **개인 평가** 자기 평가 채점기준표

1) 보고서 평가: 해당하는 부분에 동그라미를 쳐봅시다.

	잘함	보통	미흡
자료 찾아 내용 선정하기	주제에 맞게 다양한 자료를 이용하여 필요한 내용을 적절하게 선정하였다.	주제에 맞게 자료를 이용하여 필요한 내용을 적절하게 선정하였다.	주제에 맞는 짧은 자료를 이용하여 필요한 내용을 선정하였다.
글쓰기	자료의 내용을 잘 정리하여 자신의 말로 쉽게 풀어 썼다.	자료의 내용을 정리하였으나 자신의 말로 풀어 쓰지 않은 부분이 1/3 정도 있다.	자료의 내용을 거의 그대로 옮겨 썼다.
글의 표현	문장을 효과적으로 표현하고 맞춤법이 올바르다.	의미 전달이 불확실한 곳이 있으며 맞춤법 오류가 2~3군데 있다.	부정확한 어휘를 많이 써서 표현력이 떨어지고 맞춤법 오류가 많다.

2) 모둠 프로젝트의 참여도 (개인의 참여를 중심으로 평가)

	잘함	보통	미흡
모둠 기여도	일관성 있게 적극적으로 토론에 기여하고 주어진 모든 과제를 적극적으로 수행했다.	모둠에 기여하는 바가 있지만, 일관성이 없고, 다른 누군가 독려하는 경우 할당된 과제를 완수했다.	모둠에 기여하는 바가 없고 할당된 과제를 완수하지 못했다.
모둠원들과 협동	여러 가지 아이디어를 제시하고 말할 때와 들을 때 다른 친구들의 감정과 아이디어를 배려했다.	간혹 아이디어를 제시하고 때로 친구들의 말을 경청하거나 배려한다.	아이디어를 공유하지 않고 다른 친구들의 감정과 아이디어를 배려하지 않는다.

12단계 모둠활동 자유반응형 평가 (2줄 이상씩 쓰기)

흥미	이번 활동이 나에게 '이러한' 경험이었다.
상호작용	모둠활동을 하고나니 이 수업에서 가장 중요한 것은 '이런 것들'이다.
참여	모둠활동을 하면서 나는 '이러한 것'을 열심히 하였다.
가치	이번 모둠활동은 '이러한 것들' 때문에 필요하다.
반성	모둠활동을 하면서 이러한 것들이 반성된다. 다음에는 '이렇게 할 것이다.'

13단계 모둠별 동료평가 체크리스트

평가 내용	준비성			개방성			협동성			
평가기준	모둠활동에서 완성도를 높이기 위해 자료를 준비하는 등의 노력을 하는가			참신한 아이디어를 다양하게 제시하고 모둠원의 의견을 경청하였는가			전반적인 모둠활동에 적극적으로 참여하고 협동하였는가			
평가 모둠원	상	중	하	상	중	하	상	중	하	총점
	3	2	1	3	2	1	3	2	1	
	3	2	1	3	2	1	3	2	1	
	3	2	1	3	2	1	3	2	1	

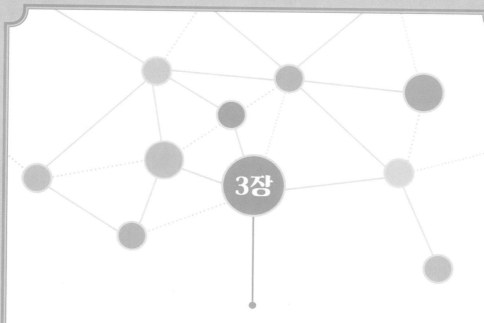

3장

학교 가는 길
글쓰기

+

사회, 미술 수업

오늘 아침 버스에서 만난 그 애, 날 보고 호박꽃이래
주먹코에 딸기코에 못생긴 얼굴 너는 뭐가 잘났니

'학교 가는 길' 하면, 이 노래 가사가 먼저 떠오른다. 지금이라면 언어
폭력이라고 한바탕 소란이 있을 수도 있지만, 이 노래를 생각하면 어릴
적 학교 가던 길 그 미어터지던 만원 버스가 생각나 슬며시 웃음이 떠
오른다. 중학교 시절 학교생활은 언제나 비슷했다. 수업시간에 어떻게
보냈는지보다 아침에 등교하면서, 혹은 쉬는 시간 매점 앞에서, 집으로
오는 길과 그 이후 시간에 생생하게 삶을 느끼던 시절이었다.

처음 이 프로젝트를 생각한 것은 앞서 언급한 길 건너 초등학교 선
생님을 찾아가면서였다. 아이들은 6년이나 다니던 초등학교를 졸업하
고 2주 만에 중학교에 온다. 갓 입학한 1학년 학생들에게 중학교로 오
는 길은 얼마나 낯설고 두려울까? 불편한 교복, 낯선 친구들, 그다지 친
절하지 않은 선생님들. 금세 친숙해져 아무 생각 없이 등굣길 하굣길을
왔다 갔다 할 테지만, 처음 배정받고 중학교에 오던 그 길의 떨림은 꽤

오래갈 것이다.

갑자기 많이 미안했다. 초등학교와 중학교를 잇는 완충 작용을 할 수 있는 프로젝트가 없을까? 학교까지 오는 길에 더 정을 붙여주고 싶었다. 그래야 학교생활도 더 행복하지 않을까 싶었다. 등하굣길을 자세히 관찰하면서 일상에서 새로움을 발견할 수 있게 하면 좋겠다는 생각도 했다.

또 다른 생각은 지금도 인천문화양조장(구 스페이스 빔)에 걸려 있는 지도 한 장에서 시작되었다. 인천 배다리 마을에 있는 이곳 2층에서 신기한 지도를 발견했다. 『지도박사의 비밀지도』(앤드류 클레먼츠, 열린어린이)에 나오는 소년 알튼만큼은 아니지만, 나는 지도를 꽤나 좋아한다. 그런데 이 지도를 보는 순간, 뒤통수를 한 대 맞은 느낌이 들었다. 배다리 마을을 그린 지도였는데 '용기가 안 나 못 들어가본 길', '방석 의자가 한가득 쌓여 있는 집이다. 할머니는 빗자루도 종류별로 갖고 계시다' 등 일반 지도에서는 상상할 수도 없는 소소한 이야기가 빼곡히 담겨 있었다. 그전까지 지도라면 객관적인 지식을 전달하는 도구라 생각했는데 그렇지 않은 지도도 있을 수 있구나, 자신만의 이야기를 담은 주관적인 지도를 만들 수 있겠구나.

'학교 가는 길 글쓰기' 프로젝트는 사회과, 미술과와 함께 융합 수업으로 진행하였다. 사회과에서 지도 수업을 했고, 국어과에서는 쓰기 성취기준과 연계해 브레인라이팅(Brain Writing)으로 발산해 소재를 찾고, 개요를 잡고, 관찰한 내용을 글로 쓰고 고쳐보는 활동을 했다. 10분 책읽기 시간에는 『글쓰기 기본기』(이강룡, 창비)를 읽으며 쓰기 이론도 배웠다. 국어 시간에 잡은 소재를 바탕으로 미술 시간에는 학교 가는 길을 말풍선을 넣어 그림으로 그렸다. 학생의 그림과 글쓰기를 한데 묶어 자료집으로 만들었고, 학생들에게 배부하여 친구들과 공유하게 했다. 이 3장은 『함께 여는 국어교육』(2019) 통권 135호에 실은 글을 대폭 수정한 것이다.

① 사회 수업과 함께하기

사회과 성취기준에는 다음과 같이 나와 있다.

---

(1) 내가 사는 세계

자연환경과 인문환경을 해석하는 데 있어 위치의 중요성을 파악하고 다양한 지도에서 위치 정보를 읽고 여러 가지 방법으로 표현한다. 지리 정보를 수집하고 분석하며, 지리 정보 기술을 일상생활에서 활용한다.

[9사(지리)01 - 01] 다양한 지도에 나타난 자연환경과 인문환경의 위치와 분포 특징을 읽는다.
[9사(지리)01 - 02] 공간 규모에 맞게 위치를 표현하고, 위치의 차이가 인간 생활에 미친 영향을 설명한다.
[9사(지리)01 - 03] 지리 정보가 공간적 의사 결정에 미친 영향을 분석하고, 일상생활에서 지리 정보 기술을 다양하게 활용한다.

교과서 1단원에 실려 있어 보통 3월에 관련 수업을 한다. 사회 선생님께서는 학생들에게 국어 시간과 이어서 프로젝트를 할 것이라고 공지하고 이 단원의 수업을 하셨다. '세계 속의 관악중학교', '대한민국 속의 관악중학교'를 지도에서 찾고, 집에서 학교까지 오가는 길을 인터넷 지도에서 찾고, 그곳의 인문환경, 자연환경을 분석하는 수업이었다.

사회 선생님의 말씀이다.

"평상시라면 지도의 일반적 개념을 가르치는데, 기왕이면 학생들이 사는 삶의 현장과 지도 교육이 결합하면 훨씬 생동감 있게 학생들이 배울 수 있지요. 융합 수업으로 할 때 맨 먼저 사회 수업에서 하면 좋겠다, 그런 생각을 했어요. 특별히 따로 준비했다기보다는 예전에는 지형도, 이런 식으로 가르치는데 학생들 실생활에 별로 도움이 되지도 않고, 오히려 내비게이션 지도랄지 인터넷 지도를 더 쉽게 접하잖아요. 그렇다

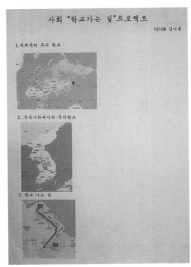
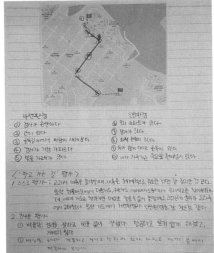

사회 시간에 수업한 '학교 가는 길' 프로젝트

면 그런 지도에서 축적이나 방위라든지 이런 것을 알게 하는 게 더 중요하다, 인터넷 지도를 가지고 가르치자, 이런 정도로 생각했어요."

학습지 내용을 보면 그렇게 어려워 보이지 않는다. 우리 시각에선 그렇다. 그러나 컴퓨터로 지도 작업을 하는 것이 막 중학교에 올라온 학생에게는 결코 쉬운 일이 아니었다.

"기본적으로 축적 개념을 알려주기 위해서 세계 속의 우리나라, 우리나라 속의 서울, 서울 속의 관악구, 행운동, 그리고 우리 동네, 이런 식으로 인터넷 지도를 축적에 따라 각각 살펴보고 출력해서 공책에 부착해 보는 작업을 하려 했어요. 그런데 학생들이 한글 편집을 전혀 모르니까, 컴퓨터 시간도 아니면서 기본부터 가르쳐야 하는데 어느 수준으로 어느 만큼 해야 하는지 애매했어요. 그림도 프린트 스크린에서 한글 파일에 넣고, 이런 것이 다 학생들은 처음 접하는 내용이라 그걸 가르치는 게 어려웠습니다. 또 학생들이 컬러 프린터가 집에 다 있는 것도 아니라 파일을 저한테 메일로 보내면 제가 출력해서 나눠주고 그런 작업도 했는데요, 기본적으로 메일이 뭔지도 모르고 메일도 없고, 또 메일 만드는 것까지 사회 시간에 할 수도 없어서 여러 어려움이 있었습니다. 그래서 나중에는 정보나 컴퓨터, 기술 시간에 기본 프로그램 운용능력을 학생들이 먼저 배우는 게 어떨까 생각했어요."

컴퓨터를 끼고 사는 아이들이기에 당연히 할 줄 안다고 생각했던 수많은 것이 중학교 1학년 학생들에게는 '미션 임파서블'이었던 거다. 당황한 사회 선생님이 내게 이 이야기를 전했고, 나는 정보 선생님을 찾아갔다. 개정 교육과정에서 정보 과목이 들어온 이후, 학교에는 순회하는 정보 선생님이 배치되어 있다. 정보 선생님께 말하니 고개를 갸웃하시며, 정보 교과에서는 코딩을 가르치게 되어 있다고 교과서를 보여주셨다. 하지만 선선히 수업시간에 한번 알아보겠다고 긍정적인 답변을 해주셨다. 그 이후는 많은 것을 정보 과목에 빚졌다. 정보 시간에 학생의 실태를 파악한 선생님은 코딩 수업을 잠시 미루고 이메일 만드는 법, 1365 자원봉사 포털이나 학교 홈페이지 가입법, 한글 프로그램 쓰는 법, PPT 만들고 영상 편집하는 법을 거의 한 학기 내내 수업을 했고, 그 덕에 다른 모든 과목 교사들은 축복받았다. 4장에 이어질 '책 예고편 영상 만들기' 프로젝트도 그렇게 가능해졌다.

"지리적 인식을 하게 될 때, 예를 들어 아프리카의 전혀 가보지 못한 미지의 세계에 관한 상상도 필요하지만 바로 우리가 살고 있는 동네, 우리 지역을 보는 눈을 키우는 것도 엄청나게 중요해요. 그것이 지도로 구현되는 방식을 직접 확인하는 절차, 과정, 의미, 실제 삶과 배움, 삶과 앎이 연결된다는 측면에서 중요하다고 보는데, 그런 차원에서 학교 가는 길을 지도로 확인하고 거기서 자연환경과 인문환경을 찾아보는 것은 학생들이 생활하는 삶의 터전에서 배울 수 있는 개념을 끌어낸다는 지점에서 의미 있어요. 학생들에게 충분히 그 의미가 전달되었는지는 잘 모르겠습니다. 나중에 그런 의미를 학생들이 제대로 느끼도록 사전에 교육 목표를 각인시킬 필요가 있지 않았나, 생각해요. 아까 말했던 컴퓨터 활용능력을 다른 교과와 미리 이야기해서 수업 시작 전에 학생들이 확보할 수 있도록 미리 설계했더라면 더 좋았겠다, 그런 아쉬움도 듭니다." 사회 선생님이 느낀 보완점이다.

사회 수업을 정리하면 다음과 같다.

차 시	내 용
1	교과서 내용 요약
2	인터넷 지도 탐구(구글, 네이버, 다음 지도)
3	한글 프로그램 활용 축척별 지도 알아보기
4	자연환경, 인문환경 찾아 적기 및 평가

② 수업 목표 세우기

사회 수업이 끝난 후 국어 수업이 프로젝트를 넘겨받았다. 국어 시간에 달성해야 할 성취기준은 다음과 같다.

> [9국03-05] 자신의 삶과 경험을 바탕으로 하여 독자에게 감동이나 즐거움을 주는 글을 쓴다.
> [9국03-06] 다양한 자료에서 내용을 선정하여 통일성을 갖춘 글을 쓴다.
> [9국02-03] 읽기 목적이나 글의 특성을 고려하여 글 내용을 요약한다.

먼저 사회 시간에 이어 국어 시간에는 이 프로젝트가 어떻게 진행될 것인지 칠판을 보며 안내했다. 공책의 한 쪽을 비우고 '학교 가는 길'이라고 크게 쓰게 한 후 '배움 진행표'를 작성하게 했다.

- 5/3(날짜) 목표 : 수업시간에 집중해서 듣는다.
- 배우고 느낀 점 : 목표를 세우는 법과 '전개 방법'에 대해 알았다.

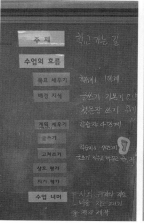
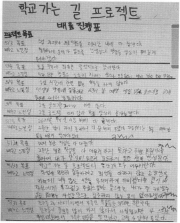

2분 쓰기로 이 프로젝트를 왜 하는지, 뭐가 좋을지 써본 후 발표를 시켰다.

- 자신의 주변 환경에 관해 더 관찰하고 관심을 가짐으로써 주변 인문환경과 자연환경에 관해 잘 알게 하기 위해서. 평소에 생각지 못했던 것들을 알아가기 위해서. 학교에 즐겁게 가기 위해서.
- 주변 환경에 관심을 가짐으로써 주변 문제를 해결할 수 있고, 국어, 사회, 미술을 연계해서 공부하는 것이므로 다중적 지능을 기를 수 있다.

'학교 가는 길' 프로젝트에서 나의 목표를 2분 동안 쓴다.

- 사소한 환경이라도 더 구체적이고 디테일하게 설명하고 묘사한다. 20개 정도의 주변 특징을 찾아내는 능력을 갖춘다. 학교 가는 길에 관찰한다. 학교 가는 길

에 노트를 들고 다니며 메모해둔다. 학교 가는 여러 가지 길을 알아본다. 자신의 삶과 경험을 바탕으로 진솔하게 자기 생각을 표현한다.

• 이 프로젝트를 통해서 글쓰기 실력을 늘리고 싶고 사회에서 배웠던 인문환경과 자연환경에 관해 더 잘 알면 좋겠다. 또한 주변 환경에 관심을 가지고 주변 문제를 해결할 수 있으면 좋겠다.

사회 시간과 이어지는 프로젝트라고 했더니, 학생들은 목표를 세울 때도 자연스럽게 사회 시간에 배웠던 개념과 내용을 끌어들였다.

다음으로 함께 채점기준표를 읽으며 자신의 수준에 표시해본다. 글쓰기 단원이므로 쓰기 단계를 세분화하여 글쓰기 관련 채점기준표를 만들었다. 자신이 '보통'이나 '미흡'을 받을 것 같다고 표시한 항목을 적은 후, 왜 그렇게 생각하는지 이유를 2줄 정도 쓴다.

• 서술 : 단어 선정은 잘하지만, 나의 경험과 일반적인 내용을 연관시킬 자신이 없기 때문이다. 또 상상력이 조금 부족하기 때문이다.
• 전개 방법 : 세 가지 정도의 내용을 서술하고 각 문장을 길게 쓸 자신이 없다.

앉은 자리에서 모둠을 만들어 자신이 '보통'이나 '미흡'을 받을 것 같은 항목, 그 이유를 말하면 친구들이 그에 관해 조언을 해주었다.

• 서술 : 여러 가지 예를 찾아보고 자신에게 적합한 이야기를 찾아낸다.
• 전개 방법 : 평소에 책을 많이 읽어본다.

학생들은 자신의 수준에서 친구들에게 할 수 있는 이야기를 한다. 교사가 보기엔 어설프거나 미흡한 부분도 많지만, 이를 통해 채점기준을 더 명확하게 이해할 수 있을 것이었다.

사회, 국어, 미술 과목과 함께 '학교 가는 길' 프로젝트를 진행합니다.

- 1단계(각자/모둠) : '학교 가는 길' 프로젝트를 왜 할까?

●9단계(개인) : 채점 기준표

	잘함	보통	미흡
융합적 평가	자신의 삶과 경험을 바탕으로 하여 사건이나 행동, 생각이나 느낌을 표현하여 독자에게 감동이나 즐거움을 주는 글을 썼다.	자신의 삶과 경험을 바탕으로 하여 사건이나 행동, 생각이나 느낌을 표현하여 독자에게 감동이나 즐거움을 주는 글을 썼다.	자신의 삶과 경험을 바탕으로 하여 사건이나 행동, 생각이나 느낌을 표현하는 글을 썼다.
도입	도입부에서 독자의 흥미를 유발하여 자신의 이야기에 관심을 갖도록 하였다.	도입부에서 독자가 자신의 이야기에 관심을 갖도록 하였다.	도입부가 빈약하여 흥미를 유발하지 못한다.
전개방법	세 가지가 넘는 내용을 구체적으로 묘사와 설명을 이용하여 서술하였고, 각 문단은 5문장 이상으로 구성하였다.	세 가지 내용을 서술하였고 각 문단은 3~4개 문장으로 구성하였다.	내용이 세 가지가 되지 않고 각 문단은 2개 정도의 문장으로 구성하였다.
마무리	글 전체의 내용을 아우르고 자신이 말하고자 하는 바를 분명하게 강조하였다.	글 전체의 내용을 요약하고 자신이 말하고자 하는 소감을 덧붙였다.	빈약하게 소감만 덧붙였다.
서술	의도하는 바를 나타내기 위해 정확한 단어 선택과 비유, 분석, 생생한 예시, 일화를 들어 서술하였다.	알리고자 하는 바를 정확하게 전달하였다.	말하고자 하는 바를 제대로 전달하지 못하였다.

융합 수업 프로젝트 준비

③ 10분 책읽기로 배경 지식 쌓기

프로젝트를 진행하는 내내 10분 책읽기도 병행했다. 10분 책읽기는 프롤로그에서 간략히 제시했듯, 수업시간 10분간 책을 읽는 것이다. 국어 반장은 수업 종이 울리면 타이머로 10분을 맞춰놓는다. 수업을 시작하면 10분간 책을 읽고(정확하게는 8분간 책읽기, 2분간 다른 활동을 한다) 실제 수업을 진행한다. 공책 뒤쪽부터 15장 정도 센 후, A4 색지를 이용해 '○○한 ○○의 책 보물 창고'라고 제목을 붙인 후, 간단하게 꾸미게 한다. 이후 수업 시작 전 이렇게 10분간 읽은 책 내용을 적는 독서 일지와 돌아가며 쓰는 수업 일기를 통해 책 추천 내용을 쓸 '추천합니다' 칸을 만들게 한다. 3, 4월은 10분 책읽기에 익숙해지는 시기라서 읽고 싶은 책을 읽고, 이후에는 교육과정과 관련해 책을 읽는다.

'학교 가는 길 글쓰기' 프로젝트를 진행하면서 10분간 『글쓰기 기본기』에서 발췌한 부분을 읽게 했다. 내가 이렇게 써라, 저렇게 써라 잔소리 해봐야 글쓰기 책 저자처럼 전문적이지 않을 것이기에 훨씬 설명을 잘해줄 수 있는 책을 찾았다. 몇 권 뒤지던 중에 중학교 학생이 읽을 만

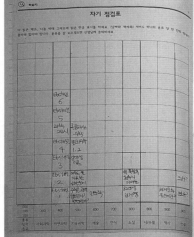
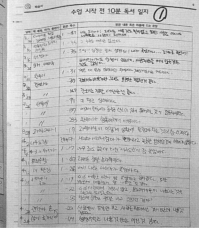

독서 일지

한 이 책을 골랐다. 일반적으로 10분 책읽기는 '책 보물 창고'에 정리하지만, 이 부분은 글쓰기 부분과 직접 관련된다고 생각해, 학습지를 붙인 다음 쪽에 정리하게 했다. 1학년 성취기준에 요약하기가 있고 3월부터 요약하기를 가르쳐온 터라 복습 겸 요약과 정리를 시켰다. 띄엄띄엄 읽는 식이라 학생들이 맥락을 놓칠까 봐 칠판에 『글쓰기 기본기』에서 요약해야 하는 부분의 목차를 적어놓았다.

읽기는 학습의 기본이다. 모든 배움은 읽기로부터 시작해, 쓰기로 끝난다. 프로젝트를 진행할 때는 충분한 읽기가 있어야 한다. 인풋이 차고 넘쳐야 꽤 그럴듯한 아웃풋이 나온다. 어떤 활동을 하든 그 배경 지식을 튼튼하게 쌓을 수 있도록 구성해야 결과물이 튼실하다. 교사가 설명을 통해 해결할 수도 있지만, 스스로 뇌를 괴롭히며 공들여 읽어야 결국 제 것이 된다. 배움은 그리 쉬운 것이 아니다. 쉽게 얻으면 쉽게 빠져나가고 어렵게 얻어야 오래간다.

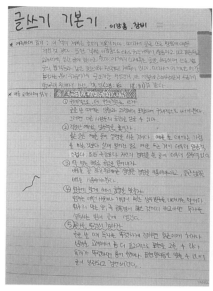

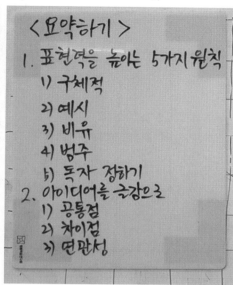

④ 내용 생성과 조직하기

다음 단계는 브레인라이팅을 이용해 본격적으로 글감을 만드는 단계이다. 학생들의 발산적 사고를 촉진하는 방법은 많은데, 협력적으로 발산할 수 있는 브레인라이팅을 이용했다. A4 용지를 1/4장 정도의 크기로 잘라주고 '학교 가는 길' 하면 떠오르는 것을 본 것, 들은 것, 보이지 않는 것 등 5개 정도 가로로 적게 했다. 앉은 자리에서 4명이 모둠을 만들어 시계 반대 방향으로 종이쪽지를 돌린다. 옆자리의 종이를 받은 학생은 친구가 적은 5가지 밑에 다시 각각의 낱말을 보고 생각나는 것을 적는다. 또 시계 반대 방향으로 돌리면서 반복한다. 만약 앞 친구가 적었던 단어에서 연상되는 것이 없다면 '학교 가는 길'과 관련하여 새롭게 다시 시작하는 단어를 적을 수도 있다.

브레인스토밍을 할 때 일반적으로 70~80개 정도의 아이디어가 나온

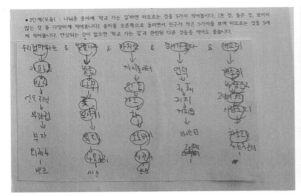

브레인라이팅 활용하기

후에야 비로소 괜찮은 것을 건질 수 있다고 한다. 이 이야기를 듣고 학생들에게도 시켜봤는데 중학교 1학년 학생은 50개만 넘어가도 힘들어한다. 이때도 대략 50개 정도 찾은 후 이 중 글감으로 쓸 만한 것들에 동그라미를 쳐놓는다.

다음으로, 브레인라이팅에서 나온 단어 중 마음에 드는 것을 고르거나 다른 소재들을 더 보태서 본격적으로 글감을 찾는다.

"자, 오늘 아침에 본 것부터 생각해볼까? 뭘 봤지? 남들은 그냥 지나치는데 나만 봤을 만한 것은 뭘까? 나만 관심 있게 볼 만한 거 말이야. 혹시 누구 만난 사람 없었어? 매일 등굣길 그 시간에 만나는 사람들 있잖아. 버스 정류장에서 버스 같이 타는 사람들도 항상 정해져 있지 않니? 들은 소리는 없었니? 냄새는 어때? 어느 장소를 지나가면 항상 드는 생각이나 느낌도 있지? 좋아하는 장소는 없어? 예전 추억을 떠올릴 만한 곳은?"

"샘, 아침마다 만나는 선배 커플 얘기 써도 돼요?" "물론이지!" "아, ○○ 선배와 ○○ 선배 말이구나. 나도 매일 만나!" "아파트 경비 아저씨도 맨날 만나는데요." "그것도 좋아." "샘, 자연환경은 쓸 게 없어요." "너무 거창하게 생각하지 말고, 아주 작은 거부터 찾아봐. 발에 밟히는 풀들도 좋고." "민들레밖에 없어요." "그거 쓰면 되겠네."

이때 찾은 소재와 그에 대한 설명은 미술 시간에 그리게 될 지도에 그대로 들어간다. 소재를 하나 잡아 조금 더 자세하게 풀어쓰게 하는데, 이때 교사가 예시를 주는 게 중요하다. 학생의 결과물이 괜찮게 나오려면 구체적이고 자세한 예시가 꼭 필요하다. 잘하는 학생들이야 예시 없이도 잘하지만, 중간 수준이나 그 이하 학생들은 예시를 주어야 감을 잡고 비슷하게 하려고 애를 쓴다.

학습지에 예시를 '파란 대문집 앞 화분: 접시꽃 화분인데 이제 막 봉오리를 틔우고 있다. 곧 꽃이 피면 예쁠 것 같다'로 주었더니, 한 학생이 비슷하게 '초록 대문집 앞 연두색 울타리에 있는 CCTV: 옛날에는 쓰레기 봉지가 있었는데 쓰레기를 치우고 꽃 그림을 그리고 CCTV를 세워놨다. 하지만 아직도 쓰레기가 많아 지나갈 때마다 악취가 난다'라고 썼다.

이런 방식으로 15개쯤 소재를 찾은 후, 유사한 것끼리 묶어 개요를 작성한다. 예시로 제시한 친구는 주제를 '앞만 보지 말고!'로 잡았고, 처

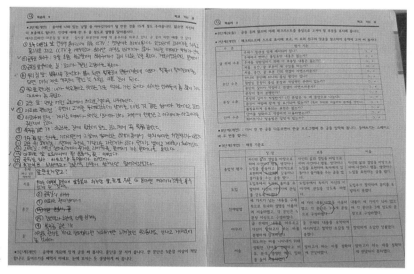

개요짜기,
체크리스트, 평가

음 부분을 '우리는 대부분 걸을 때 앞을 본다. 하지만 앞, 뒤, 옆, 위를 다 본다면 여러 가지 것을 볼 수 있게 될 것이다'로 쓴 후, 중간 부분에 이 제껏 고른 소재 중 이에 해당하는 것을 넣었다. 끝부분은 '이렇듯 관심을 가지고 살펴본다면 지루하게만 느껴졌던 우리 동네도 신나고 재미있어질 것이다'라고 썼다.

학생들이 짠 개요를 살핀다. 다 쓴 사람은 들고나오라고 말한다. 제대로 짜지 못하는 학생들과 대화를 나누면서 아이디어를 보태주기도 한다. 개요가 잘 짜지면 글 쓰는 건 쉬우니 개요를 꼼꼼히 봐준다. 개요짜기에 감을 잡게 하기 위해 처음, 중간, 끝이 잘 정돈된 선배들의 글을 붙여놓고 읽게 했다.

⑤ 글쓰기와 고쳐쓰기를 위한 피드백

개요를 짠 후에는 본격적으로 글을 쓴다. 문장과 문단의 개념, 글쓰기 방법은 이미 배운 후지만, 다시 한번 잔소리를 한다. 개요별로 들여쓰기를 하고 한 문단이 5문장 이상이 되어야 '잘함'이라고 채점기준표를 다시 강조한다. 처음과 끝은 3줄 이상, 중간 부분은 5줄 이상 쓰라고도 한다. 글쓰기에서 중요하고 매번 강조하는 사항은 적어서 칠판에 붙여놓았다. 제목과 첫 문장 멋지게 만들기. 문단을 꼭 지켜서 쓰기. 학생들은 끙끙거리며 개요에 맞게 글을 쓴다.

학생마다 개요 짜는 속도, 글 쓰는 속도가 다르므로 지금 어디까지 하고 있는지 확인할 필요가 있다. 한 단계 넘어갈 때마다 학생들은 자기가 지금 어디에 와 있는지 표시한다. 교사는 이를 참고로 학생들의 상황을 파악한다.

글쓰기의 꽃은 쓰기보다 고쳐쓰기다. 각자 글을 쓰고 학습지 7단계의

<글쓰기>
- 요약 다음 쪽에 큰제목
  '학교 가는 길' 쓰기
- 굵은 줄에 제목 쓰기
  - 멋지게, 참신하게
- 문단 지켜 글쓰기
  - 개요 하나당 5줄 이상
  - 첫문장 멋지게

학년 2반

학교가는 길 수업 상황표

호	성명	'흐름이 가볍가' 요약	중점 ... 읽기	개요짜기	처음 쓰기	고쳐 쓰기	입력		
	권준이								
	김규희	○		○					
	김민규								
	김민호								
	김소원		○	○					
	김수민								
	김채은	○							
	김하윤	○	○	○					
	박경율		○						
	박민형		○						
	박성우	○							
	박성현								
	박채영								
	박한율	○		○					
	방지호		○						
	윤신아								
	이시언								
	임시언								
	정나호		○						
	최예안		○	○					
	최하은								
	현운범								
	현우진	○							

수업 상황표 체크

체크리스트와 채점기준표를 참고로 스스로 먼저 고쳐본 후, 앉은 자리에서 4명씩 모둠별로 돌아가며 자기 글을 읽어준다. 다른 모둠원은 잘 듣고 있다가 친구들에게 궁금한 점을 질문한다. 중학교 1학년 학생들은 아직 독자를 고려해 글쓰기 할 수준이 되지 않으므로 이렇게 한번 독자들 앞에서 낭독하고, 친구들의 질문을 받아야 자신이 얼마나 자의적으로 썼는지를 깨닫는다. 독자를 고려하여 쓰는 것도 3학년 교육과정에나 나오므로 나는 계속 의도치 않게 선행학습을 시키는 셈이 되었다.

다음 시간에 낭독을 한 학생은 친구들의 질문을 참고하여 자기 글을 컴퓨터로 쓰면서 고친다. 홈페이지에 자신의 글을 올리면, 그다음 시간에 교사가 일괄 출력해서 교실에 가지고 들어간다. 또 다른 고쳐쓰기를 하는 것이다.

고쳐쓰기에 대한 고민은 3학년 학생들과 자기소개서로 씨름하면서 깊어졌다. 분명 이것저것 고쳐오라고 이야기하는데 다음 날 보면 나아진 것이 없다. 뭐가 문제일까, 고민하며 학생들 말을 들어보니 "선생님, 너무 많아서 뭐를 고치라고 했는지 기억이 안 나요" 하는 거다. 급히 반성하고 그다음부터는 3~4개만 고쳐오라고 지적했다. 내가 욕심이 많았구나. 학생들이 소화할 만큼 들이밀어야 하는데. 그 후로는 내가 고쳐오라고 한 3~4개를 고쳐오면 그다음에 다른 3개를 지적하고, 또 고쳐오면 또 다른 3개를 지적하는 방식으로 지도했더니 학생들 글이 조금 나아지는 듯했다(학생에 따라 글쓰기 힘들어하는 학생에게는 1~2개만 제시한다).

그런데 어느 순간 더는 발전이 없다는 생각이 들었다. 다시 학생들 이야기를 들어보았다. "들을 땐 분명 알 것 같거든요, 그런데 집에 가면 생각이 안 나요" "선생님이 빨간색으로 표시하고 뭐라 적어주셨는데 뭐였는지 기억이 안 나요" 이런 이야기들이었다. 충분히 그럴 수 있겠다는 생각이 들었다. 교사가 아무리 열심히 피드백을 해주어도 학생이

친구들에게 낭독한 후
질문 받기

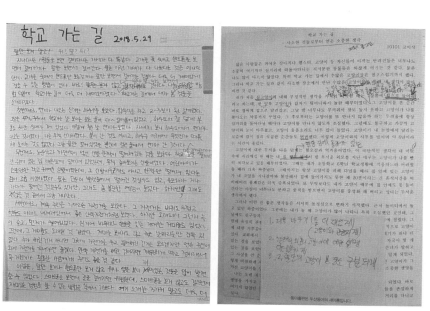

들을 준비가 되어 있지 않으면 헛고생이 된다. 그다음부터는 고쳐쓰기 할 때 조금 큰 붙임 쪽지를 주고, 내가 이야기하는 부분에 관해 그 자리에서 요약해서 적으라고 한다. 처음에는 일방적으로 다다다다 쏟아냈는데 이후에는 시간을 조금 더 투자해 막연하다고 생각하는 부분에 관해 자꾸 질문을 한다. 대답하면서 생각했던 부분을 요약해서 적게 한다. 다음 시간에 붙임 쪽지를 바탕으로 적힌 것을 수정했는지 확인하면 된다. 그에 덧붙여 눈에 들어오는 수정 요소를 몇 개 더 말해준다.

고쳐쓰기를 하면서 상호평가를 한다. 친구들의 글을 보면서 빨간 펜으로 고쳐보라고 말한다. 다른 친구들의 글을 실제로 고쳐준다기보다 친구들의 글을 읽고 배울 점이 있으면 배우라는 의도다. 처음에는 학생들이 친구들의 글을 고쳐줄 때 주로 어법과 맞춤법 등 문장 수준에서만 고쳐주는 것이 영 성에 차지 않았다. 문단, 글 전체 등 더 큰 수준에서 보면 좋겠는데 아무리 체크리스트를 만들어서 보여주어도(학습지 7단계 참조) 문단이나 글 전체 수준에서는 빨간 펜이 제 역할을 하지 못했다. 내가 뭘 잘못 가르친 걸까, 고민했는데 대학에서 학생들을 가르치는 분 이야기를 듣고는 마음을 편히 먹기로 했다. 대학생도 문단 수준, 글 전체 수준에서 남의 글을 고쳐주는 것은 어렵다고 한다.

학생들이 모둠별로 돌려 읽으며 친구 글에 빨간 펜으로 고쳐쓰기를 하는 동안, 한 명씩 불러 1~2분 정도 대화를 한 후 붙임 쪽지에 적게 한다. 다음 피드백 때는 붙임 쪽지에 적혀 있는 것 위주로 점검하고, 더 필요한 부분이 있으면 2~3가지 정도 알려준다. 피드백은 1분 이내, 바로 그 자리에서, 남들에게 들리지 않게, 3가지 이하로 하는 것이 효과적이라길래 최대한 실천하려고 한다. 학생들은 나의 피드백과 친구의 피드백을 참고해 3~4회 정도 글을 고쳐 쓰게 된다.

⑥ 자기 성찰 평가하기

고쳐쓰기까지 끝나면 프로젝트 마무리 단계이다. 다시 한번 채점기준표를 읽으며 프로젝트가 끝나고 난 후 자신의 수준이 어느 정도인지 표시한다. 처음에 표시한 검정색 동그라미와 비교하여 어떤 부분이 어떻게 달라졌는지, 그 이유는 무엇인지 써본 후, '보통'이나 '미흡'을 받은 항목을 쓰고 그 이유를 2줄 정도 쓰라고 한다. 처음 시작할 때와 마찬가지로 앉은 자리에서 모둠을 만들어 '보통'이나 '미흡' 항목이 앞으로 더 발전하려면 어떻게 하는 것이 좋을지 친구들과 조언을 나눈다.[표❶]

마지막 과정은 자기 성찰문을 쓰는 것이다. 학생들은 채점기준표를 꼼꼼히 점검하고 쓰기 때문에 자신의 배움에 관한 성찰이 담긴 글을 쓸 수 있다.

[표❶] 자기 성찰 평가지

	김○○	고○○
수업 시작하기 전과 달라진 것	전개방법 / 세 가지가 넘는 내용을 구체적으로 묘사하고 설명을 잘한 것 같고 생각보다 긴 글(한 문단에 5문장 이상)이 되었기 때문이다.	없음
'보통' 이나 '미흡'을 받은 항목과 그 이유	맞춤법과 문장 구조 / 맞춤법이 틀린 부분이 꽤 많다. 그리고 긴 문장이 몇 개 있는 것 같다.	서술 / 고양이의 외모나 본 장소에 대해 구체적인 서술이 없었기 때문이다.
모둠원들과 의논하여 어떻게 하면 '잘함'으로 갈 수 있을지	다시 맞춤법을 공부하고 틀린 맞춤법이 있으면 친구가 알려준다.	고양이의 외양적인 모습과 고양이를 만난 상황을 더 구체적으로 관찰해서 기록한다.

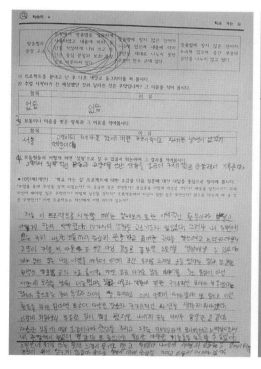
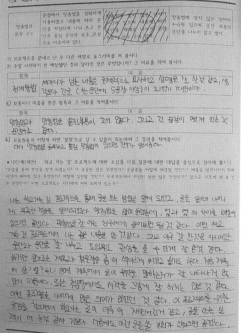

자기 성찰 평가지

• 나는 학교 가는 길 프로젝트를 통해 글을 쓰는 방법을 알게 되었고, 글을 쓸 때 나에게 부족한 점을 알게 되었다. 맞춤법을 많이 틀렸는데, '-었-'과 '-였-'의 차이를 배울 수 있으면 좋겠다. 맞춤법을 잘 아는 친구에게 물어보면 될 것 같다. 이번 학교 가는 길 프로젝트에서 나는 좋은 내용을 쓴 것 같다. 그리고 아주 많이 잘한 것은 아니지만 문단과 문단을 잘 나누고 도입부도 관심을 끌 수 있게 잘 쓴 것 같다. 하지만 앞으로는 제목과 첫 문장을 좀 더 색다르게 써보고 싶기도 하다. 지금 제목이 '앞? 옆? 뒤?'인데 제목에서 글이 무엇을 말하는지가 잘 나타나지 않았기 때문이다. 또한 첫 문장에서도 시작을 그렇게 잘하지는 않은 것 같다. 이번 프로젝트는 나에게 많은 의미가 있었던 것 같다. 이 프로젝트를 위한 글감을 찾으면서 학교 가는 길이 더욱더 재미있어진 것 같고, 글을 쓰는 실력이 더는 것 같아 기쁘다. 다음에도 이런 글을 쓸 기회가 있었으면 좋겠다. (1반 김○○)

• 처음 이 프로젝트를 시작할 때는 접해보지 못한 이색적인 활동이라 낯설고 어떻게 할지 막막했다. 15가지의 상황을 고르기조차 힘들었다. 그러나 내 주변에 있는 극히 사소한 것들까지 유심히 관찰하고 최대한 관심을 쏟으려고 노력하다보니 고양이, 커플, 비, 자동차 등 별것 아닌 것들로 풍부한 스토리를 생성해낼 수 있었다. 내가 잘한 점은 나와 어렸을 때부터 인연이 있던 주제를 소재로 글을 썼다는 점과 긴 분량, 완벽한 맞춤법, 글의 구조 등이다. 다만 조금 아쉬운 점은 이야기를 장소 중심이 아닌 시간에 초점을 맞춰 서술했다는 점과 사물과 상황에 대한 구체적인 묘사가 부족했다는 점이다. 앞으로는 글의 특성과 의미를 잘 파악하고 그에 알맞게 써야겠다. 또 앞으로 이런 활동을 하게 된다면 조금 더 다양한 장소와 구체적인 사연을 생각해봐야겠다. 이렇게 되돌아보니 부족한 점이 많긴 했지만 나에게 주는 의미는 상당한 것 같다. 사소한 것들에 대해 조금이나마 관심을 갖고 그것을 디테일하게 묘사하려고 노력함으로써 내 관찰력이 늘었던 것 같다. 또 글쓰기에 필요한 다양한 기술들을 습득할 수 있었다. 오랜만에 일기를 쓰는 듯한 느낌이 들기도 했고 무엇보다 나에게 생명의 소중함을 일깨워주는 점 등 얻는 게 많았다. 앞으로 생명에 관해 관심을 가지고 소중히 여겨야겠다. (1반 고○○)

'학교 가는 길 글쓰기' 국어 시간 차시 계획은 다음과 같다.

차시	내용	차시	내용
1	목표 세우기	4	글쓰기
2	글감 잡기	5~7	고쳐쓰기 (상호평가)
3	개요짜기, 글쓰기	8	자기 성찰 평가

⑦ 교사 평가와 기록하기

프로젝트가 끝난 후 교사도 평가한다. 자유학년제에서는 지필고사가 없기 때문에 흔히 '쫑알쫑알'이라고 부르는 성적표를 교사가 기술해야 한다. 수업시간에 썼던 채점기준표를 바탕으로 A등급부터 E등급까지 대략의 구분을 기술한다. 이것은 절대적으로 적용하는 것이 아니라, 학생들의 실제 결과에 따라 유연하게 변형되는 것으로 어디까지나 임의적인 구분이다.표❷

[표❷] 채점기준표

A	학교 가는 길 글쓰기에서 자신의 경험을 바탕으로 대상에 대한 느낌을 진술하고 유창하게 창의적으로 표현하였고, 짜임새 있게 글을 조직하였으며 맞춤법을 잘 지켜 글을 작성함.
B	학교 가는 길 글쓰기에서 자신의 경험을 바탕으로 대상에 대한 느낌을 진솔하게 표현하였고, 짜임새 있게 글을 조직하였으며 맞춤법을 일정 수준 이상 잘 지켜 글을 작성함.
C	학교 가는 길 글쓰기에서 자신의 삶과 경험을 바탕으로 대상에 대한 글을 작성하였으나 유창성이 요구되고, 글의 조직 및 맞춤법을 일정 수준 지켜 글을 작성함.
D	학교 가는 길 글쓰기에서 자신의 삶과 경험을 바탕으로 주변 사람들의 도움을 받아 글을 작성하였고, 맞춤법을 지키거나 짜임새 있게 글을 조직하는 데에 일부 어려움이 보임.
E	학교 가는 길 글쓰기에서 자신의 삶과 경험을 바탕으로 주변 사람들의 도움을 받아 글을 작성하였으나 글의 짜임새와 맞춤법에 맞게 글을 쓰기 위한 노력이 요구됨.

[표❸] 채점 등급과 교사 평가

번호	학교 가는 길		
	제목	등급	평가
1	길고양이, 나에게 무엇일까	A	학교 가는 길 글쓰기에서 길고양이를 관찰하며 생명의 소중함을 깨닫게 되었다는 내용을 자신의 경험을 바탕으로 대상에 대한 느낌을 진솔하고 유창하게 창의적으로 표현하였고, 짜임새 있게 글을 조직하였으며 맞춤법을 잘 지켜 글을 작성함.
2	위험천만 학교 가는 길	B	학교 가는 길 글쓰기에서 등하굣길의 위험한 곳과 주의할 곳을 알려 다른 학생들에게 당부하는 내용을 자신의 경험을 바탕으로 대상에 대한 느낌을 진솔하게 표현하였고, 짜임새 있게 글을 조직하였으며 맞춤법을 일정 수준 이상 잘 지켜 글을 작성함.
3	무심코 지나쳤던 크고 작은 생명	C	학교 가는 길 글쓰기에서 참새, 화분 등 무심코 지나쳤던 크고 작은 생명에 관한 내용을 자신의 삶과 경험을 바탕으로 글을 작성하였으나 유창성과 창의성이 요구되고, 맞춤법은 잘 지켰으나 마무리 부분을 작성하는 데에 어려움을 느낌.
4	마약 편의점	D	학교 가는 길 글쓰기에서 자주 들르는 단골 편의점에 관한 글을 작성하였고, 처음 시작 부분과 마무리 부분의 작성이 미흡하고 맞춤법을 지켜 쓰는 데도 일부 어려움이 보임.
5	동네에 버려진 고물 자전거들	E	학교 가는 길 글쓰기에서 동네 곳곳에 버려진 고물 자전거들에 관한 내용을 작성하였으나, 중간 부분의 내용이 부족하고, 마무리하지 않은 상태로 제출하여 글의 짜임새를 갖춘 글이 요구됨.

이 구분을 바탕으로 학생들이 수행과정에서 보였던 특징이나 결과물에 드러난 특징을 구체적으로 첨가한다. 표❸은 그 예이다.

⑧ 미술 시간과 공유하기

'학교 가는 길' 프로젝트와 관련된 미술과 성취기준은 다음과 같다.

> [9미02-04] 주제의 특징과 표현의도에 적합한 조형 요소와 원리를 탐색하여
> 효과적으로 표현할 수 있다.

미술 시간에는 사회 시간에 뽑았던 지도와 국어 시간에 쓴 글을 바탕으로 각자 학교 가는 길, 그리고 길에서 벌어지는 개인의 이야기를 그

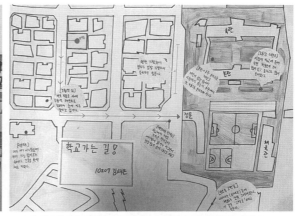
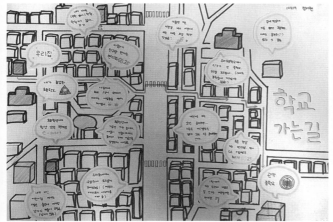

학생 작품과 발표회 전시

림으로 그렸다. 기본 지도를 그려 넣고 사이사이에 기억에 남는 일들을 말풍선을 이용해 표시하면서 집에서 학교까지 오가는 길을 다시금 되새겨보았다. 잘된 작품은 2학기 '우리 동네 생태지도 만들기' 프로젝트 발표회를 할 때 전시했다.

프로젝트가 모두 끝난 후 학생들의 그림과 글을 묶어 자료집으로 만들었다. 왼쪽 면에는 미술 시간에 그린 지도 그림, 오른쪽 면에는 국어 시간에 쓴 글이 들어가 있으며, 1학년 학생 전체의 작품이 모두 실려 있다. 자유학년제 예산을 사용하여 컬러 인쇄한 후 1학년 모두에게 나눠

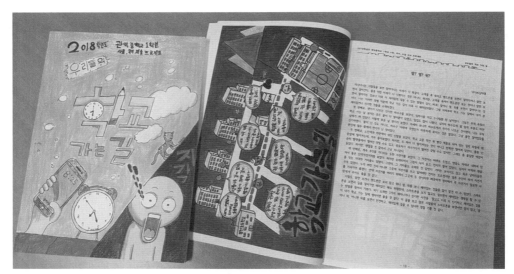

'학교 가는 길' 프로젝트 자료집

주었다. 처음 글쓰기 작업을 시작할 때부터 전체 작품을 자료집으로 묶을 것이라고 지속해서 예고했더니 도움반 학생까지도 일정 분량 이상의 글을 써냈다. 프레네 교육학에서도 인쇄출판 작업을 학생의 마음을 사로잡는 동기부여 장치로 매우 중요하게 생각한다. 괜찮은 결과물을 원한다면 책자로 인쇄하기를 추천한다.

우리 반 학생이 그린 그림으로 표지를 만든 이 책자는 작업이 늦어져 연말쯤 나왔다. 다른 책자와 마찬가지로 도서실에 전시했다. 학생들이 책자를 받으면서 예상만큼 감동하지 않아 조금 실망했는데, 연말에 굴러다니는 책자 하나 없이 깔끔하게 가져간 것을 보니 말은 안 했지만 내심 뿌듯해 한 건 아닐까 싶다. 학생들이 1학년 생활을 돌이켜볼 좋은 추억이 되지 않았을까.

학교 가는 길 프로젝트 융합 수업을 진행한 사회 선생님의 말씀이다.

"학생들 입장에서는 '학교 가는 길'이란 주제를 미술 시간에 그림으로 표현하고, 글쓰기로 국어 시간에 다루고, 또 사회 시간의 지도 개념과 함께 공부하잖아요. 비슷한 주제를 여러 과목에서 다루기 때문에 좀 더 넓고 심도 있는 탐구를 할 수 있고요. 또 하나의 깊이 있는 활동으로 여러 과목에서 성취목표를 달성하고 평가받는 장점이 확실하게 있다고 봅니다."

한 학생은 2학년에 올라가 이런 이야기를 들려주었다.

"'학교 가는 길'에 관해 친구들한테 막 얘기하고, 그런 활동을 한다니 되게 재밌을 것 같았어요. 매일 가는 등굣길은 그냥 뻔하고 재미없는데, 수업하기 위해서는 생각을 해야 하거든요? 근데 그런 생각을 하니까, 매일 똑같은 길이지만 이런 수업을 한다는 말을 들은 다음 날부터 뭔가 되게 의미 있고 재미있어졌어요. 저는 등굣길도 집이 좀 멀어서 같이 다니는 친구도 없어서 재미없었거든요. 뭘 찾아야 하지, 생각하면서 가니까 심심하지 않고 좋았어요. 지나다니면서 익숙했던 물건 같은 게 나오면, 1년이 지나도 여전하구나, 약간 그런 느낌도 들었고요. 하나의 주제를 가지고 여러 방면으로 바라보니까, 이렇게도 볼 수 있구나, 그런 생각을 할 수 있었어요. 이제 학교 가는 길에 주변을 살피면서 오가게 된 것 같아요. 전에는 그냥 아무 생각 없이 핸드폰 하며 온 거 같은데 요즘은 막 둘러보면서 와요."

사회, 국어, 미술 과목과 함께 '학교 가는 길' 프로젝트를 진행합니다.

1단계 **개인/모둠** '학교 가는 길' 프로젝트를 왜 할까?

1) '학교 가는 길' 프로젝트를 왜 할까? 하면 무엇이 좋을까? 하고 나면 무엇이 달라질까?

2) '학교 가는 길' 프로젝트에서 나의 목표는? (수정된 목표도 적어봅시다)

3) 프로젝트를 시작하기 전에 9단계 채점기준표를 읽고 해당하는 부분에 검정색으로 동그라미를 쳐봅시다.

4) '보통'이나 '미흡'을 받을 것 같은 항목은 무엇입니까? 이유도 적어봅시다.

5) 모둠원들과 어떻게 하면 '잘함'으로 갈 수 있을지 의논하여 그 결과를 적어봅시다.

2단계 **모둠** Brain Writing

나눠준 종이에 '학교 가는 길' 하면 떠오르는 것을 낱말이나 구로 5가지 적어봅시다. 본 것, 들은 것, 보이지 않는 것 등 다양하게 적어봅니다.(⑩ 은행나무, 깨진 화분) 종이를 오른쪽으로 돌리면서 친구가 적은 5가지를 보며 떠오르는 것을 5개씩 적어봅니다. 연상되는 것이 없으면 '학교 가는 길'과 관련된 다른 것을 적어도 좋습니다. 주제에 벗어나지 않되, 앞에 나온 것은 다시 적지 않습니다.

3단계 **개인** 종이에 나와 있는 낱말 중 이야깃거리가 될 만한 것을 15개 정도 추려봅니다. 없으면 자신이 더 보충해도 됩니다. 각각에 대해 한두 줄 정도로 설명을 달아봅시다.

예 ① 파란 대문집 앞 화분: 접시꽃 화분인데 이제 막 몽우리를 틔우고 있다. 곧 꽃이 피면 예쁠 것 같다.

4단계 **개인** 위의 적은 것 중에 길게 쓸 거리를 3~5개 정도 골라 동그라미를 쳐봅시다. 이것을 중간 부분에 넣고 개요를 짜봅시다.

주제 (하고 싶은 이야기)	
처음	
중간	
끝	

5단계 **개인** 공책에 개요에 맞게 글을 써봅시다. 문단을 잘 지켜 씁니다. 한 문단은 5문장 이상이 적당합니다. 들여쓰기를 빼먹지 마세요. 눈에 보이는 듯 생생하게 써봅니다.

6단계 **개인** 글을 돌려 읽으며 아래 체크리스트를 중심으로 고쳐야 할 부분을 표시해줍니다.

7단계 **개인** 체크리스트에 스스로 표시해보고, 이 표와 친구의 댓글을 참고하여 공책에 고쳐 써봅시다.

수준	평가기준	
글 전체 수준	주제가 일관성 있게 제시되어 있나?	○, ×
	주제에서 벗어난 불필요한 내용은 없는가?	○, ×
	주제를 뒷받침하기 위해 더 보충할 내용은 없는가?	○, ×
	처음, 중간, 끝부분이 제구실을 하는가?	○, ×
	처음, 중간, 끝부분 간의 연결이 자연스러운가?	○, ×
문단 수준	하나의 문단에 하나의 중심 생각이 있나?	○, ×
	뒷받침 문장이 중심 문장과 직접적인 관련이 있는가?	○, ×
	문단의 길이가 적절하고 연결이 자연스러운가?	○, ×
문장 수준	문장의 뜻이 분명한가?	○, ×
	문장의 길이가 적절한가? (긴 문장은 두세 문장으로 나눈다)	○, ×
	문장이 어법에 맞게 잘 표기되어 있는가? (특히 주어와 서술어의 관계를 살핀다)	○, ×
	불필요하게 중복되는 표현은 없는가?	○, ×
단어 수준	단어를 정확하고 적절하게 사용하였는가?	○, ×
	띄어쓰기나 맞춤법은 알맞게 썼는가?	○, ×

8단계 **개인** 다시 한번 글을 다듬으면서 한글 프로그램에 쓴 글을 입력해봅니다. 들여쓰기는 스페이스 바두 번을 칩니다.

9단계 **개인** 채점기준표

항목	잘함	보통	미흡
종합적 평가	자신의 삶과 경험을 바탕으로 하여 사건이나 행동, 생각이나 느낌을 진솔하고 창의적으로 표현하여 독자에게 감동이나 즐거움을 주는 글을 썼다.	자신의 삶과 경험을 바탕으로 하여 사건이나 행동, 생각이나 느낌을 표현하여 독자에게 감동이나 즐거움을 주는 글을 썼다.	자신의 삶과 경험을 바탕으로 하여 사건이나 행동, 생각이나 느낌을 표현하는 글을 썼다.
도입	도입부에서 독자의 흥미를 유발하여 자신의 이야기에 관심을 두도록 하였다.	도입부에서 독자가 자신의 이야기에 관심을 두도록 하였다.	도입부가 짧막하여 흥미를 유발하지 못했다.
전개 방법	세 가지가 넘는 내용을 구체적으로 묘사와 설명을 이용하여 서술하였고, 각 문단은 5문장 이상으로 구성하였다.	세 가지 내용(사건)을 서술하였고 각 문단은 3~5개 문장으로 구성하였다.	내용이 세 가지가 되지 않으며 각 문단은 3개 정도의 문장으로 구성하였다.
마무리	글 전체의 내용을 아우르고 자신이 말하고자 하는 바를 분명하게 강조하였다.	글 전체의 내용을 요약하여 제시하였고 짧막한 소감을 덧붙였다.	짧막하게 소감만 덧붙였다.

서술	의도하는 바를 나타내기 위해 정확한 단어를 선택하고 비유, 분석, 생생한 예시, 일화를 들어 서술하였다.	말하고자 하는 바를 정확하게 전달하였다.	말하고자 하는 바를 정확하게 전달하지 못하였다.
맞춤법과 문장 구조	문장에서 맞춤법을 정확하게 사용하였고 내용에 따라 문단을 적절하게 나눠 쓰고 문단은 중심 문장과 보조 문장으로 이루어져 있다.	맞춤법에 맞지 않은 단어가 1~3개 있으며 내용에 따라 문단을 제대로 나누지 못한 부분이 한두 군데 있다.	맞춤법에 맞지 않은 단어가 4~6개 있으며 중간 부분의 문단을 나누지 않고 썼다.

1) 프로젝트를 끝내고 난 후 다른 색깔로 동그라미를 쳐봅시다.
2) 수업 시작하기 전 예상했던 것과 달라진 것은 무엇입니까? 그 이유를 적어봅시다.

항목	이유

3) '보통'이나 '미흡'을 받은 항목과 그 이유를 적어봅시다.

항목	이유

4) 모둠원들과 어떻게 하면 '잘함'으로 갈 수 있을지 의논하여 그 결과를 적어봅시다.

10단계 **개인** '학교 가는 길' 프로젝트에 대한 소감을 다음 질문에 대한 대답을 중심으로 정리해봅시다.

*수업을 통해 무엇을 알게 되었는가? 더 궁금한 점은 무엇인가? 궁금증을 어떻게 해결할 것인가? 배움을 발전시키기 위해 자신이 해야 할 일은 무엇인가? 어떻게 실천할 것인가? 프로젝트에서 자신이 잘한 점은 무엇인가? 앞으로 다르게 해볼 것은 무엇인가? 이번 프로젝트는 자신에게 어떤 의미가 있는가?

_____

_____

_____

_____

_____

_____

_____

_____

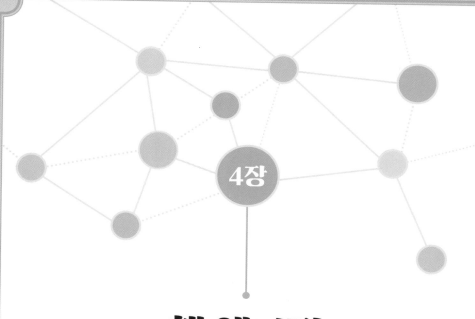

4장

책 예고편
영상 만들기

+

정보 수업

관악중학교는 1년에 한 번 작가를 모셔 오전 내내 '작가와의 만남' 행사를 진행한다. 이때는 전 학년 국어 선생님들이 합심하여 1주일 이상 그 작가의 책을 읽힌다. 1, 2교시는 읽은 책을 바탕으로 다양한 독후활동을 하고, 3, 4교시에는 작가의 말씀을 듣는다. 열성 팬 친구들은 직접 도서실에서 작가를 만날 수 있고, 다른 친구들은 교실에서 작가의 이야기를 듣는다.

학생들이 책의 작가를 실제로 만날 일이 얼마나 될까? 책을 아주 좋아하는 소수를 빼놓고는 평생 내가 읽은 책의 작가를 만날 일은 드물다. 작가를 만나 이야기를 듣는 일이 조금이라도 즐겁게 책을 읽는 데, 혹은 목표 의식을 가지고 책을 읽는 데 다소 도움이 되지 않을까? 해마다 '작가와의 만남'을 기획하면서 올해는 어떤 작가의 어떤 책을 읽고 어떤 활동을 할지 즐거운 고민을 한다.

트레일러(trailer)는 주로 영화 예고편을 이르는 말이다. 영화 상영 전 관객을 끌어모으기 위해 만든 낚시질 영상이다. 그것을 빌려와 몇 년 전부터 '책 예고편(북 트레일러) 영상 만들기' 프로젝트를 학생들과 시작했다. 책 한 권을 다 읽고 이 책을 읽게끔 하는 영상을 만드니, '한 학기 한 권 읽기'와 연계하여 진행하면 딱 맞는 프로젝트다.

이 프로젝트의 국어 수업 진행을 정리하면 다음과 같다.

차시	내용
1	수업 안내, 모둠 구성하기
2~5	모둠별로 책읽기, 모둠 대화 나누기, 책 내용 정리하기
6~7	책 예고편 계획 세우기, 이야기판(스토리보드) 작성하기
8~9	책 예고편 영상 만들기
10	책 예고편 영상 편집하기
	책 예고편 영상 페스티벌(책 예고편 발표회)
11	평가하기, 소감 쓰기

① 정보 수업과 함께하기

학생들은 기성세대보다 영상에 훨씬 익숙하다. 다음 시간에 정보검색을 할 거야, 예고했더니 학생들이 너도나도 이어폰을 들고와 깜짝 놀랐던 기억이 있다. 어른들은 포털 사이트의 웹문서를 검색하지만, 학생들은 유튜브를 검색한다. 영상도 잘 만든다. 핸드폰으로도 곧잘 꽤 괜찮은 영상을 만들어낸다. 그것도 뚝딱! 하지만 유의할 일이 있다. 모든 학생이 그렇지는 않다는 거다. 어떤 학생들은 여전히 한 번도 영상을 만들어본 적이 없다. 그러니 잘하는 학생은 3년 내내 영상 만들기 모둠 과제의 온갖 편집을 도맡아 하고, 만들어본 일이 없는 학생은 3년 내내 키네 마스터(Kine Master)나 무비 메이커(Movie Maker) 같은 영상 제작편집 프로그램에 들어가지 않고도 졸업한다. 하지만 우리는 공교육 교사다. 이런 편차에 편승할 게 아니라 제대로 못하는 학생들도 할 수 있게 만

정보 교과시간의 실습 수업

들어줘야 한다.

3월에 이메일도 없는 학생들의 상황을 보고 정보 선생님에게 도움을 요청했듯이, 이번에도 6월 전에 학생들이 동영상 편집을 할 수 있게 수업해달라고 요청을 드렸다. 정보 선생님도 흔쾌히 실습 수업을 진행해주셨다. 하지만 복병이 있었으니, 영상을 상영하기로 한 날, 한 반에 한 모둠 정도는 "선생님, 안 틀어져요. 파일이 깨졌어요" 하며 난리였다. 원인은 단순했다. 편집을 위한 프로젝트 파일과 그것을 변환해서 직접 틀 수 있는 파일을 구분하지 못한 것이다. 아침부터 교사들의 혼을 쏙 빼놓으며 여차여차 순서를 조금 바꿔가면서 책 예고편 영상 상영은 무사히 끝났다.

행사가 끝나고 난 뒤, 정보 선생님은 진짜 이상하다며, 분명 수업시간에 강조했고, 변환하는 실습까지 마쳤다고 말씀하셨다. 그렇지, 한 번한다고 잘하면 그게 학(學)생이겠어! 배운 것(學)과 내 몸에 익히는 일(習)은 언제나 함께 가야 한다는 걸 다시금 느꼈다.

② 책읽기와 연계하기

국어 시간에 이 프로젝트를 '한 학기 한 권 읽기'와 연계하고, 갈등,

성장, 매체와 관련한 성취기준을 적용하였다. 관련 성취기준은 다음과 같다.

> [9국01-04] 토의에서 의견을 교환하여 합리적으로 문제를 해결한다.
> [9국03-08] 영상이나 인터넷 등의 매체 특성을 고려하여 생각이나 느낌, 경험을 표현한다.
> [9국05-03] 갈등의 진행과 해결 과정에 유의하며 작품을 감상한다.
> [9국05-10] 인간의 성장을 다룬 작품을 읽으며 삶을 성찰하는 태도를 지닌다.

'작가와의 만남' 행사 날짜가 정해져 있어 10분 책읽기 대신 수업 일기 발표 후, 수업 내내 책을 읽었다. 김혜정 작가를 모시기로 해서 작품 중 중학교 1학년 학생이 읽을 만한 수준, 성취기준인 갈등과 성장이 잘 드러난 작품으로 6종을 골라 4~5권씩 사들였다. 『오늘의 민수』(문학과지성사), 『괜찮아, 방학이야!』(예림당), 『우리들의 에그타르트』(웅진주니어), 『다이어트 학교』(자음과모음), 『판타스틱 걸』(비룡소), 『레즈 러브』(살림프렌즈)를 골랐다. 학생들에게 6권을 소개하고, 각자 원하는 책을 고르니 자연스럽게 6모둠이 만들어졌다. 이때 교사가 학생들을 제대로 파악하지 못한 학기초라든가 문제가 생길 만한 학생이 있는 경우, 더 신중하게 모둠을 결정해야 한다. 『행복을 배우는 덴마크 학교 이야기』(제시카 알렉산더, 생각정원)에 보면, 소외되는 학생이 없도록 모둠은 교사가 짜야 한다는 입장에서 소시오그램을 통해 모둠을 만드는 이야기가 나온다. 이 책을 읽은 이후에는 설문조사를 통해 모둠을 구성했다. 설문은 학생들의 관계와 원하는 책을 고려하며 교사가 모둠을 짤 수 있게 만들었다.

"너희가 책을 읽고 소개하는 영상을 만들면 강당에서 전체 학생들이 다 볼 수 있게 상영할 거야. 학부모님들도 모실 거고, 작가님도 일찍 오실 수 있으면 와서 꼭 보시라고 할 거야. 잘된 작품은 선물로 드릴까?"

책 예고편 만들기 프로젝트
배움 질문표

6/5 목표	새로운 프로젝트를 4작하는데 혼란스러워 하기 없이 잘 따라가야겠다.
배우고 느낀점	책을 세부적으로 분석함으로써 작품에 대한 고도의 관찰력과 감상력을 얻었다는 점이 도움되고 새로운 활동들 또 문제없이 따라가서 유익하면 만족했다.
6/7 목표	북트레일러 계획을 자세하게 세운다.
배우고 느낀점	책의 핵심적인 내용을 어떻게 영상화에 대해서 모둠원들의 논의 과정 중에서 갈등이 있기도 했고 이야기판을 하나로 만들지 몰라서 막막했지만 어떤 식으로든 잘 해보면 할 수 있게 되니 기대가 된다.
6/12 목표	영상을 어떤 식으로 만들지 듣고 고르고, 어떻게 만들지에 대한 계획을 세우고 역할을 분담한다.
배우고 느낀점	이번 국어시간 전에는 우려가 많았으나 친구들이 잘 따라와줘서 열심히 참여하고 나의 계획도 착실히 세워 기대가 크다.
6/13 목표	학습지를 선생님 말씀대로 딱 해서 북트레일러 명목에 최대한 열심히 한다.
배우고 느낀점	명품을 보고나서 짧은 시간이 주어졌음에도 불구하고 멀리 평가표를 채워가고 15분 채워 뿌듯했다.
6/19 목표	트레일러 복지리를 글쓰기를 마친다.
배우고 느낀점	선생님께서 나눠주신 트레일러를 내가 적고 싶은 내용을 무언가 앉아서 배우는 어려워져 먼저 마무리해서 뿌듯하고 내 명목서 생각 동료를 좋을 수 있어서 좋았다.
6/20 목표	여러 뭇국 국이 음식, 책제목를 다 끝내고 책을 골중에서 읽는다.
배우고 느낀점	딱 깔끔하게 글을 마친 것도 만족스럽고 친구들과 음 평균거니 적극적으로 임한게 가장 뜻깊던 것 같다. 이제 복국 가는 길과 책 예고편 제작 수업이 다 마무리 되는데 다음 프로젝트도 열기 임해야 미래한 시간 가지면 좋겠다.

책 읽는 모둠 수업을 위한 설문조사

이 설문 내용은 '비밀'이 유지됩니다. 솔직하게 응해주세요. 모둠을 구성하는데 참고할 것입니다. 하지만 모둠은 선생님이 짭니다. 여러분의 학습권 및 나의 수업권을 위하여.

◉나의 학번: _____ 나의 이름: _____

1. 쉬는 시간에 무엇을 하나요? 누구랑 같이 어울려요? 뭐하고 놀아요?

2. 반에서 가장 같이 어울리고 싶은 친구는 누구인가요? (다 채우지 않아도 됨)
① _____ ② _____ ③ _____ ④ _____

3. 모둠장을 맡으면 잘할 것 같은 친구는 누구이고 그 이유는 무엇인가요? (4명 쓰기)

친구	이유
①	
②	
③	
④	

4. 모둠 활동을 같이 하고 싶은 친구는 누구이고 그 이유는 무엇인가요? (다 채우지 않아도 됨)

친구	이유
①	
②	
③	
④	

5. 모둠 활동을 같이 하고 싶지 않은 친구는 누구이고 그 이유는 무엇인가요? (단순히 별로 친하지 않다고 해서 이름을 적지는 말아주세요. 무언가 사연이 있으면 적어 주세요. 다 채우지 않아도 됩니다.)

친구	이유
①	
②	
③	

6. 읽고 싶은 책을 골라주세요.

지망	책 제목
1지망	
2지망	
3지망	

모둠 구성을 위한 설문조사

학생들에게 부담을 주는 말을 팍팍 던진다. 경험상 안다. 영상 만들어 교실에서 상영할 때보다 강당에서 상연하는 것이, 학생들끼리 보는 것보다 학부모님들을 모시는 것이 훨씬 책임이 무겁다는 걸. 그래서 더 열심히 할 수밖에 없게 된다는 걸.

우선, 책을 읽는다. 비문학 텍스트는 30분 정도 집중하여 읽기가 쉽지 않지만, 소설일 경우 어렵지 않고, 서사 구조의 흡인력이 보장된다면 충분히 가능하다. 학생들은 조용히 책장을 넘긴다. 나는 모둠 사이를 돌아다니며 집중하지 못하는 학생에게 주의를 시키거나, 조는 학생을 깨우거나, 읽는 게 괜찮은지, 어떤 부분이 인상적인지 질문한다. 잔잔한 음

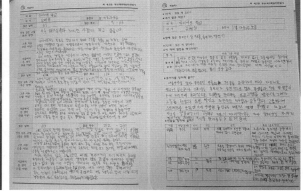

악을 틀어놓으면 내가 떠드는 소리가 묻혀 머쓱하지 않다.

　10분 정도 남겨두고 학생들은 일지를 작성한다. 처음엔 인상 깊은 구절과 그것을 고른 이유, 지금까지 읽으면서 든 생각 정도를 적게 했는데, 작성한 후 이야기를 나누게 하려니 질문이 좋겠다는 생각이 들어 조금 양식을 바꾸었다.표❶ 학생들은 7분 정도 일지를 작성하고, 3분 정도 친구들과 읽은 부분에 관해 인상적인 장면을 중심으로 이야기를 나눈다. 3차시 정도 온전히 읽을 시간을 주는데, 속도가 느린 친구들에게

[표❶] 독서 일지

읽은 날짜		읽은 쪽수	~
인상 깊은 구절이나 장면 + 이유 (4줄 이상)			
읽은 부분에 대한 느낌, 생각 (3줄 이상)			
궁금하거나 중요한 질문			
오늘의 해시태그			
다음 내용 예측			

는 특별히 수업시간에 국어교과실로 좀 더 일찍 오라고 청하거나 잠깐 남게 해서 3~4분 정도 더 읽게 한다(오늘, 70쪽까지는 읽고 가자). 그보다 더 느린 경우는 점심시간을 이용하게 하거나, 명단을 적은 후 책을 빌려주고 다음 날 아침에 가져오게 한다(맞다, 솔직히 꽤 귀찮은 일이다).

그다음 시간에 책을 다 읽은 친구들은 학습지를 작성하면서 주요 내용을 파악한다. 아직 다 못 읽은 친구들은 읽을 시간을 더 준다. 시간이 넉넉하다면 모둠이 의논하여 줄거리 파악을 위해 줄거리 프로파일을 만들거나,표❷ 주인공의 감정 곡선을 그리는 활동을 할 수 있다.표❸ 이 시간이 끝나기 직전에 선배들이 만들었던 책 예고편 영상 예시 자료를 유형별로 1~2개 보여준다.

작품의 줄거리에 갈등과 인물의 성장이 잘 드러나 있지만, 모둠별로 돌면서 간단하게 성취기준에 해당하는 이 부분을 제대로 파악하고 있는지 확인한다. 2학기에 한 번 더 소설 수업을 계획하고 있어서 문학 성취기준 달성보다는 한 권을 온전히 읽는 데 더 초점을 두어 진행했다.

[표❷] 줄거리 프로파일

1		6		11	
2		7		12	
3		8		13	
4		9		14	
5		10		15	

와우! 흥미진진 재미있음 잔잔함	
	1 2 3 4 5 6 7 8 9 10 11 12 13 14 15

1		5		9	
2		6		10	
3		7		11	
4		8		12	

좋음	5												
	3												
	1												
		1	2	3	4	5	6	7	8	9	10	11	12
	−1												
	−3												
나쁨	−5												

③ 영상 계획하기와 만들기

본격적으로 책 예고편 영상 만들기를 위해 다양한 책 영상의 형식을 설명하고 예시를 보여준다. 매체와 관련된 쓰기 성취기준을 달성해야 하는 부분이므로, 모둠에서 읽은 책 내용 중 어디에 초점을 두어 어떤 방식으로 표현할지 토의한다. 형식 면에서, 내용 면에서 어떻게 만들지 결정했으면 이야기판(스토리보드)을 짠다.

어떤 예시를 보여주는지에 따라 학생들이 자극받는 측면이 다르다. 허를 찌르는 기발함이 매력인 작품을 보여주면 그런 동영상이 나오고, 교육방송 〈지식채널e〉처럼 접근한 작품을 보여주면 비슷한 동영상이 나온다. 학생에 따라 교사가 제시한 예시를 뛰어넘는 놀라운 경우가 나오기도 하지만, 대부분은 교사의 예시를 인풋으로 자신들의 아웃풋을 만들어낸다. 뒤에 나오는 예시도 대한민국 청소년의 다이어트 시도율에서부터 이야기를 풀어가는데, 전해의 학생들이 『키싱 마이 라이프』(이옥수, 비룡소)를 보여주며 대한민국 낙태율을 먼저 제시한 영상을 본뜬 것이다. 장면 6처럼 한 화면 가득히 '그러나'가 나오며 음악이 바뀌어 전환되는 경우도 이미 다양한 예시를 보지 못했다면 나오기 힘든 장면일 것이다. 창의적인 발상은 맨땅에서 나오는 것이 아니다. 다양한 인풋이 있고 그것을 새롭게 배열하여 자신만의 아웃풋으로 만들면 창의적인 작품이 된다.

이야기판이 다 완성되면 교사의 피드백을 듣는다. 통과된 모둠은 역할 분담을 한 후(사진 자료를 누가 찾고, 촬영은 누가 하고, 음악은 누가 담당하고, 편집은 누가 할 것인지) 영상 제작 단계로 들어간다. 역할 분담을 할 때는 자기 역할이 분명히 있지만 자기 것만 달랑 다 한다고 놀지 말고, 끝까지 공동의 목표를 향해 협력하자고 다짐해두어야 한다. 1/n이 대세여서 그런지 학생들은 협력도 1/n로 나누어 그걸 합치는 것으로 생각한다. 공동 작업으로 얻는 시너지는 1/n을 넘어서야만 가능하다고, 그런 맛을 제대로 한번 느껴보자고 살살 달래야 한다.

학생들은 학교 곳곳에서 작업한다. 사진을 찾아 이어 붙여야 하면 컴퓨터실에서 자료를 찾고, 그림을 그려야겠으면 미술실이나 학생회실을 찾는다. 촬영할 때는 빈 교실이나 교정을 이용한다. 다른 반 수업에 방해가 되면 안 된다고 신신당부하고 모둠별로 흩뜨린다. 자료검색과 촬영, 편집을 위해 핸드폰을 들려주는데, 교사는 학생들과 카톡으로 연락하며 학교 곳곳에 있는 학생들을 찾아다닌다.

구석에서 노는 학생은 어떻게 하느냐고? 솔직히 뾰족한 해결책이 있는 것은 아니다. 촬영 나가기 전에 안전과 예절 당부를 하면서 채점기준표에 있는 모둠활동 참여도 평가를 다시 한번 보게 한다.

"오늘 모둠활동은 진짜 중요한데, 시작하기 전에 한번 살펴볼까? 오

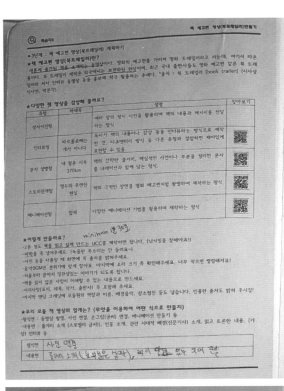
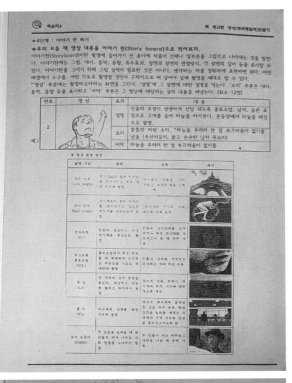
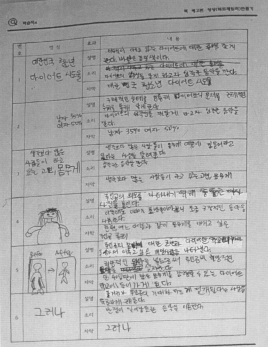
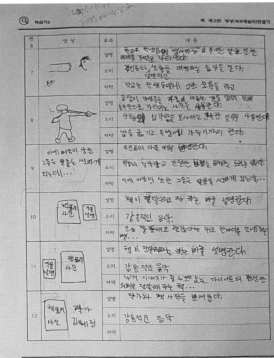

예시 영상보기와 영상 계획

늘의 나는 어디에 속할까? 모둠 기여도에서 '잘함'일 거 같은 사람, 손들어볼래? 적극적으로 참여할 사람들인 거지? 아니면 보통? 모둠에 이바지했다가 안 했다가 하고, 친구가 뭐라 하면 참여하고 해야 할 것만 하겠다 하는 사람? 그것도 아니고 나 놀겠다고 하는 사람? 이따가 끝나고 나서 지금 자기 예상과 같았는지 얼마나 달라졌는지 확인해볼까?"

이렇게 말한다고 모든 학생이 다 열심히 참여한다면 그건 거짓말이겠다. 하지만 전혀 언급하지 않는 것보다는 좀 낫지 않을까? 혼자 위안 삼아본다.

편집 날에는 이어폰, USB, 핸드폰, 연결 잭을 챙겨오라고 한다. 너무 길면 지루하므로 1분 30초에서 2분 정도로 시간도 제한한다. 모둠당 컴퓨터를 2대씩 쓸 수 있게 해서(자료를 찾아야 하는데 데이터가 없다고 애걸하면 한 대 더 쓰게 한다) 학생들이 의논하면서 함께 편집하도록 유도한다. 핸드폰 앱으로 편집하는 모둠도 있고, 정보 수업시간에 배운 프로그램으로 편집하는 모둠도 있다. 학교 컴퓨터가 느려서 마음에 들지 않는다며(사진의 오른쪽 학생처럼), 노트북이나 와콤(그림 그리는 패드)을 들고 오기도 한다.

영상 촬영과 편집

④ 책 예고편 영상 페스티벌 준비하기

'작가와의 만남' 행사를 시작하기 전에 몇 가지 준비가 필요하다. 미리 학부모들께 초대 문자를 보내고, 책 예고편 영상 페스티벌 리플릿을 만들어 학부모님들을 위해 백지에 컬러로 50부쯤, 학생들을 위해 A4 색지에 흑백으로 학생 수만큼 출력한다. 리플릿을 만들 때 가장 중요하게 생각하는 점은 모든 학생의 이름이 빠짐없이 들어가야 한다는 것이다. '내가 직접 참여하고 준비하는 행사'라는 기분이 확실하게 들게 한다. 전날 강당에서 마이크와 프로젝션을 확인하고, 의자를 배치하고, A4 색지로 제목을 한 글자씩 출력해 붙인다. 이젤 패드나 전지에 상영 후 진행할 스티커 투표판을 만들고, 스티커도 준비한다. 학년 전체가 함께 진행하는 행사이므로 뒷반 국어 선생님뿐 아니라 1학년 담임 선생님들께도 이모저모 부탁을 드린다.

당일은 아침부터 바쁘다. 더 잘 만들어보겠다고 새롭게 영상을 바꿔온 학생들 때문에 정신없다. 보통은 미리 파일을 받지만, 꼭 직전에 업그레이드하는 통에 되네, 안 되네 씨름해야 하는 일이 생기기 때문이다. 만약 영상이 작동하지 않으면 강당에 올라가 말하기로 책 소개를 해야 한다고 말했더니, 제출도 안 하고 있다가 파일마저 날린 학생들은 아침에 와서 말하기로 하겠단다. 해마다 전교에서 꼭 한 모둠은 이런 모둠이 나온다.

강당에 모인 후, 학생들이 사회를 보면서 책 예고편 영상을 감상한다. 영상을 틀기 전에 모둠원이 나와서 인사하고 소감을 간단히 한마디씩 한다. 그냥 소감을 말하면 다 비슷한 말을 반복하기에, '남들이 하지 않을 것 같은' 책에 관한 20~30자 평이나 소감을 말하라고 한다. 인기 많은 영상은 친구들의 얼굴이 직접 나온 것이다. 기발한 작품이 나오면 탄성을 지르기도 한다. 상영이 끝나면 강당을 나가면서 스티커 투표. 자

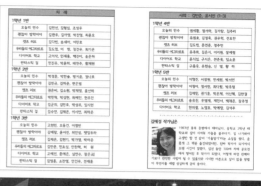

책 예고편 영상 페스티벌

기 반 작품들을 제외하고 3개씩 스티커를 붙인다. 스티커를 많이 받은
작품은 문화상품권을 선물하겠다고 미리 공지했다.

　3~4교시에는 초대한 작가의 이야기를 듣는다. 사인받고 싶고, 작가
를 직접 만나고 싶은 학생은 도서실에서 강연을 듣고, 다른 학생들은

교실에서 화면으로 작가를 만난다. 혹시 해서 작가가 하는 말을 간단하게 정리하여 적으라고 하지만, 전교생이 적어도 한 권 이상씩 작가의 책을 읽고 만나기 때문에 비교적 잘 듣는 편이다.

⑤ 평가하기와 기록하기

행사 다음 날, 교실에서 다시 영상을 보면서 평가서를 작성한다. 반별로 감독상, 주연상, 음악상 등도 뽑는다. 강당에서 이미 한 번 보았지만, 그때는 분위기에 휩쓸려 정확하게 판단하기 힘든 면이 있다. 교실에서는 채점기준을 보며 모둠에서 의논하여 꼼꼼하게 평가한다. 그제야 이렇게 만들 걸, 저렇게 만들 걸, 후회하는 소리가 들린다. 시간이 더 넉넉했다면 중간상연회를 한 번 하고 교사와 다른 친구들의 피드백을 참고하여 수정했을 테지만(당연히 작품의 질이 훨씬 높아졌을 것이다) 행사 날짜가 정해져 있었기에 그렇게 진행하지 못했다.

학생마다 자신의 채점기준표를 작성하고 자기 성찰 보고서를 쓴다. 모둠에서 모둠원에 대해 상호평가도 이루어진다. 생활기록부에 기록하기 위해서 5단계의 평어를 만들었고, 각자 개인의 특징을 반영하여 기

채점기준표와 상호평가

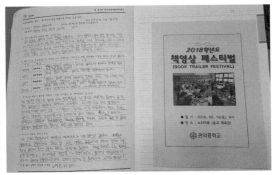

자기 평가 소감문

【 자기 성찰 평가서 】

• 우리 모둠이 만든 영상은 '다이어트 학교'에 관한 것이었다. 도입부에는 청중의 관심을 북돋우기 위해 다이어트에 관한 통계 자료를 제공했다. 본격적으로 줄거리 설명을 시작할 때는 긍정적인 내용이라서 비교적 밝은 음악을 넣었지만, 줄거리에 맞춰서 음악 분위기를 전환했다. 마지막에는 책이 전해주는 바를 감동적인 음악과 함께 전달했다.

처음엔 내 머리에 어떻게 만들지 구상이 되어 있었으나 친구들과의 논의 과정에서 의견 불일치가 많아서 조정하기가 힘들었다. 또 내 계획대로 마땅한 자료를 찾아내는 데 어려움이 많았다. 영상을 제출하기 전에 내가 맞춤법을 지적하는 과정에서 갈등이 일어났다. 그래도 무사히 제출했다. 이번 영상은 많은 갈등과 어려움을 겪으면서 우여곡절 끝에 완성되었지만, 그러한 과정 끝에 만들어진 것이라 더 뜻깊었던 것 같다. 앞으로 이런 기회가 있을 때는 다른 친구의 말을 경청하고 다른 사람 기분을 배려하면서 의견을 조정해가야겠다. 친구들의 영상은 생각보다 부실해서 조금 실망했지만, 우리 영상에서는 찾아볼 수 없는 창의적이고 기발한 수법이 있어서 유익했다. 다른 모둠에서 사용했던 기술들이 우리 영상에 적용되면 어떨까 하는 궁금증을 안고 유심히 감상하다보니, 내 관찰력과 적용력이 많이 향상된 것 같았다. 무엇보다도 다음에 영상을 만들 기회를 얻게 될 때 더 다양한 수법을 사용할 수 있어 좋은 경험이었다.

번호	평가항목		성취 수준
5	책 영상 만들기	A	책 영상 만들기에서 작품의 내용과 주제를 정확하게 파악하여 흐름이 자연스러운 영상을 제작하였으며, 영상 제작 시 창의적인 아이디어를 제시하고 조원들의 말을 경청하여 자신의 역할을 매우 성실하게 수행함.
		B	책 영상 만들기에서 작품의 내용과 주제를 파악하였고 이를 영상으로 만들었으며, 영상 제작 시 조원들의 말을 경청하고 자신의 역할을 성실하게 수행함.
		C	책 영상 만들기에서 작품의 내용은 파악하였으나 주제를 파악하는 데 어려움을 겪었고, 영상 제작 시 조원들의 독려에 자신의 역할을 수행함.
		D	책 영상 만들기에서 작품의 내용과 주제를 파악하는 데 어려움을 겪었고, 영상 제작 시 조원들의 말을 참고하거나 자신의 역할을 수행하는 데에 노력이 요구됨.
		E	책 영상 만들기에서 작품의 내용과 주제를 파악하는 데 어려움을 겪었고, 영상 제작 시 조원들의 말을 참고할 필요가 있으며, 자신의 역할을 수행하는 데에 성실성이 요구됨.

번호	성명	책 영상 만들기		
		제목	등급	평가
1	고○○	다이어트 학교	A	책 영상 만들기에서 김혜정의 『다이어트 학교』를 읽고 작품의 내용과 주제를 정확하게 파악하여 흐름이 자연스러운 영상을 제작하였으며, 영상 제작 시 창의적인 아이디어를 제시하고 조원들의 말을 경청하고, 리더십을 발휘하여 모둠을 이끌었고, 모둠원 자신의 역할을 매우 성실하게 수행함.
2	김○○	오늘의 민수	B	책 영상 만들기에서 김혜정의 『오늘의 민수』를 읽고 작품의 내용과 주제를 파악하여 이를 영상으로 만들 때 내용에 맞는 밑그림을 제작하였고, 영상 제작 시 조원들의 말을 경청하고 자신의 역할을 성실하게 수행함.
3	김○○	판타스틱 걸	C	책 영상 만들기에서 김혜정의 『판타스틱 걸』을 읽고 작품의 내용은 파악하였으나 주제를 파악하는 데 어려움을 겪었고, 영상 제작 시 조원들의 독려에 자신의 역할을 수행함.
4	김○○	레츠 러브	D	책 영상 만들기에서 김혜정의 『레츠 러브』를 읽고 작품의 내용과 주제를 파악하였으나, 영상 제작 시 조원들의 말을 참고하거나 자신의 역할을 수행하는 데에 노력이 요구됨.
5	민○○	다이어트 학교	E	책 영상 만들기에서 김혜정의 『다이어트 학교』를 읽고 작품의 내용과 주제를 파악하는 데 어려움을 겪었고, 영상 제작 시 조원들의 말을 참고할 필요가 있으며, 자신의 역할을 수행하는 데에 성실성이 요구됨.

생활기록부 기록

록했다. 중학교 과정 내내 학생들은 여러 과목에서 영상을 만든다. 국어 시간도 별반 다르지 않다. 성취기준에 영상 만들기, 좋은 매체로 표현하기도 있겠다. 이전까지는 그다지 고민하지 않고 즉흥적으로 혹은 재미로 영상을 만들어왔다. 어떻게 전달해야 효과적일까, 내가 선택하고 선택하지 않은 정보는 무엇일까, 더 깊게 파고들지 않았다. 어쩌다 감각 있게 잘 만든 영상을 만나면, 꼭 내가 잘 가르쳐서 잘 만든 것인 양 으쓱했다. 이번 수업에서도 그다지 나아지지 않았지만, 예전과 다른 점이 있다면 이젠 어렴풋이 내가 무엇을 제대로 못하고 있는지 깨달았다는 것이다. 실제로는 영상 제작 이전 과정이 더 중요하다. 생각하고, 분석하고, 판단하고, 선택하는 일. 앞으로는 그것을 더 깊게 가르쳐야겠다.

1단계 읽을 책 고르기

★내가 읽은 책은? 함께 읽은 친구는? (　　　　　　,　　　　　,　　　　　,　　　　　)

제 목	
작 가	출판사

읽은 날짜		읽은 쪽수	~
인상 깊은 구절이나 장면 + 이유 (4줄 이상)			
읽은 부분에 대한 느낌, 생각 (3줄 이상)			
궁금하거나 중요한 질문			
읽은 날짜		읽은 쪽수	~
인상 깊은 구절이나 장면 + 이유 (4줄 이상)			
읽은 부분에 대한 느낌, 생각 (3줄 이상)			
궁금하거나 중요한 질문			
읽은 날짜		읽은 쪽수	~
인상 깊은 구절이나 장면 + 이유 (4줄 이상)			
읽은 부분에 대한 느낌, 생각 (3줄 이상)			
궁금하거나 중요한 질문			

2단계 읽은 책 정리하기

★이 책에 별점을 매긴다면?

별점	이유 (3줄 이상)
☆ ☆ ☆ ☆ ☆	

★줄거리를 정리해볼까?(주인공의 결핍과 그걸 이겨내려는 노력이 인과관계에 맞게 드러나게)

_____

_____

_____

_____

_____

_____

★인물을 정리해볼까?

이름	역할(관계)	나이	직업	성격	특징(중요대사)

3단계 책 예고편 영상(북 트레일러) 계획하기

★책 예고편 영상(북 트레일러)이란?

새롭게 출간된 책을 소개하는 동영상이다. 영화의 예고편을 가리켜 영화 트레일러라고 하는데, 여기서 따온 용어다. 북 트레일러 제작은 외국에서는 보편화된 현상이며, 최근 국내 출판사들도 영화 예고편 같은 북 트레일러와 저자 인터뷰 동영상 등을 홍보에 적극 활용하는 추세다.

— 출처: 북 트레일러 [book trailer] (『시사상식사전』, 박문각)

★다양한 책 영상을 감상해볼까요?

유형	책 제목	설명	찾아보기
정지 사진형		여러 장의 정지 사진을 활용하여 책의 내용과 메시지를 전달하는 형식	
인터뷰형	『바르톨로메는 개가 아니다』	독자가 책의 내용이나 감상 등을 인터뷰하는 방식으로 제작한 것. 다큐멘터리 방식 등 다른 유형과 결합하면 재미있게 표현할 수 있음.	
문자 설명형	『내 청춘, 시속 370km』	책의 간략한 줄거리, 핵심적인 사건이나 부분을 정리한 문자를 나레이션과 함께 담는 형식.	
스토리전개형	『영두의 우연한 현실』	책의 극적인 장면을 영화 예고편처럼 촬영하여 제작하는 형식	
애니메이션형	『합체』	다양한 애니메이션 기법을 활용하여 제작하는 형식	

★어떻게 만들까요?

- 2분 정도 **책을 읽고 싶게 만드는** UCC를 제작하면 됩니다. (낚시질을 잘해야죠!)
- **자막**을 꼭 넣어주세요. (녹음한 목소리는 안 들려요~)
- 사진 등을 사용할 때 화면에 꼭 출처를 밝혀주세요.
- 음악 BGM은 분위기에 맞게 깔아요. 마지막에 소리 크기 꼭 확인해주세요. 너무 작으면 썰렁해져요!
- 처음부터 끝까지 일관성 있는 이야기가 되도록 합니다.
- 책을 읽지 않은 사람이 이해할 수 있는 내용으로 만드세요.
- 서지사항(표지, 제목, 작가, 출판사) 꼭 포함해주세요.
- 마지막 엔딩 크레딧에 모둠원의 역할과 이름, 배경음악, 장소협찬 등도 넣습니다. 인용한 출처도 밝혀주시길!

★우리 모둠 책 영상의 얼개는? (무엇을 이용하여 어떤 식으로 만들지)

- 형식 면: 동영상 촬영, 사진 연결, 손그림(글씨) 연결, 애니메이션 만들기 등
- 내용 면: 줄거리 소개(스포일러 금지!), 인물 소개, 관련 시대적 배경(신문기사) 소개, 읽고 토론한 내용, (가상) 인터뷰 등

형식 면	
내용 면	

4단계 이야기판 짜기

★ 우리 모둠 책 영상 내용을 이야기판(Story board)으로 적어보자.

이야기판이란 촬영에 들어가기 전 종이에 작품의 전체나 일부분을 그림으로 나타내는 것을 말한다. 이야기판에는 그림, 대사, 음악, 음향, 특수효과, 장면과 장면의 연결방식, 각 장면의 길이 등을 표시할 수 있다. 이야기판을 그리기 위해 그림 실력이 필요한 것은 아니다. 생각하는 바를 정확하게 표현하면 된다. 어떤 배경에서 누구를, 어떤 각도로 촬영할 것인지 구체적으로 써넣어야 실제 촬영을 제대로 할 수 있다.

* '영상' 부분에는 촬영하고자 하는 화면을 그린다. '설명'에 그 장면에 대한 설명을 적는다. '소리' 부분은 대사, 음악, 음향 등을 표시하고 '자막' 부분은 그 영상에 해당하는 글의 내용을 써넣는다. (최소 12컷)

예)

번호	영상	효과	내용
2		설명	인물의 표정이 생생하게 전달되도록 클로즈업. 남자, 슬픈 표정으로 고개를 들어 하늘을 바라본다. 운동장에서 하늘을 배경으로 촬영.
		소리	쓸쓸한 바람 소리. "하늘을 우러러 한 점 부끄러움이 없기를" 낭송 (속삭이듯이, 맑고 순수한 남자 목소리)
		자막	하늘을 우러러 한 점 부끄러움이 없기를

◉ 영상 촬영 기법

촬영 기법	방법	효과	예시
로우 앵글 (Low-Angle)	피사체보다 밑에 카메라를 위치시키고 위로 향해 피사체 촬영	피사체의 우월성, 권위, 위압감, 웅장함 등을 표현	
하이 앵글 (High-Angle)	피사체보다 위에 카메라를 위치시키고 밑으로 피사체를 내려다보며 촬영	피사체의 무기력, 소외, 왜소함 등을 표현	
클로즈업 (CU)	인물의 얼굴이나 특정 피사체를 중심으로 촬영	인물의 심리상태를 보여주거나 특정 피사체를 강조하고자 할 때 자주 사용	
익스트림 클로즈업 (ECU)	클로즈업에서 특정 부위를 더 확대하여 포착해 한 부분만을 극도로 확대하여 촬영	인물의 심리를 극적으로 묘사하는 데에 주로 이용	
롱 샷 (LS)	먼 거리의 경치 촬영을 말한다. 대상에서 상당히 떨어진 위치에서 촬영	장소의 상황, 분위기, 피사체의 위치, 시간에 관한 정보를 제공	
풀 샷 (FS)	피사체 전체를 화면에 가득히 촬영	배경과 피사체의 움직임 등 상호 위치 관계, 방향 감각을 알려줌. 배경과 피사체가 거의 비슷한 관심을 불러일으키도록 함.	
오버 숄더 샷 (OSS)	두 인물을 보여줄 때 한 인물의 어깨너머로 다른 인물을 보여주는 방법	두 인물이 서로 마주 보고 대화를 나눌 때 흔히 사용	

* 전국국어교사모임 '물꼬방' 선생님들의 자료에서 빌려왔습니다.

번호	영상	효과	내용
1		설명	
		소리	
		자막	
2		설명	
		소리	
		자막	
3		설명	
		소리	
		자막	
4		설명	
		소리	
		자막	
5		설명	
		소리	
		자막	
6		설명	
		소리	
		자막	

번호	영상	효과		내용
7		설명		
		소리		
		자막		
8		설명		
		소리		
		자막		
9		설명		
		소리		
		자막		
10		설명		
		소리		
		자막		
11		설명		
		소리		
		자막		
12		설명		
		소리		
		자막		

5단계 책 예고편 영상(북 트레일러) 제작하기

★우리 모둠 역할 분담

배경음악 찾기, 관련 이미지/자료/동영상 찾기, 그림 그리기, 촬영, 편집 등 역할을 나눠봅니다.

이름	역할
	모둠장, 최종파일을 선생님께 제출

★기본적인 영상 촬영 기법 (출처 : 의왕부곡중학교 최용훈 선생님 자료)

화면 분할	수직 혹은 수평으로 화면을 나누어 내용은 다르면서도 시공 간적인 연관성을 갖는 부분들을 한 화면에 보여주는 효과	
미니어처 효과 (틸트&시프트)	Tilt-Shift 렌즈를 사용하여 사물을 장난감처럼 표현하는 기법으로, 포토샵이나 스마트폰 어플을 다운받아 효과를 줄 수 있다.	
타임랩스& 하이퍼랩스	촬영한 영상을 정상 속도보다 빠르게 돌려서 보여주는 특수 영상기법	
스톱모션	정지하고 있는 물체를 1프레임마다 조금씩 이동하여, 카메라로 촬영하여 움직이고 있는 것처럼 보여주는 촬영기법	
립덥	립싱크와 더빙을 합쳐서 만든 조어로서 노래를 립싱크처럼 부르고 영상을 촬영한 후 오디오 부분은 원곡을 삽입하여 만든 영상	
리버스	필름을 되감는 것으로, 거꾸로 회전시키면서 촬영하는 기법	립덥-리버스 조합영상
슬로모션	촬영한 영상을 실제보다 느리게 재생하는 기법. 고속촬영하여 평소보다 초당 프레임 수를 많게 촬영한다.	
모핑기법	화상을 서서히 변화시켜 하나의 형체가 전혀 다른 이미지로 변화하는 기법	

★영상 제작하기

학교 곳곳에서 필요한 작업을 합니다. (그림 그리기, 동영상 촬영, 사진 찾기 등)

★컴퓨터실에서 편집하기

준비물: 핸드폰, 이어폰, USB, 핸드폰 연결 잭

무비 메이커, 파워 디렉터 등 동영상 제작 프로그램을 이용하여 만들어봅시다.

6단계 **개인 평가** 우리 모둠이 만든 영상을 보고 자신의 활동을 평가해봅시다.

1) 영상 만들기 평가

항목	잘함	보통	미흡
작품을 제대로 이해했는가	작품의 내용과 주제를 명확하게 파악하였고 필요한 자료를 다양하게 찾아 참고하였다.	작품의 내용과 주제를 파악하였고 관련 자료를 참고하였다.	작품의 내용과 주제를 파악하는 데 미진한 점이 있으며 관련 자료를 찾지 않았다.
독자를 고려하여 표현하였는가	내용 전개가 흥미진진하여 독자로 하여금 책을 읽고 싶게끔 하였다.	내용 전개가 자연스럽고 책에 관한 관심을 갖게 하였다.	내용 전개가 자연스럽지 않아 책에 관한 흥미를 끌지 못했다.
매체를 고려하여 표현하였는가	창의적인 해석을 바탕으로, 매체의 특성을 고려하여 내용과 형식을 두루 세련되게 표현하였다.	작품 해석을 매체의 특성을 고려하여 내용과 형식을 매끄럽게 표현하였다.	매체의 특성을 특별히 고려하여 표현하지 않았다.

2) 모둠활동 참여도 평가

항목	잘함	보통	미흡
모둠 기여도	일관성 있게 적극적으로 토론에 기여하고 주어진 모든 과제를 적극적으로 수행했다.	모둠에 기여하는 바가 있지만 일관성이 없고, 다른 누군가 독려하는 경우 할당된 과제를 완수했다.	모둠에 기여하는 바가 없고 할당된 과제를 완수하지 못했다.
모둠원들과 협동	여러 가지 아이디어를 제시하고 말할 때와 들을 때 다른 친구들의 감정과 아이디어를 배려했다.	간혹 아이디어를 제시하고 때로 친구들의 말을 경청하거나 배려한다.	아이디어를 공유하지 않고 다른 친구들의 감정과 아이디어를 배려하지 않는다.

7단계 **모둠별 평가** 다른 모둠이 만든 영상을 함께 보고 평가해봅시다.

★평가기준
- 작품의 내용을 명확하게 이해했는가 (4점)
- 독자를 고려하여 책을 읽고 싶게끔 표현하는가 (3점)
- 매체의 특성을 고려하여 창의적으로 표현하였는가 (3점)

★모둠별 평가

책 제목/모둠원	잘한 점 (눈에 띄는 점)	부족한 점 (보완해야 할 점)	시상 후보	점수	등수
			감독/편집상 □ 남우주연상 □ 여우주연상 □ 남우조연상 □ 여우조연상 □ 음악상 □ 의상소품상 □	/10	
			감독/편집상 □ 남우주연상 □ 여우주연상 □ 남우조연상 □ 여우조연상 □ 음악상 □ 의상소품상 □	/10	
			감독/편집상 □ 남우주연상 □ 여우주연상 □ 남우조연상 □ 여우조연상 □ 음악상 □ 의상소품상 □	/10	
			감독/편집상 □ 남우주연상 □ 여우주연상 □ 남우조연상 □ 여우조연상 □ 음악상 □ 의상소품상 □	/10	
			감독/편집상 □ 남우주연상 □ 여우주연상 □ 남우조연상 □ 여우조연상 □ 음악상 □ 의상소품상 □	/10	

*다른 모둠활동지를 읽고 평가기준에 맞추어 채점 후 등수를 매깁니다. 모둠 평가 점수는 등위의 합으로 매깁니다. (여기에 모둠 내 기여도에 따라 개인 점수를 감합니다)

★우리 반 시상식 & 수상 소감 발표

◆감독/편집상: ◆남우주연상: ◆여우주연상:
◆남우조연상: ◆여우조연상: ◆음악상:
◆의상소품상: ◆   ◆

8단계 **모둠활동 상호평가** **다른 모둠원들의 활동을 평가해봅시다.**

평가 내용	준비성			개방성			협동성			
평가기준	모둠활동에서 완성도를 높이기 위해 자료를 준비하는 등의 노력을 하였는가			참신한 아이디어를 다양하게 제시하고 모둠원의 의견을 경청하였는가			전반적인 모둠활동에 적극적으로 참여하고 협동하였는가			
평가 모둠원	상	중	하	상	중	하	상	중	하	총점
	3	2	1	3	2	1	3	2	1	
	3	2	1	3	2	1	3	2	1	
	3	2	1	3	2	1	3	2	1	

9단계 개인 평가 책 예고편 영상 만들기를 마치고 소감 쓰기

1학년   반   번 이름: _____

1. 우리는 (   )(으)로 책 예고편 영상을 만들었습니다.
    모둠원은 (   )입니다.

2. 우리 모둠 영상 내용에 관한 간단한 설명

_____

_____

_____

_____

3. 내가 한 일, 모둠원들이 한 일(2줄 이상 자세하게 구체적으로 진행 과정에서 무엇을 얼마나 열심히 했는지)

이름	별점	이유
	☆☆☆☆☆	
	☆☆☆☆☆	
	☆☆☆☆☆	
	☆☆☆☆☆	

4. 책 예고편 영상 만들기를 하면서 느낀 점 (어려웠던 점, 재미있던 점 등등)

_____

_____

_____

_____

_____

5. 친구들의 영상을 보며 느낀 점

_____

_____

_____

_____

＊빈 줄 없이 성의껏 작성해주세요.

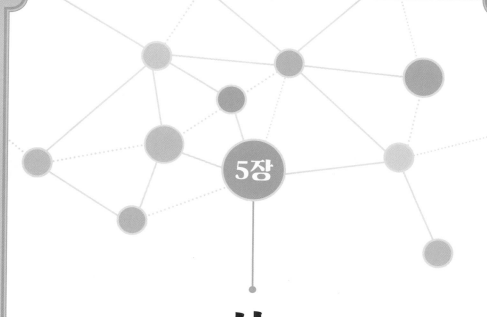

5장

시,
너를 알고 싶다

국어 수업의 꽃은 문학이다. 남들이 뭐라든 그렇다고 믿는데, 이것만큼 어려운 것도 없다. 시를 시 자체로, 소설을 소설 자체로 느끼고 감상하는 수업은 절대 쉽지 않다. 학교 교육에서 문학 작품을 배울 때 세밀하게 분석하고 맞는 답을 찾는 일들이라 그런지, 시 한 편 읽으며 '아, 좋다'라고 감탄하게끔 수업을 한다는 게 쉽지 않았다. 어떻게 가르쳐야 작품의 맛을 느낄 수 있을까. 우선 시의 경우 한 편을 이리저리 재기보다는 다양한 시를 많이 읽어보게 하고 싶었다. 시집을 읽어보는 경험, 시집이 마음에 들어오는 경험을 해보게 하고 싶었다. 편하게 쭉쭉 읽어가다보면 어느 한 편에 마음이 꽂히기도 하지 않을까.

또 하나는 작품을 통으로 읽고 오롯이 혼자 해석하고 감상하게 해봐야겠다고 생각했다. 어떤 사람의 개입도 없는 상태에서 스스로 이해하고 느끼게 하는 일이 필요했다. 먼저 생각을 정리한 후 친구들의 이야기를 들어보아야 생각의 확장을 경험할 수 있을 것이다. 미처 생각하지 못한 부분을 짚는 감상을 들으면 시도, 친구도 새삼 다르게 보이지 않을까. 그런 후에 반드시 고급 독자인 교사도 감상에 한마디 보태주어야 한다. 같은 작품을 보고도 어떻게 결을 달리하여 깊게 바라볼 수 있는지 학생들이 느껴보는 일도 필요하다.

작품을 온전히 작품으로 그 맛을 느낄 수 있게 접근하는 것과 별개로, 문학의 이론적인 면은 확실하게 가르쳐야 한다. 작품을 감상하는 또 다른 틀을 제공해주니까. 잘 쓴 작품이구나, 하고 느꼈을 때 그 이유를 설명할 수 있게 되니까. 이것보다 저것이 더 낫다고 생각할 때 그 기준을 잡아주기도 하니까. 그렇다면 문학의 이론적인 면을 교사가 확실하게 짚어줘야 하는 과제도 등장한다. 이번 성취기준은 비유와 상징이다. 어떻게 가르칠까? 학습지를 만들어서 예시문 몇 개 넣어 설명하고, 빈 칸 넣기로 비유법을 적어넣게 할까? 그러면 그 개념을 학생들이 확실히 알고 혼자서도 제대로 적용할 수 있게 될까?

① 마인드맵으로 하는 읽기 수업

비유와 상징의 이론적인 면을 요약하고, 시에 적용하기 위해 모둠에서 토의하고 시에 드러난 비유와 상징을 찾는 프로젝트여서 관련 성취기준을 다음과 같이 잡았다.

> [9국02-03] 읽기 목적이나 글의 특성을 고려하여 글 내용을 요약한다.
> [9국01-04] 토의에서 의견을 교환하여 합리적으로 문제를 해결한다.
> [9국01-10] 내용의 타당성을 판단하며 듣는다.
> [9국05-02] 비유와 상징의 표현 효과를 바탕으로 작품을 수용하고 생산한다.

학습의 기본은 읽기에서 온다. 사람은 주변 사람들로부터 이야기를 들으면서도 배우지만, 텍스트를 읽으면서 깊은 배움을 얻는다. 스스로 읽고 이해하려고 해야 비로소 알게 된다. 아라이 노리코 교수는 『대학에 가는 AI vs 교과서를 못 읽는 아이들』(해냄)을 통해 학생들의 미래를 위해서라도 읽기가 무척이나 중요하다고 강조했지만 그렇게 거창한 이야기는 잠시 접어두고, 단지 무언가 기억을 제대로 하기 위해서라도 맥락을 이해하는 읽기는 꼭 필요하다. 그런데 이 책의 제목에서도 말하다시피 학생들은 교과서도 못 읽는다. 교사의 설명 등을 들어서 배우는 것에 너무 익숙한 나머지, 읽어서 배우는 연습이 되어 있지 않다. 교과서가 활동중심형으로 바뀌면서 빈칸을 채우고 문제를 풀 수는 있게 되었지만, 개념에 관한 자세한 설명은 나와 있지 않다. 비유와 상징에 관한 설명은 매우 간단히 적혀 있다. 나머지는 교사가 쉽게 풀어서 설명하면 된다. 그런데 이것이 제대로 된 학습일까?

학생들에게 오래전부터 마인드맵을 가르치기 시작했다. 이유는 단순했다. 학생들이 텍스트를 읽고 중요한 내용을 판단하여 요약하고, 그것을 기억하면 좋겠다는 생각이었다. 아주 당연해 보이는데도 학생들은 문장의 뜻도 제대로 파악하기 힘들어했다. 어느 순간에서부터인가 학기 초반에 마인드맵을 위한 학습지를 따로 만들어 내용 요약을 하는 마인드맵을 가르쳤고, 1년 내내 내용을 정리할 때면 마인드맵을 이용하게 했다.

우선 독일 심리학자 에빙하우스의 망각 곡선에서 시작한다. 인간은 자꾸 잊는다. 기억하는 양의 한계가 있기 때문이다. 사람들은 뇌의 작업 용량을 늘리기 위해, 단기 기억을 장기 기억으로 변화시키기 위해 노력해왔는데 그중 하나가 마인드맵이라고, 그걸 만든 토니 부잔의 이름까지 들먹여 설명을 이어간다.

뇌가 두 개로 나뉘어 있는 거 아니? 좌반구가 관장하는 것이 뭔지 아니? 시냅스라고 들어봤니? 오른쪽 뇌는 이미지, 운율, 색깔, 공간을 관장하는데 말이야, 좌뇌와 우뇌를 골고루 써야 기억에 더 좋거든. 그게 바로 마인드맵이야.

마인드맵을 그릴 때는 말이지, 몇 가지 규칙이 있어. 종이를 가로로 놓고 한가운데 핵심 이미지를 그리는 거야. 거기에서부터 중심 가지가 뻗어 나가지. 조심할 것은 유선형의 가지들이 연결되어 있어야 한다는 거야. 연결되어야 리듬감이 생기거든. 그래, 이게 바로 우뇌를 쓰는 거란다. 그 가지 위에서 핵심 단어를 써넣을 거야. 얼핏 보면 단어에 곡선의 밑줄을 그은 것처럼 보이지. 그러면 제대로 그린 거야. 세로 방향으로 쓰거나 뻗어 나갔다가 돌아오지는 마. 항상 방사형을 유지하라고. 그러려면 그릴 때 구조를 잘 생각해서 그려야 해.

여러 잔소리 폭탄을 날린 후 실제 문장을 가지고 연습을 한다(학습지 **4**의 **1** '바다 생물' 참조). 자, 전체적으로 후루룩 읽어볼까? 이 문단은 무엇에 관한 이야기니? 어, 맞아. 바다 생물. 그게 어디 나와 있지? 그래, 첫 줄에. 한가운데에 바다 생물이라고 했을 때 떠오르는 이미지를 그려볼래? 너무 크지 않게 2~3센티 정도 되게. 좋아, 잘했어. 다시 한번 문단을 죽 읽어볼까? 바다 생물에 관해 크게 몇 가지 이야기를 하고 있지? 어, 그래. 2가지. 좋아. 그러면 그렸던 이미지에서 두 개의 굵은 가지를 그려볼까? 여기에 제목을 붙여보자. 뭐랑 뭐에 관해 이야기하고 있을까? 어, 그래. 해양 식물과 해양 동물. 잘 찾는데! 그럼 이제 본격적으로 마인드맵을 그려볼 거야.

첫 번째 문장부터 읽어볼까? 여기에서 이게 마인드맵 가지에 들어가겠다 싶은 단어에 동그라미를 쳐볼래? 밑줄을 그어도 돼. 좋아. 자, 해양 식물에는 무엇 무엇이 있다고 쓰여 있네. 제목을 붙여볼까? 뭐라고 할 수 있을까? 해양 식물의 무엇. 자, 이걸 뭐라고 해야 할까? 그래, 종류. 좋다. 종류라고 하자. 자, 그럼, 종류는 가지가 몇 개로 나뉠까? 두 개? 세 개? 네 개? 왜 두 개지? 왜 세 개야? 네 개라고 한 사람은 어떻게 나눈 거지?

이렇게 한 문단을 쪼개가며 함께 마인드맵을 그린다. 그렸다고 끝이 아니다. 마인드맵의 핵심은 다 그리고나서 마인드맵을 '읽을' 수 있어야 한다는 거다. 마인드맵은 회상을 위한 도구이기 때문에 읽을 수 없는 마인드맵은 필요 없다. 학생들에게 마인드맵 읽는 법을 가르쳐준다. 낱말을 붙여서 읽으려면 낱말만으로는 나타내기 힘들어 간략한 기호나 약어(->, =, ∴, by, for)를 적극적으로 쓰라고 말해준다.

두 번째 예문부터는 교사의 시범이 줄어든다. 크게 가지를 나누고, 가지의 제목을 붙이는 건 함께하지만 작은 가지는 각자 그린다. 제대로 했는지 확인하기 위해 학생들을 지목해서 칠판에 나와 그려보라고 한다. 제대로 못 그렸으면 다른 사람을 불러 수정해보라고 한다. 그러고는 또 몇 명을 지목해 칠판의 마인드맵을 읽게 한다. 몇 번 하면 학생들은 예문의 내용을 확실히 머릿속에 집어넣게 된다. 세 번째 예문은 더 길다. 이제는 교사가 거의 간섭하지 않고 같은 과정을 반복한다. 마지막에 칠판에 그리고, 학생들이 고치고, 또 읽게 하면 학생들이 자신의 마인드맵을 수정하다가 결국 짜증을 낸다. 그럴 땐 웃으며 이야기한다. "자, 옆에 깔끔하게 다시 그려보자."

한 학생이 마인드맵 과정에서 쓴 배움 진행표다.

6/21 • 목표 : 오늘 시작할 프로젝트의 목표를 잘 알아 재미있게 열심히 시작한다.

   • 배우고 느낀 점 : 마인드맵의 의의와 하는 이유를 정확하게 알게 되어 좋았다. 앞으로 마인드맵을 방법에 맞게 써야겠다.

6/22 • 목표 : 마인드맵 설명을 잘 듣고 직접 주제에 맞게 그려본다.

   • 배우고 느낀 점 : 마인드맵 그리는 설명을 들으면서 그동안 잘못 사용했던 방법을 고칠 수 있었다. 직접 그려보면서 더 쉽게 내용을 이해하고 기억할 수 있었다. 앞으로 복습할 때 이 방법을 활용해야겠다.

6/26 • 목표 : 지난 시간에 이어 마인드맵을 더 잘 연습한다.

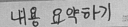

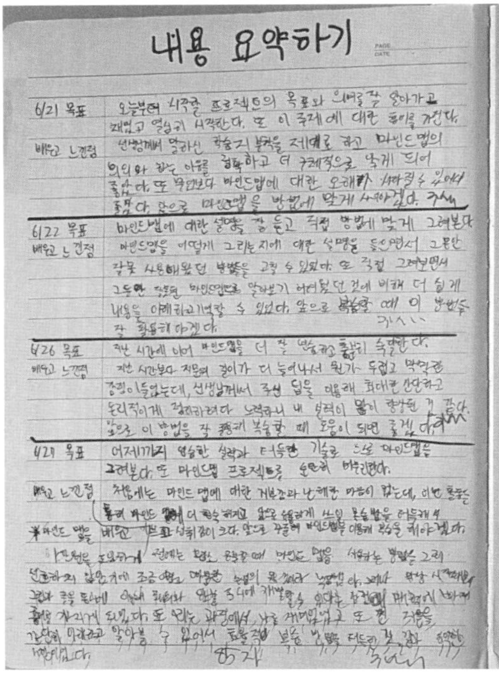

내용 요약하기

6/21 목표	오부분의 시작권 프로젝트의 목표와 의미를 잡 돌아가고 재밌고 열심히 시작한다. 또 이 주제에 대해 돌이볼 것이다.
배운 느낀점	선생님께 달려간 활동지 분량을 제대로 하고 마인드맵의 의의와 참된 아름 훌륭하고 더 계획적으로 낙게 되어 좋았다. 또 부엌에다 마인드맵에 대한 오래타 써킬 수 있어 좋았다. 앞으로 마인드맵을 방법이 닥게 시작했겠다. 가 ~~
6/22 목표	마인드맵에 대한 설명을 듣고 직접 방법에 맞게 그려본다.
배운 느낀점	마인드맵을 어떻게 그리는지에 대해 설명을 들으면서 그런 것도 신통해됐던 부분을 고칠 수 있었다. 또 직접 그려보면서 그동안 깜빡 잊어버렸던 것에 대해 더 돌게 내용을 이해하기억할 수 있었다. 앞으로 열심히 할 때 이 분야도 잘 활용하게 된다.
6/26 목표	짧은 시간에 나의 마인드맵을 더 돌 멋지게 완성 완성한다.
배운 느낀점	짧은 시간동안 작업의 종이가 더 늘어나서 뭔가 드럽고 막막한 중점이돌았는데, 선생님께서 조언 덕분에 조대로 한강하고 원칙적에 정리하려다 노력과 내 열심이 돌게 필요한 것 같았다. 이 방법을 잘 꺼져 복습할 때 도움이 되겠다.
6/27 목표	여기까지 열심히 완성한 실력과 더불어 기술 으로 마인드맵을 그려본다. 또 마인드맵 프로젝트를 돌아다 마무리한다.
배운 느낀점	처음에는 마인드맵에 대한 거부감과 낯설어한 마음이 있는데, 이걸 돌아다... (이하 판독 불가)

엇나가기 합기적을 돌이

1. 마인드맵을 왜 그리나요?

1) 두뇌에 대하여

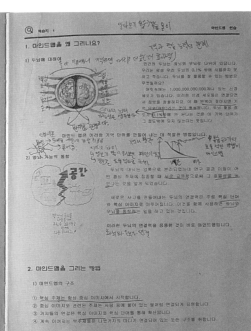

우리의 두뇌는 좌우의 두 개의 뇌로 나뉘어 있습니다. 우리는 평상시 두뇌의 0.1% 밖에 사용하지 못하고 있습니다. 두뇌를 잘 활용할 수 있는 방법은 무엇일까요?

마인드맵은 1,000,000,000,000개나 있는 신경 세포로 이루어져 있습니다. 이러한 신경 세포들이 연결되어서 정보를 전달하는... 이 두 번씩이 활성화되는 것입니다. 우리 두뇌를 적절히 사용하면...

마인드맵은 이러한 기억 단위를 연결해 내는 데 적절한 방법입니다.

2) 창의적 지능의 통합

두뇌의 대뇌는 창의적으로 분류되었다는 연구 결과 이에 ... 좌우 뇌가 따로가 아니라 한쪽 뇌만 주로 사용되는 것을 알게 됩니다.

새로운 사고를 만들어내는 연결력은 주로 핵심 단어와 핵심 이미지로 이루어집니다. 이것을 통해 창의적으로 써내는 훈련을 하는 것입니다.

이러한 두뇌의 연결성을 응용한 것이 바로 마인드맵입니다.

2. 마인드맵을 그리는 방법

1) 마인드맵의 구조

① 핵심 주제는 항상 중심 이미지에서 시작합니다.
② 중심 이미지와 관련된 주제는 사방 중에 빼어 있는 물체로 연결되게 표현합니다.
③ 가지들의 연결은 핵심 이미지와 핵심 단어들을 통해 하는 구조입니다.
④ 계속 이어지는 부주제들은 나뭇가지의 마디에 연결되어 있는 듯한 구조를 취합니다.

---

2) 작성법과 그 규칙

① 종이를 가로로 길게 놓고 중심에서부터 시작해보세요.
② 생각하려는 주제에 대한 핵심 이미지를 가로 세로 2~3cm 정도 되게 색을 넣어 (컬러로) 그리세요.
③ 두뇌의 북이 중심의 오도록 유선형의 가지를 그립니다. (유선형을 가지로 시작해도 리듬을 살려주어 쉽게 해 준답니다.)
④ 이미지와 연결된 핵심 단어를 써 넣습니다. (단어의 길이=선의 길이)
   [핫 단계 가지에 써 넣을 열심해준 스물목에서 문단의 핵심와의 관계가 있습니다.]
⑤ 두 번째 단계 가지로 가는 선으로 표현합니다. 계속 꺾어지지 않게 이어집니다.
⑥ 이런 방식으로 가지를 계속 넣어 갑니다.

3. 마인드맵을 그릴 때 유의사항

유의점	좋아요	나빠요
1) 가지선에는 한 단어만 씁니다. 한 단어는 창조의 자유공간을 지닙니다.		
2) 가지선과 단어는 가로로 합니다. 세로로 쓴 단어는 읽기 불편합니다. 반드시 가지의 위에 단어를 써보요. 가지는 일정한 역할을 합니다.		
3) 가지는 유기적으로 연결합니다. 한 가지를 작은 가지로 모아서가는 것이 별도록 연결해야지, 떨어져서 쉽게 유기적으로 그려야 낳기에 적합니다.		
4) 가지를 뻗다가 핵심을 모을수 맞지 않습니다. 다른 중심에서 시작하면 됩니다. 그리고 다시 모아보지 마세요.		
5) 주요 가지는 색깔을 이용하여 구분합니다. 마인드맵은 어떤 핵심을의 요점입니다. 주요 가지로 단어는 이미지등을 사용 색색으로 씁니다.		

---

4. 다음 글을 읽고 마인드맵으로 그려 봅시다.

1

우리가 먹을 수 있는 ... 바다 생물에는 ... 동물 등의 ... 식물의 ... 등을 포함한 ... 동물의 ... 각종 ... 등을 포함할 수 ... 있다. 양장 식물을 ... 은 영양소를 함유하고 있어서 미래의 유망한 식량 자원이다. 해양 동물은 우수한 단백질과 지방분을 제공해 주는 훌륭한 식량 자원이다.

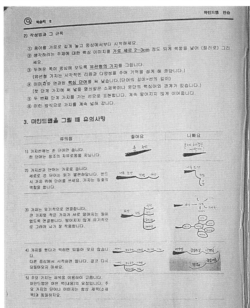

2

어떤 문제를 해결하기 위한 사고의 방법에는 두 가지가 있습니다. 그 중 하나는 어떤 문제에 대하여 한 가지 정답만을 요구하는 ... 수렴적 사고고, 나머지 하나는 한 문제에서 여러 가지 정답을 이끌어낼 수 있는 확산적 사고입니다. 수렴적 사고를 요구하는 문제는 단일한 최선의 정답만을 가지며 모든 정보는 ... 향해가고 있습니다. 반면에 확산적인 사고를 요구하는 문제는 단일한 최선의 정답을 찾을 수 없습니다. 이러한 문제들은 자료를 여러 가지 다른 방향으로 유도하는 경향을 가지고 있기 때문에 길포드라는 심리학자는 확산적 사고를 창의적 사고라고 하였습니다.

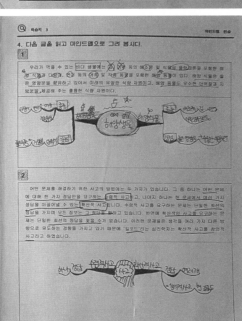

- 배우고 느낀 점 : 지난 시간보다 지문의 길이가 더 늘어나서 뭔가 두렵고 막막한 감정이 들었는데, 선생님께서 주신 팁을 활용해 최대한 간단하고 논리적으로 정리하다보니 내 실력이 향상된 것 같다.

6/27 • 목표 : 어제까지 연습한 실력으로 스스로 마인드맵을 그려본다.
- 배우고 느낀 점 : 처음에는 마인드맵이 지루하단 마음이 컸는데 이번 활동을 통해 마인드맵이 더 친숙해지고 앞으로 유용하게 쓰일 복습법을 터득해서 성취감이 크다.

마지막 단계는 2분 쓰기. '마인드맵을 배우고 나서'라는 주제로 학생들이 각자 쓴다. 본인이 마인드맵에 대해 어떻게 생각하는지 한번 정리해보는 단계다. 본격적으로 마인드맵을 그리기 전에 괜찮은 방법을 배웠다는 마음가짐을 장착해야 한다.

- 이걸 도입하기 전에는 평소 공부할 때 마인드맵을 사용하는 방법을 그리 선호하지 않았기에, 조금 어렵고 따분한 수업이 될 거라고 생각했다. 그러나 막상 시작해보니 그림과 글을 이용해 좌뇌와 우뇌를 동시에 계발한다는 장점과 매력에 빠져 흥미를 가지게 되었다. 또 그리는 과정에서 나름 재미있었고, 또 읽은 것을 간단히 이해하고 알아볼 수 있어서 효율적 복습 방법을 터득한 것 같아 유익한 시간이었다.

나와 마인드맵을 수업했던 학생들은 대학에 가서 공부할 때도 마인드맵을 이용한다며 자신이 만든 마인드맵을 보내오기도 했다. 요즈음엔 비주얼 씽킹에도 관심이 가는데 마인드맵이나 비주얼 씽킹이나 모두 시각적 요소를 활용하여 학습을 돕는 효율적인 도구이다.

② 비유와 상징 공부하기

먼저 2분 쓰기로 시작이다. 시를 왜 공부해야 할까? 각자 수업시간에 시를 배우는 이유에 관해 생각하고 학급 친구들과 그 이유를 나눈다.

- 시를 공부하는 이유는 많이 있다. 대표적인 것은 먼저 마음의 평안을 준다. 시는 매우 좋은 내용을 담고 있는 경우가 많다. 이런 내용을 읽다보면 자연스럽게 마음이 가라앉는 경우가 많다.
- 시를 공부하는 결정적인 이유는 마음에 안정을 주는 시를 읽는 방법을 터득하기 위해서다. 시는 우리의 문학적 소양을 길러줄 뿐 아니라 팍팍한 인생의 낙이 되어주기도 한다.

이러한 거창한 이유뿐 아니라 '연애편지를 잘 쓰기 위해서'라든지, '수능 시험을 잘 보기 위해서'라든지 하는 이야기도 나온다.

이어서 이번 수업을 통해 나는 무엇을 이루고 싶은지, '나의 목표'를 2분 동안 써보라고 한다.

- 이번 시 단원을 배우면서 내 목표는 시를 한 번 써보는 거다. 시에 관해 잘은 알지 못하지만 여러 가지 방법을 공부할 것 같으니 은유, 비유, 상징 같은 것을 자세히 배워서 시를 써보고 싶다.
- 여태껏 시를 별로 많이 읽지 않았는데, 이번 단원을 통해 시를 효과적으로 읽어나가는 방법을 터득해서 시를 생활화해야겠다. 문학적 소양, 창의력, 감수성이 성장하기 바란다.

본격적인 수업에 들어가기 전에 비유와 상징에 관한 설명이 잘 드러나 있는 텍스트를 골랐다. 『0교시 문학 시간』(이낭희, 휴머니스트)과 『중학생이 즐겨 찾는 개념 교과서』(이서영·강승임, 아주큰선물)에서 비유와 상징에 관한 설명을 골라 학습지로 만들었다. 교과서에 있는 개념 설명도 학습지에 넣었다. 학생들은 대략 훑으면서 중요하다고 생각하는 문장과 핵심어에 줄을 긋는다. 공책을 가로로 놓고 읽으면서 떠올랐던 이미지를 간략하게 한가운데에 그리게 한다.

자, 이미지에서 시작하는 굵은 중심 가지는 몇 개로 뻗어야 할까? 2개? 4개? 왜 그렇지? 직유, 은유, 의인을 비유로 묶을 수 있겠구나? 그럼 몇 개니? 좋아, 굵은 가지 두 개를 그려보자. 제목을 뭐라 붙이지? 그래, 비유와 상징. 어, 단원 제목이네. 우리 공책 위쪽에다 비유와 상징이라고 크게 써볼까?

이제 다시 한번 읽으면서 마인드맵을 그릴 거야. 두 번째 가지의 제목은 선생님이 붙여줄 테니까 그걸 찾으면서 읽어봐. 뜻, 효과, 특징, 종류야. 아마 너희가 밑줄 친 부분에 다 나와 있을 거야.

힌트 하나 줄게. 특징을 쓸 때는 원관념, 보조관념 이런 단어를 집어넣어서 적어봐.

하나만 더 힌트 줄게. 상징의 종류는 몇 개로 나눌 수 있을까? 학습지 비유와 상징 2 중간 아래에 있을 건데. 뭐라고 되어 있지? 따옴표까지 되어 있네. 전통적 상징과 창조적 상징. 좋아, 그럼 제목을 그렇게 붙여보자. 비유의 종류는 몇 개일까? 이건 좀 쉽지? 그래, 직유, 은유, 의인. 이 다섯 개는 가지를 다시 둘로 나누어, 뜻과 예, 이렇게 적어보자. 그러니까 직유법의 뜻을 쓰고 그 예를 찾아 쓰면 되겠지? 예는 하나만 쓰지 말고 나와 있는 것 다 써볼까?

학습지를 읽고 마인드맵을 한 번 그리면 수업은 끝난다. 다음 시간에는 학생들이 나와서 마인드맵을 그린다. 상징과 비유의 뜻, 효과, 특징, 종류를 나와서 그리라 하니 8명이 칠판에 복작복작 서 있다. 어느 정도 그린 후 다른 8명을 불러 앞에 그린 친구 마인드맵을 보충하라고 한다.

앞 친구가 잘 그렸다면 '제 거랑 똑같은데요'라는 반응이 나온다. 그러면 그냥 들어가면 된다. 중요한 것은 못 그려도 우선 묻어갈 수 있게 하는 거다. 못 그리거나 틀렸을 때 야멸차게 다른 애를 지목해서 고치라고 하지 않는다는 뜻이다. 일괄적으로 두 번째 친구들이 나오기 때문에 잘하든 못하든 자연스럽게 교대하게 된다. 못 그려도 된다고, 처음이라 이렇게 거대한 마인드맵을 그리는 게 쉽지 않을 거라고 이야기하면서.

다음은 마인드맵을 읽는다. 기본으로 8개의 가지를 두 명 정도 읽게 시킨다(이 정도 하면 한 반 모든 학생이 한 번 이상은 마인드맵을 그리거나 읽게 된다). 상징의 뜻에 관해 학생들이 읽으면 내가 풀어서 설명한다. 학생들은 내 설명을 들으면서 자기 마인드맵을 고치거나 눈에 더 잘 띄는 표시를 한다. 설명이 끝났다고 끝난 게 아니다. 다음 시간에 이번에 그린 마인드맵을 혼자서 안 보고 그릴 수 있도록 형성평가를 본다고 예고하고, 나머지 시간에 혼자서 마인드맵을 읽거나 학습지를 읽어보게 한다.

다음 시간에는 A4 한 장을 나눠주면서 시작한다. 지난 시간에 그렸던 마인드맵은 가리고 학습지 내용만 살피면서 마인드맵을 다시 그려본다. 이름을 써서 걷는다. 가져가서 고쳐야 할 부분에 빨간색으로 체크하거나 가지가 빠진 부분에 가지를 더 그려 넣어준다. 그게 무엇인지는 정확하게 표시하지 않는다. 학생들의 마인드맵을 보면 누가 개념을 제대로 이해했고, 누가 그렇지 않은지 알 수 있다.

그다음 시간에는 본인 것을 돌려받은 후 수정할 부분을 수정한다. 마지막으로 비유와 상징에 관해 내가 다시 한번 정리해준다. 그리고 비유법을 직접 실습해본다.

먼저 이미지 프리즘 카드를 이용해서 '나'에 대한 '은유'를 써본다. 현재 상태와 어울리는 그림을 고르고 '나는 지금 (   )다. 왜냐하면'에 빈칸을 채운다. 모둠으로 나누고 가장 인상적인 비유를 공책에 옮긴다. 여기에서 은유를 잘못 사용하는 경우들이 발견되는데, 피드백을 통해 수정해준다.

　간단한 사진을 주고, 앉은 자리에서 모둠을 만들어 그 사진의 상황을 정한다. 같은 사진이지만 초점을 어디에 두느냐에 따라 해석이 달라질 수 있어, 이 사진은 무엇을 찍은 사진이라고 합의를 거친다. 이후 제시된 비유법을 이용하여 사진을 표현한다. 폭포 사진이 있다면 '폭포가 떨어진다'라고 상황을 합의하고, 제시된 '직유'를 이용하여 '폭포가 여름철 우박처럼 거세게 떨어진다'라고 적는 것이다. 은유, 직유, 의인법을 각 2개씩 적용하고 나서 모둠을 만들어 모둠원들과 자신의 결과물을 나눈다. 빨간 펜을 들고 그 모둠에서 가장 멋진 비유법을 사용한 문장

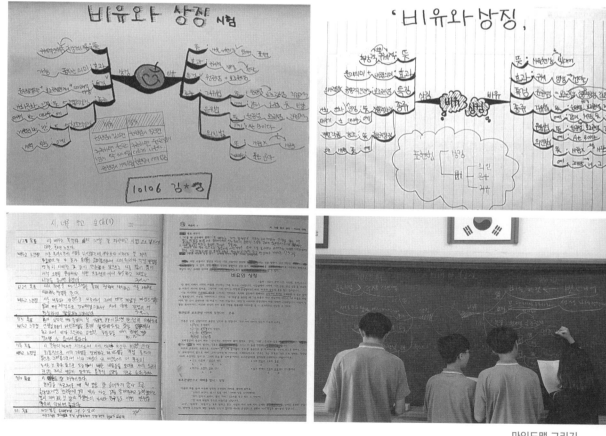

마인드맵 그리기

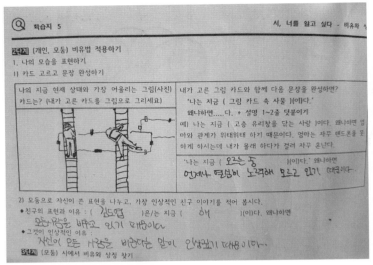

은유를 잘못 쓴 예

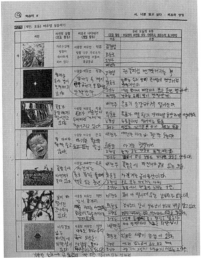

사진 상황으로 비유법 적용 실습

에 동그라미를 친다. 이걸 6번 반복한다. 그 후에 모둠별로 대표작을 발표한다. 학생들은 서로의 기발함에 감탄한다. 발표를 들으며 의인과 은유, 혹은 의인과 직유를 구분하지 못하는 문장은 그 자리에서 짚어준다. 자, 여기까지 왔으면 시를 읽을 준비가 됐다.

우선 공책에 '시, 너를 알고 싶다' 프로젝트 속표지를 만들게 한다. 그 뒤쪽에 매일 쓰는 '배움 진행표'가 있다. 매일 오늘의 목표를 쓰고 수업이 끝나면 배우고 느낀 점을 쓴다. 나로서는 매일 피드백을 받는 이점이 있다. 배움 진행표를 살펴보니 다양한 의견이 있다. 그 덕에 중간 피드백을 받게 된다.

7/8 • 오늘은 시험을 보니까 시간이 빨리 갔다. 수업을 제대로 못 들어서 그런지 제대로 못했다.

7/10 • 오늘 마인드맵 평가 본 것을 고쳤는데 만점을 받은 ○○가 우리 모둠을 도와주었다.

7/11 • 오늘은 카드를 골라서 '나는 지금 ~다'를 쓰는 걸 했다. 나는 동전 카드를 골랐다.

7/18 • 비유법을 사용해서 사진들의 상황을 나타내는 것이 재미있었다. 왜냐하면 모둠 친구들과 내용을 이야기했기 때문이다.

• 사람마다 같은 장면을 가지고도 비유하는 방법이 다르다는 것을 느꼈다.

7/19 • 지난 시간에 이어 발표를 했다. 은유와 직유, 의인법 중에서 의인법이 어려운 것 같다.

• 친구들이 사진을 보고 쓴 직유, 은유, 의인법도 들었는데 ○○가 열매를 보고 '엄마한테 매달린 아이' 같다고 한 게 인상적이었다.

• 한 학기 국어가 끝났는데 속 시원하다.

③ 비유와 상징 적용하여 시 감상하기

시를 10편 줬다. 먼저 앞의 시 5편부터 시작한다(「유성」 「봄은 고양이로다」 「비」 「우리가 눈발이라면」 「소년」). 내가 시를 차분히 낭송한 후, 스스로 더 읽어가며 공책에 감상을 적게 했다. 표를 그려 별점, 그 이유, 시에 드러난 비유와 상징을 적는다. 시 한 편씩 천천히 읽고 감상을 쓰고 비유와 상징을 찾는다. 처음 읽는 시를 나름대로 해석하고 감상을 쓰는 것도 어려운데 비유와 상징을 찾아야 하니, 학생들은 무척 어려워했다. 학생들이 표를 채우는 동안 나는 힌트를 준다.

「유성」에는 은유가 드러나 있어, 의인도 있는데 찾아볼까? 「봄은 고양이로다」에는 은유가 많네. 「비」, 요거 있잖아, 선생님은 아주 좋아하는 시인데, 선배들이 해석을 제대로 못하더라고. 이게 말이야, 무슨 상황인지 잘 생각해야 해. 비를 어디에 비유하는지 그걸 생각해야 시를 해석할 수가 있어. 은유와 상징이 좀 헷갈릴 수도 있는데 지난번에도 얘기했지만, 은유는 원관념이 시에 나타나 있지 않기도 해. 하지만 누가 봐도 다 알아챌 수 있는, 누구나 의견이 전혀 갈리지 않는 그런 원관념이 있어. 그런데 상징은 원관념에 대한 해석이 사람마다 다 달라. 딱 봤을 때 어, 원관념이 없네, 그런데 이건 누가 봐도 A야, 그러면 그건 은유인 거야.

학생들은 낑낑대며 표를 채운다. 비유와 상징은 찾을 수 있는 만큼만 하라고 이야기한다. 다섯 명을 한 모둠으로 만들어서 각자 원하는 시 한 편을 맡는다. 자기가 맡은 시의 전문가 모둠을 구성하여 공부한 것을 다시 원래 모둠에 설명하는 직소 방식이다. 즉, 다섯 개의 모둠 중 「소년」을 맡은 학생들끼리 새로 「소년」 모둠을 만들어 함께 공부한다. 전문가 모둠은 먼저 별점과 이유를 나누면서 시에 대한 이해를 풍부하게 한다. 그리고 함께 고민하면서 한 줄 한 줄 해석하고, 시에 드러난 비유와 상징을 찾는다. 자기 모둠으로 돌아가서 설명해야 하므로 시 원문에 해석과 찾은 비유와 상징을 적게 한다. 이때 모둠마다 돌아다니면서 전문가 학생들이 시에 적은 내용을 점검한다. 그걸 바탕으로 어려워하는 부분에 관해 힌트를 준다. 이때 곧바로 교사가 모든 정답을 던지는 것보다 학생들과 대화하면서 계속 질문을 던지는 것이 좋다.

"여기서 이야기하는 사람은 누구지? 어떤 상황이지? 뭘 보고 있니? 그걸 뭐라고 생각하지? 어떤 감정일까? 뭘 원하는 것 같니?"라든지 "'함박눈'이 의미하는 건 뭘까? 왜 고양이 눈에 '봄의 불'이 흐른다고 했을까? 이건 무슨 비유법 같니?" 같은 질문을 한다.

15분 정도 전문가 모둠 논의가 끝나면 각자 자기 모둠으로 돌아가 공부한 것을 모둠원에게 푼다. 모둠원들은 설명을 들으면서 시 원문에 설명을 표시한다. 그래야 교사가 돌아다니면서 속도가 느린 모둠이 어디에서 어려움을 겪는지 확인하기 쉽다. 일방적으로 설명을 듣지 말고 전문가 친구가 제대로 이해하지 못하는 예도 있으니 반드시 함께 의논하면서 해석하고, 비유와 상징을 찾으라고 말한다. 다음 시간에 어떤 시든 아무나 찍어서 시켜볼 거라고 하면서.

다음 시간에는 발표한다. 무작위로 컴퓨터 프로그램을 돌려서 발표할 사람을 뽑는다. 시 하나씩 먼저 해석을 듣는다. 2~3명 정도 한다. 그리고 그 시에 드러난 비유와 상징을 찾는다. 2~3명 정도가 한다. 누가 어떤 시에 걸릴지 아무도 몰라 전율이 넘치지만, 발표하는 학생들의 이야기를 들으면 복장이 터지는 기분이다.

이전에도 비유와 상징 수업을 할 때 비슷한 방법을 썼다. 시 10편을 각자 감상하고, 비유와 상징을 찾고 모둠별로 이야기를 나눈 후 제 모둠이 맡은 시 두 편은 더 깊게 연구하여 발표하기. 발표할 때 칠판에 그림을 그려가며 설명하기. 모둠별로 설명하라고 했을 때 완전히 못하거나 소위 망했다는 모둠이 별로 없었기에 내 수업에 그다지 문제의식이 없었다. 그러다 이 수업을 구상하기 전에 문득 그때 발표한 학생 네 명 모두 시를 제대로 알고 있었을까, 하는 의문이 들었다. 모두 제대로 알고 있는지 확인하는 절차는 마지막 형성평가로 남겨두고 방법을 바꾸어 직소 형식을 이용해본 것이다. 그런데 나중에 아무나 지목하여 발표를 시키니, 학생들이 제대로 이해하지 못했다는 생각이 들었다. 그동안 내가 모둠에 하나씩은 있는 발표 잘하는 학생의 이야기에 홀려 있었나 보다. 묻고 묻고 또 물은 후 마지막에 내가 그림을 그려가며 정리했다 (고등학교 시절 문학 시간에 시를 쓰시는 선생님께서 시 수업을 하며 칠판에 항상 그림을 그리셨다. 그림 하나가 완성되면 시 한 편의 설명이 끝났는데 아직도 기억에 생생하다. 그래서 시 수업을 할 때마다 항상 학생들에게도 그림으로 시를 설명해보라 주문하고, 나 또한 그림을 그려가며 시를 설명한다). 이거 제대로 이해하고 있는 거 맞아? 설명하는 학생들의 모습만으로는 회의가 들었다.

이 수업을 진행하는 동안 학생들이 쓴 '배우고 느낀 점'이다.

8/16 • 시에 별점을 매기고 그 이유까지 쓰는데 많이 힘들었지만 시들 중 재미있
　　　는 것이 있어서 좋다.

　　• 여러 시를 보고도 느낀 점이 다르고, 사람마다 다 다르다는 것을 알았다.

　　• 오늘 드디어 시를 읽었다. 그래, 시를 읽고 싶었다고!

　　• 윤동주 시는 너무 멋지다!

　　• 「유성」을 해석했는데 딱히 어렵지는…….

　　• 시 중에 「비」가 제일 어려운 거 같다.

8/20 • 시에 있는 비유와 상징을 찾는 것이 너무 힘들다. 「소년」에 있는 것은 아
　　　예 쓰지 못했다.

　　• 모둠 친구들과 시를 탐구했는데 좀 어려웠다.

　　• 오늘 「봄은 고양이로다」와 「비」, 「우리가 눈발이라면」 이런 시들을 읽었
　　　다. 「소년」은 말이 어려웠지만, 윤동주가 지은 거라 그런지 멋져 보였다.

　　• 전문가 모둠에서 좀 떠들었다. 다음 시간에는 집중해서 참여해야겠다.

8/21 • 친구들이 비유와 상징 찾은 것을 발표하는데 내가 발견 못한 것이 있었다.

　　• 다른 모둠과 우리 모둠이 시를 해석한 게 다르다. 신기하다.

　　• 확실하면 은유, 이것저것 나오면 상징!

　　• 선생님이 그리신 고양이가 진짜 멋있었다.

　　• 애들이 칠판 앞에 나가서 발표하는데 다 아는 내용이었다.

8/22 • 시를 읽고 해석하고 비유와 상징을 찾는 게 어렵다. 선생님께서 도와주셨
　　　던 게 좋았다.

　　• 「나는 꽃이다」와 「호수」는 전에 읽은 시들보다 쉬웠다.

　　• 시에 의인법이 많이 쓰이는 것 같다.

　　• 잘 모르겠지만 조금은 알 것 같다. 은유, 의인, 상징을 알아가서 재밌다.

　　• 오늘 ○○가 설명을 잘해준 것 같고 선생님은 잘 정리해주셨다. 역시 국어
　　　샘이다.

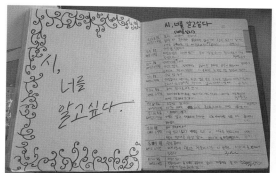

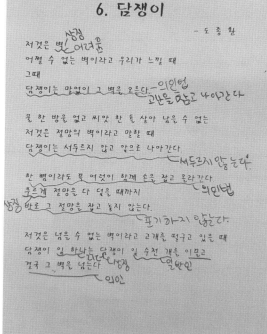

모둠에서 의논하여 시 본문에 적은 내용

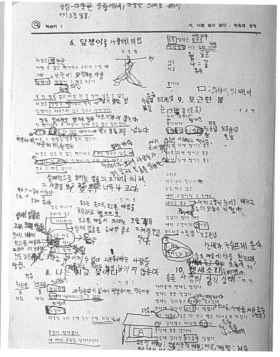

발표 수업이 끝나고 난 후

그래서 다음 시 5편은 방법을 바꾸었다. 이번에는 원더링 플립차트
(Wandering Flip Chart)를 응용했다. 내가 낭송하고 별점 매기고 이유와 감
상을 쓰고, 찾을 수 있는 만큼 비유와 상징을 찾는 활동은 똑같았다.
5개의 모둠별로 시를 한 편씩 배당했다(「담쟁이」「호수」「나는 지금 꽃이다」,

「포근한 봄」「멧새 소리」). 교실 곳곳에 둔 이젤 패드에 시 제목을 써 붙이고, 2인 1조로 시 5편에 대해 시 구절 해석 2개 이상, 비유와 상징 찾은 것 1개 이상을 붙임 쪽지에 써 붙이게 했다. 자기 모둠이 맡은 시를 제외하고 되도록 한 방향으로 돌면서 써 붙이고 뒷사람들은 되도록 앞에 붙이지 않은 의견을 적어 붙이라고 했다. 시 구절 해석이 어려우면 지금 시에서 말하는 이의 상황에 관한 설명을 쓰면 된다고 했다.

시 4편에 붙임 쪽지를 다 붙이면 각 모둠은 자기 모둠이 맡은 이젤 패드를 떼어 자리로 가져온다. 쪽지를 비슷한 것끼리 분류하고 모둠 의견을 덧붙여 학습지의 시 원문에 정리한다. 이때 모둠을 돌면서 학생들의 질문을 받거나, 원문에 표시가 되어 있어야 하는데 빠뜨린 부분은 교사가 질문한다. 해결책은 학생들 스스로 탐구하게 하고 교사는 계속 질문만 던진다. 아무도 모를 것 같은 부분은 설명해주기도 한다. 하지만 질문만 던지는 것을 원칙으로 한다.

'메'는 산이야. 한자 '산'(山)을 '메 산'이라고 하잖아. 그럼 멧새는 뭐겠니? '고드름' 하면 어떤 게 떠오르니? 오, 그렇게 다양하게 해석할 수 있네. 그렇다면 어떤 표현법을 썼다고 할 수 있을까? 혹은 '나비'가 날아다닌다고 했는데 원관념은 뭘까? 우리가 모두 알 수 있는 원관념이니, 아니면 해석하는 사람마다 다르게 해석할 수 있니? 모두가 원관념을 하나로 지목할 수 있으면 그걸 뭐라 부른다고 했지? '나는 지금 꽃이다'라는 시구를 왜 의인법이라고 생각했니? 의인법의 뜻이 뭐지? 등등.

8/23 • 요즘 시만 하는 것 같다. 그래도 다양한 시를 봐서 좋다.

　　　• 무슨 의미인지 모르겠는 시가 있어서 좀 어려웠다.

　　　• 은유법에 관해 제대로 배워야겠다는 생각이 들었다.

　　　• 새로 또 시를 시작했다. 다 끝난 줄 알았는데 또 시작이다.

8/27 • 시는 정말 어렵지만 이해하려고 노력할 것이다!

- 시 구절 해석이랑 비유와 상징을 찾아 시마다 쓰는 걸 했다. 비유와 상징은 조금 알겠지만, 해석을 어떻게 할지 잘 모르겠다.

8/28 • 멧새 소리가 산새 소리라는 것을 알게 되었다

- 백○○랑 같이 「호수」, 「나는 지금 꽃이다」, 「담쟁이」 등을 해석하며 그 시의 의미를 더 자세히 알게 된 것 같다.
- 민○○랑 5개의 시 해석 같은 걸 했는데 어려웠다.
- 비유와 상징을 제대로 못 찾는 친구에게 설명해주어 시의 의미를 파악할 수 있게 도와준 점이 뿌듯했다.

8/29 • 「포근한 봄」에 관해서 자세히 알아보고 친구들에게 설명해주었다. 이 시에서 '눈'은 '벚꽃'을 의미하는 것 같다.

- 발표하는 과정에서 조금 떨긴 했으나 내가 직접 생각해본 시의 의미를 설명해서 뿌듯했다.

8/31 • 선생님 설명을 들으니까 잘못 알았던 부분을 자세히 알게 되어 좋았다.

- 모둠끼리 토의를 하니 혼자서는 모르던 걸 알게 되었다.

9/3 • 「멧새 소리」가 조금 어려웠는데 선생님과 친구들이 잘 설명해주어서 이해할 수 있어 기쁘다. 시 단원을 하는 동안 여러 시를 알게 되어 행복하다.

- 친구 발표에서 잘못된 부분이 꽤 있었는데 그걸 수용적으로 받아들이지 않았다. 내 분석 능력이 성장한 것 같다.

수업 시작할 때 오늘의 목표를 쓰고, 끝나기 직전에는 배우고 느낀 점을 쓰게 한다. 다 쓴 사람은 나에게 검사받고 사인을 받아야 교과실을 나갈 수 있다. 뒷문 쪽은 책장이 있어 잠겨 있기 때문에 학생들은 검사받고 앞문으로 나가는 수밖에 없다. 도망가는 학생들도 있는데 눈에 띄면 이름을 크게 부르고, 아무도 일러주는 사람이 없으면 그냥 넘어간다. 가끔은 그러고 싶을 때가 있을 것 같다. 하지만 고의성이 보이면 다음 시간 수업 시작할 때 전날 쓴 것을 검사한다. 안 썼다면 그 자리에서

이젤 패드를 가져와 모둠별로 의논하며 발표 준비를 하는 모습   설명을 위해 미리 연습해본 그림

써야 한다. 사인하는 일은 꽤 번잡스러운 일이다. 하지만 사인을 해야 나도 그 자리에서 읽어볼 수 있다. 내용을 보면서 언급할 만한 것은 한 명씩 이야기한다. "집중을 많이 못했다고? 무슨 일 있니?" "「비」라는 시가 어려웠구나. 다음 시간에 다시 설명해줄까?" "○○가 자꾸 시비를 건다니, 선생님이 한마디 할까?" 그러나 모르는 척 넘어갈 때도 있다. 불만이 극에 달하면 학생들은 이걸 왜 하는지 모르겠다, 국어 선생님 바뀌면 좋겠다, 학생을 너무 피곤하게 만든다 등등의 이야기도 적는다. 그

때는 그냥 내버려둔다. 기분이 안 좋다는데 이렇게라도 표출하는 게 낫지 않을까 싶어서. 물론 요구사항이 합리적이거나 불만이 계속되면 따로 불러 이야기하기도 한다. 하지만 배우고 느낀 점을 쓰고 싶은 대로 쓰는 일이, 국어 수업시간에 뭔가를 쓰는 일이 '안전한 일'로 여겨진다면 좋겠다.

④ 10분 시집 읽기

수업을 진행하면서도 시작할 때 10분 책읽기를 했다. 도서실에서 중1이 읽을 만한 시집을 50권 정도 빌려와 늘어놓고 매시간 수업 시작할 때 읽도록 했다. 실제로 읽는 시간은 7~8분 정도이다. 나머지 시간에 읽은 시 중에서 마음에 드는 시 구절을 옮겨 적게 했다. 시집, 작가, 구절을 적는데, 비유와 상징이 드러나 있는 구절을 적으면 더 좋겠다고 독려했다(하지만 학생들은 찾기 어려워했다). 시집에서 읽은 시 중 가장 마음에 드는 것을 짝이나 앞 사람과 혹은 모둠끼리 돌려 읽었다. 이 시는 너무 좋아 반 전체에게 소개해주고 싶어요, 하는 것은 전체에게 낭송했다. 학생들은 특히 이장근 시집과 박성우, 김미희 시집을 좋아해서 이 시집들을 차지하려고 국어교과실에 일찍 일찍 오기도 했다.

수업시간에 비유와 상징을 배우고 시를 분석하는 것은 감상을 기르는 방법이지만, 시에 온전하게 빠지기는 힘들다. 그래선지 학생들은 10분 책읽기 시간에 자유롭게 시집 읽는 것을 더 좋아했다. 공책에 옮겨 적으라 할 때도 시 전편을 다 적는 학생도 있었다. 학생들이 시의 바다에 푹 잠겨 있는 모습이 참 보기 좋았다. 이 마음이 쭉 이어진다면 성인이 되어서도 서점에 들러서 내 돈 내고 시집 한 권 사는 사람이 되지 않을까? 마지막 시간에 받은 자기 성찰 소감문에는 이런 글이 있었다.

날짜	책/박가효체	읽은쪽수	읽은 내용 혹은 마음에 드는 문장
7/11	〃	~42	[43~85] 학교를 옮겼어도 / 나는 나야 … [우리 엄마가 바뀌었다 - 이숙지]
7/16	〃	43~85	[우리학교 화장실 - 박서윤] … 학생들을 의심하지 않았으면 좋겠다.
7/17	〃	86~107	[아직은 연두] … 난 연두가 좋아 아직은 초록이 아닌 연두.
7/19	난 반강	11~22	[아직은 연두] … 난 연두가 좋아 아직은 초록이 아닌 연두.
	-참비-		
8/16	학교를 잃어 버리다	11~34	[도토리 교실] … 인터넷 검색어 1위는 맨날 바뀌는데 / 시험 칠때 마다 우리반 1등은 바뀌지 않네.
	-한티재-		
8/17	〃	35~79	[하피타 순] … 출석번호는 왜 항상 가나다 순이죠?
8/20	〃	80~93	[면일곱 4의 친구에게] … 그렇게 기다리다 보면 어른이 되겠지 / 어른이 되어서도 기다리겠지 / 무언 기다리는지도 모르고.

날짜	책/박가효체	읽은쪽수	읽은 내용 혹은 마음에 드는 문장
8/21	〃	46~59	[교복과 나 / 남상욱] 교복은 날마다 메고 등교에게 가고 나를 돌봐주며 챙겨준다
8/22	〃	59~96	교실 / 이삼남 / 꽃망울이다 창문의 당하지 않은 얼음판이다.
8/23	〃	96~117	팔딱팔딱 파들 외굴 / 조향미 / 생 공부 내용 앞에서 머리에 열이 나요
8/27	〃	117~120	발톱 / 하재일 / 발톱을 깎고 나서 상추가 도망을 쳤는지 상추를 쫓아 다니면서 잡으려 하지말고 상추가 싫어하는 애를 장난감으로 그냥 혼 들어주면 상추가 신이나서 늘이 코 고양이처럼 저녁만을 먹을거야
8/28	파를 보는 없다 이만큼 / 장백화	10~36	문제아 / 나의 문제는 문제의 문제에 의한 문제를 푸어야 하는 나라에 태어난 것이다.
8/29	〃	36~80	나만이 내가 / 옥구슬 목숨따라 꼬박꼬박 알아켜 하는 난 내 안의 내가 있기 때문이다.

마음에 드는 시 구절 적기

• 일단 시를 요즘 가장 많이 읽은 것 같다. 평소에는 그냥 책도 잘 안 읽는데 시집을 5일 내내 보아 3~4권 정도 봤다. 시집을 많이 읽어 그런지 관심이 생겼다. 그리고 시인들도 엄청나게 유명한 윤동주 시인같이 국어책에 많이 나온 시인들만 알았는데, 이번 국어 시간을 통해 박성우 시인, 이장근 시인 등 더 많은 시인을 알게 되었다. 또 청소년을 위한 시들도 많이 읽었다. 그런 시들을 읽을 때마다 공감이 간다. 인상 깊은 시도 많았다. 재미있는 시도 많았고. 옛날을 바탕으로 쓴 시들도 많아서 옛날에 어떻게 살았는지 지금과 얼마나 다른지도 알 수 있었다. 그리고 시를 해석하는 방법과 시에서 자주 쓰이는 방법인 비유와 상징도 알 수 있어 좋았다. 시를 해석할 때 도움이 될 것 같다. 앞으로 시집을 찾아볼 수도 있을 것 같다. 시에 대해 더 알고 싶은 마음이 생겼다. 이번 프로젝트는 좀 재미있었다.

⑤ 형성평가와 피드백 하기

형성평가를 보았다. '쓰기'는 학생들이 무엇을 얼마나 이해했는지 알 수 있는 척도다. 내 설명이나 친구들의 설명을 열심히 들은 것과 학생 각자가 비유와 상징의 개념을 알고 얼마나 제대로 적용할 수 있는지는 별개의 문제다. 형성평가를 본다고 예고하고, 먼저 문제를 공개했다. 비유와 상징의 개념과 예에 관해 설명하는 것, 그리고 시 3편의 내용을 해설하고 그 시에 나타난 비유와 상징을 쓰는 것이다. 어떤 시가 출제될지 모르니 2시간에 걸쳐서 예상답안을 만들자고 했다. 시험공부를 시킨 것이다. 공부하는 동안 잘 이해가 안 되는 것은 얼마든지 나나 친구들에게 물어보라고 했다. 학생들은 끙끙대며 시 10편의 해설을 쓰고 거기에 드러난 비유와 상징을 찾아본다. 친구들이나 선생님의 도움을 받아 배웠던 내용을 다시 정리한다.

'시, 너를 알고 싶다' 쪽지 시험

1학년 2반 17번 이름 : 이시언

1. 비유와 상징의 (개념)을 설명하고 예를 드시오. (비유법은 직유, 은유, 의인법을 다 설명할 것)

비유는 직접, 또는 의인법등이 있고, 직유는 '~듯', '~같이', '서럼'을 쓰면서
비유를 하는 것이고 '꽃가루와 같이 부드러운 고양이의 털에 고운 봄이
향기가 어려웁다'라는 예가 있다. 은유는 A=B의 형식으로 보조관념이 있으며
'밤하늘은 별들의 운동장'이란 예가 있고 의인법은 사람이 아닌 것을 사
람같이 표현하는 것이다. 예로는 '오늘따라 별을 부산하게 바라빈다'가 있다.
상징 창조적상징, □ 상이 있으며 사람마다 해석이다르고. 예로는 봄이다

2. 내가 친구가 쓴 2개의 시 중 하나를 골라 내용을 자세하게 해설하고 표현 방법(비유와 상징)에 대해 설명하시오.
'분석할 시 제목 : 고양이다'

봄 고양이다라는 시는 봄과 고양이를 비유한 시이다. 고양이의 생김새와 봄에
비겨지는 열을 비유하고 있는 시이다. 봄은 고양이다라는 시에서는 은유와 직유가
있다. 직유는 '꽃가루와 같이 부드러운 고양이의 털에 향기가 어려웁다'
그리고 '고양들과 봄이 오늘같은 고양이의 눈에 따린 봄의 불길이 흐르도다'가 있다.
은유는 3, 4연에 고외와 더불어 고양이의 입술 푸른 물줄음, 날카롭게 쭉 벋은 고양이의수염

3. 다른 친구가 번갈아 쓴 시 중 하나를 골라 내용을 자세하게 해설하고 표현 방법(비유와 상징)에 대해 설명하시오.
'분석할 시 제목 : 나는 지금 꽃이다'

우리가 눈밭이라면 이라는 시는 자신이 만약 어려운사람들을 도와줄수 있다면 죽었으면
싶지않고 따뜻하게 되주려는 시인것 같다. 이 시에서의 상징은 '잠 못드는 이의
창문가에서는 편지가 되고 그이의 깊고 붉은 상처 위에 돋은 새살이 되자'에서
편지와 새살은 도움을 상징하는 것 같고, 가장 낮은 곳은 어려운곳, 따뜻한
함박눈은 그 어려운 사람들의 따뜻한 사람들을 뜻하는것같다.

4. 모둠이 함께 연구한 시 중 하나를 골라 내용을 자세하게 해설하고 표현 방법(비유와 상징)에 대해 설명하시오.
'분석할 시 제목 : 나는 지금 꽃이다'

나는 지금 꽃이다 라는 시는 미용실에서 예쁘게 머리카락을 자르고 있는 나를
꽃으로 표현한 시이다. 여기서 나의 은빛가위는 은빛 나비로 은유되고, 나는
꽃으로 비유했다. 풀풀 날리는 꽃가루는 내가 자르고 있는 머리카락이 날리
는 모습이 꽃가루가 날리는 것 같이 비유를 하였다. 그러하여 이 시는
상징이 없고 비유만 있는 시이다.

시, 너를 알고 싶다 쪽지시험
오답노트

1. 비유는 어떤사물이나 현상을 비슷한 다른 사물이나 현상에 빗대어 표현하는
것을 말한다. 비유의 종류는 직유,은유,의인법등이 있고 직유는 '~듯', '~같이', '~처럼'
을 쓰면서 비유한 것으로 '꽃가루와 같이 부드러운 고양이의 털에 고운봄의 향기가
어려웁다'라는 예가 있다. 은유는 A=B의 형식으로 A는 B다 라는 뜻을 나타낸다.
예로는 '밤하늘은 별들의 운동장'이라는 예가있고 의인법은 사람이 아닌 것을 사람처럼
표현하는 것이다. 예로는 '오늘따라 별을 부산하게 나타낸다. 상징은
인간의 경험이나 감정등의 추상적인 내용을 구체적인 대상으로 나타낸다. 상징의
종류는 훈히 사회, 문화 안에서 약속된 '전통적상징', 작가에 의해 새롭게
만들어진 '창조적상징'이 있으며 '전통적상징'의 예는 상징의 예는 저금은 벽 이다.

3. 우리가 눈밭이라면 이라는 시는 자신이 만약 어려운사람들을 도와줄 수 있다면
죽었으면 싶지않고 따뜻하게 되주려는 것을 담았던 시이다. 이시에서
상징은 '잠 못드는 이의 창문가에서는 편지가 되고 그이의 깊고 붉은상처 위에
돋은 새살이되자'에서 편지와 새살은 도움을 상징하고 있고, 가장 낮은 곳은
어려운곳, 따뜻한 함박눈은 그 어려운 사람들의 따뜻한 사람들, 진눈깨비는
따뜻한 함박눈의 반대되는 내용을 뜻한다.

4. 나는 지금 꽃이다 라는 시는 미용실에서 예쁘게 머리카락을 자르고 있는 나를
꽃으로 표현한 시이다. 여기서 나는 나의 은빛가위는 은빛나비이며 은유되고, 나는
꽃으로 비유했고 은유했다 풀풀 날리는 꽃가루는 내가 자르고있는 머리카락의
날리는 모습을 은유했다. 그러하여 이 시는 상징이 없고 비유만 있는
시이다.

시를 얼마나 이해하는지 확인하는 쪽지시험

그러고는 형성평가를 봤다. 비유와 상징 개념 쓰기, 자신이 발표한 시 중 하나, 친구들이 발표한 시 중 두 편을 골라 시 해설을 쓰고 비유와 상징 찾기. 시 본문만 적혀 있는 종이를 함께 나눠줘서 달달 외워서 쓰는 게 아니게끔 했다.

다음 시간에 채점해서 돌려주고 '형성평가 돌아보기'를 써보게 했다. 형성평가에 관한 오답노트를 쓰는 것이다. 자신이 틀린 부분에 관해 이미 정리했던 내용과 친구, 선생님의 도움을 얻어 다시금 또 정리를 한다. 이 시간 학생들의 배움 진행표는 이런 내용이 담겨 있었다.

9/4 • 쪽지시험 대비를 하면서 비유와 상징에 관해 다시 돌아볼 수 있는 좋은 시간이었다. 「유성」부터 「비」까지 시를 해석하고 그 속에 숨겨져 있는 비유와 상징을 찾는 것을 다시 돌아보았다.

9/5 • 「우리가 눈발이라면」부터 「멧새 소리」까지 시를 복습하면서 조금 가물가물하던 부분과 다시 설명을 듣고 싶은 부분도 있었는데, 친구들과 선생님의 설명으로 잘 알게 되어 정말 기쁘다.

9/6 • 시험문제 4문제 중에서 2개를 틀렸다. 다음에는 더욱 열심히 해야겠다.

⑥ 자기 성찰문 쓰기

모든 수업의 마지막은 자기 성찰문(자기 성찰 평가서) 쓰기이다. 프로젝트가 끝나고 자기 성찰문을 쓰게 했을 때, 내가 목표로 삼았던 것이 학생들의 글로 드러날 때가 있다. 교사를 하면서 가장 짜릿한 순간이다. 아, 나의 의도가 제대로 전달되었구나. 학생들이 배워야 할 것을 제대로 배웠구나! 학생들은 채점기준표를 작성한 후 자기 성찰문을 쓴다.

- 솔직히 시 수업을 하기 전까지 나는 시를 별로 좋아하지 않았다. 시에 쓰인 표현을 일일이 다 해석해야 했기 때문이다. 그리고 수업 초반에도 시 해석하는 것이 엄청 어려웠는데, 다 배우고 나니까 어떤 식으로 해야 하는지도 알겠고 해석하는 법도 대충 알 것 같았다. 그리고 시에 담긴 뜻이 정말 중요하다는 것도 알게 되었다. 그전에는 자세하게 몰랐던 비유와 상징에 관해서도 뜻, 종류, 특징까지 많은 걸 배워서 좋았다. 더 궁금한 점은 시에도 종류가 있는지, 있다면 어떤 것들이 있는지 알고 싶고 옛날 사람들이 썼던 시들도 배워보고 싶다. 그런 시들은 담긴 뜻이 무엇인지 해석하기가 더 어렵기 때문이다. 이 수업이 나에게 시를 더 잘 알 수 있는 기회가 되었고, 좀 더 관심이 생긴 것도 같다.

- 이 수업을 통해 시에 사용된 비유법과 상징에 관해서 더 자세히 알게 되었고, 시를 해석하고 쓴 표현법을 알 수 있게 되었다. 비유법과 상징을 어떻게 하면 더 잘 쓸 수 있는지 궁금하고, 이 궁금증은 여러 가지 시를 보고 많이 해석해보고 비유법과 상징을 써보면 풀릴 것 같다. 이 프로젝트를 할 때 시 해석을 열심히 하였고, 친구들의 의견도 들어서 내가 틀렸으면 고치기도 하면서 열심히 참여하였다. 이 프로젝트가 나에게는 시가 재미없고 지루하기만 했던 것을 표현법을 찾고 해석하는 재미를 알려줬고, 무슨 말인지 모르는 시를 더 알아보는 방법을 알게 해주었다.

- 먼저, 이 수업을 받고 나서 조금 더 시에 대하여 잘 알게 되었고 비유와 상징에 관하여 더 많이 알고 배워서 좋았다. 더 궁금한 것은 윤동주의 시와 「파울볼은 없다」를 만든 이장근의 시들이 궁금하고, 청소년들의 시도 무엇이 있을지 궁금하다. 시집을 더 읽어서 궁금증을 풀고 싶다. 시에 대해 더 잘 알려면 시를 더 많이 읽어보고 그걸 잘 느끼고 표현할 줄 알아야 할 것 같다. 이번 프로젝트를 통해 시를 좋아하지 않았다가 비유, 상징 등을 보면서 좀 더 재미있었고 다음에 더 해보고 싶다는 생각도 들었다.

'시, 너를 알고 싶다' 프로젝트는 6월 말부터 9월 초까지 계속된 큰 프

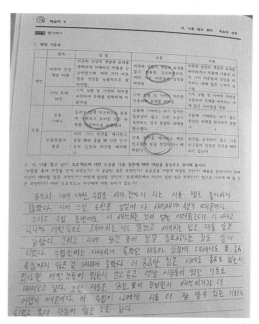

자기 성찰 평가서

로젝트였다. 중간에 방학이 끼어 있었음에도 학생들은 꽤 집중해서 프로젝트를 잘 수행했다. 욕심을 부려 시를 10편이나 다루었는데, 그렇게 지독하게 하지 않아도 되었을 걸 싶다. 성취기준 달성도 달성이지만 학생들이 시를 읽으면서, 당연하다고 생각했던 일상도 새롭게 바라보는 눈을 가지면 좋겠다고 생각한 날들이었다. 조금이나마 그랬기를 바라본다.

『시의 문장들』(김이경, 유유)에 나오는 글이다. '시를 읽는 것은 멈춰서 돌아보는 것이다. 거울 앞에서 머리를 빗듯이 시 한 편 읽으며 마음을 빗는 것이다. 그렇게 숨을 고르고 마음을 가지런히 하고 나면 다시 먼 길을 갈 힘이 난다. 남들이 좋다는 이 길 저 길 기웃거리지 않고 시를 등불 삼아 오롯이 내 길을 갈 배짱이 생긴다.'

1 마인드맵을 왜 그리나요?

1) 두뇌에 대하여

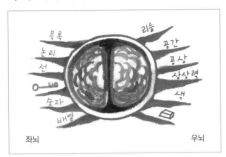

인간의 두뇌는 좌뇌와 우뇌로 나뉘어 있답니다. 우리는 평생 우리 두뇌의 0.1%밖에 사용하지 못하고 죽습니다. 두뇌를 잘 활용할 수 있는 방법은 무엇일까요?

머릿속에는 1,000,000,000,000개나 있는 신경 세포가 있습니다. 이러한 신경세포들이 연결되면서 정보를 창출하지요. 이때 반복이 잦아지면 기억 단위(패턴)라는 것이 형성됩니다. 두뇌 활용 정도가 0.1%밖에 안 된다는 것은 이 기억 단위가 그 정도밖에 되지 않는다는 뜻입니다.

마인드맵은 이러한 기억 단위를 만들어내는 데 적절한 방법입니다.

2) 양뇌 기능의 통합

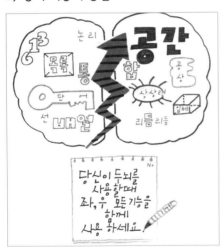

두뇌의 대뇌는 양쪽으로 분리되었는데 연구 결과 이들이 어떤 중심 주제에 집중할 때 서로 교류함으로써 그 효율성을 높인다는 것을 알게 되었습니다.

새로운 사고를 만들어내는 두뇌의 연결력은 주로 **핵심 단어**와 **핵심 이미지**로 이루어집니다. 이것을 함께 사용하면 좌뇌와 우뇌를 통합하는 일을 하고 있는 것입니다.

이러한 두뇌의 연결력을 응용한 것이 바로 마인드맵입니다.

2 마인드맵을 그리는 방법

1) 마인드맵의 구조

① 핵심 주제는 항상 중심 이미지에서 시작합니다.
② 중심 이미지와 관련된 주제는 사람 몸에 붙어 있는 팔처럼 연결되게 표현합니다.
③ 가지들의 연결은 핵심 이미지와 핵심 단어를 통해 확산됩니다.
④ 계속 이어지는 부주제들은 나뭇가지의 마디가 연결된 듯한 구조를 취합니다.

2) 작성법과 그 규칙

① 종이를 가로로 길게 놓고 중심에서부터 시작하세요.
② 생각하려는 주제에 대한 핵심 이미지를 <u>가로세로 2~3cm</u> 정도 되게 색깔을 넣어 (컬러로) 그리세요.

③ 두꺼운 쪽이 중심에 오도록 <u>유선형의 가지</u>를 그립니다.
　(유선형 가지는 시각적인 리듬과 다양성을 주어 기억을 쉽게 해준답니다.)
④ 이미지와 연관된 <u>핵심 단어</u>를 써넣습니다. (단어의 길이＝선의 길이)
　(첫 단계 가지에 써넣을 열쇠말은 소제목이나 문단의 핵심어와 관계가 있습니다.)
⑤ 두 번째 단계 가지를 가는 선으로 표현합니다. 계속 떨어지지 않게 이어줍니다.
⑥ 이런 방식으로 가지를 계속 넓혀갑니다.

▣3 마인드맵을 그릴 때 유의사항

유의점	좋아요	나빠요
1) 가지선에는 한 단어만 씁니다. 한 단어는 창조의 자유로움을 지닙니다.	문 제	문제 해결은 어떻게?
2) 가지선과 단어는 가로로 씁니다. 세로로 쓴 단어는 읽기 불편하답니다. 반드시 가지 위에 단어를 쓰세요. 가지는 밑줄의 역할을 합니다.	내용 요약　방법　다양	내용 요약 방법 다양
3) 가지는 유기적으로 연결합니다. 큰 가지와 작은 가지가 서로 떨어지는 일이 없도록 연결합니다. 떨어지지 않게 유기적으로 그려야 뇌가 잘 작용합니다.	요약 방법 선택 삭제 일반화 재구성	삭제 선택 요약 방법 일반화 재구성 / 선택 삭제 요약 방법 일반화 재구성
4) 가지를 뻗다가 막히면 되돌아오지 않습니다. 다른 중심에서 시작하면 됩니다. 결코 다시 되돌아오지 마세요.	재구성 중심문장 나태섬 중심내용 만듦 / 재구성 중심문장 나태섬 중심내용 만듦	재구성 중심문장 나태섬 만듦 중심내용
5) 주요 가지는 제목을 이용하여 고릅니다. 마인드맵은 어떤 책(내용)의 요점입니다. 주요 가지의 단어나 이미지는 항상 제목(소제목)과 동일하지요.		

4   다음 글을 읽고 마인드맵으로 그려봅시다.

1

우리가 먹을 수 있는 바다 생물에는 김, 미역 등의 해조류 및 식물성 플랑크톤을 포함한 해양 식물과 다랑어, 연어 등의 어류 및 각종 동물을 포함한 해양 동물이 있다. 해양 식물은 좋은 영양분을 함유하고 있어서 미래의 유망한 식량 자원이고, 해양 동물도 우수한 단백질과 지방분을 제공해주는 훌륭한 식량 자원이다.

2

어떤 문제를 해결하기 위한 사고의 방법에는 두 가지가 있습니다. 그중 하나는 어떤 문제에 대해 한 가지 정답만을 요구하는 수렴적 사고이고, 나머지 하나는 한 문제에서 여러 가지 정답을 끌어낼 수 있는 확산적 사고입니다. 수렴적 사고를 요구하는 문제는 단일한 최선의 정답을 가지며 모든 정보는 그 정답을 향하고 있습니다. 반면에 확산적인 사고를 요구하는 문제는 단일한 최선의 정답을 찾을 수가 없습니다. 이러한 문제들은 생각을 여러 가지 다른 방향으로 유도하는 경향을 보이기 때문에 길퍼드라는 심리학자는 확산적 사고를 창의적 사고라고 하였습니다.

3

붓꽃은 모양 자체가 워낙 독특한 아름다움을 주는 데다가 그 신비스러운 보랏빛 꽃색으로 많은 사람의 사랑을 받는다. 붓꽃이란 이름은 꽃봉오리가 마치 먹물을 머금은 붓과 같다 하여 붙여진 것이다. 붓꽃은 서양에서도 많은 사랑을 받는다. 붓꽃의 서양 이름 아이리스는 무지개란 뜻으로, 비 온 뒤에 볼 수 있는 '무지개처럼 기쁜 소식'을 전해준다는 꽃말을 지니고 있다.

붓꽃에는 여신 주노와 아이리스에 얽힌 이야기가 있다. 여신 주노의 예의 바른 시녀 아이리스는 주피터가 집요하게 사랑을 요구하자, 자신의 주인을 배반할 수 없어 무지개로 변하여 주노에 대한 신의를 지켰다고 한다. 그래서인지 이 꽃은 촉촉한 비가 내리고 난 뒤나 이른 아침 이슬을 머금었을 때 가장 아름답다.

붓꽃은 어느 곳이든지 가리지 않고 잘 자라므로 키우기 쉽고 뿌리를 약재로 쓸 수 있으니, 외양도 곱고 덕목(德目)도 많은 꽃이다.

0단계 목표 세우기

1. '시'를 왜 공부해야 할까?

2. 나의 목표는?

1단계 개인 비유와 상징 알기 : 공책에 마인드맵을 그리며 정리합니다.

비유는 어떤 사물이나 현상을 비슷한 다른 사물이나 현상에 빗대어 표현하는 것을 말합니다. 표현 대상을 구체화하고 생생하게 전달할 수 있습니다. 반면 상징은 인간의 경험이나 감정 등의 추상적인 내용을 구체적인 대상으로 나타내는 방법으로 대상이 지닌 본래의 의미에 새로운 의미를 부여하여 보다 넓고 풍부한 의미를 표현할 수 있습니다.

비유에는 1)직유법('같이', '처럼', '듯', '-인 양' 등을 사용하여 원관념을 보조관념에 직접적으로 연결하는 비유법) 2)은유법('A는 B이다'의 형태로 원관념과 보조관념을 간접적으로 견주어 표현하는 비유법) 3) 의인법(사람이 아닌 것을 사람처럼 표현하는 비유법) 등이 있습니다.

2단계 개인/모둠 비유법 적용하기

1. 나의 모습을 표현하기

   1) 카드 고르고 문장 완성하기

나의 지금 현재 상태와 가장 어울리는 그림(사진) 카드는? (내가 고른 카드를 그림으로 그리세요)	내가 고른 그림 카드와 함께 다음 문장을 완성하면? **'나는 지금 (그림 카드 속 사물)(이)다.'** **왜냐하면 ……다. + 설명 1~2줄 덧붙이기** ㉑ 나는 지금 (고층 유리창을 닦는 사람)이다. 왜냐하면 엄마와 관계가 위태위태하기 때문이다. 엄마는 자꾸 핸드폰을 못 하게 하시는데 내가 몰래 하다가 걸려 자꾸 혼난다.
	'나는 지금 ( )(이)다.' 왜냐하면

   2) 모둠으로 자신이 쓴 표현을 나누고, 가장 인상적인 친구 이야기를 적어봅시다.
      ◆ 친구의 표현과 이유: (   )은/는 지금 (   )(이)다. 왜냐하면

      ◆ 그것이 인상적인 이유:

3단계 모둠 시에서 비유와 상징 찾기

1) 다음 쪽의 시를 읽은 후, 공책에 다음과 같은 표를 그린 후 표를 채워봅시다. (2줄씩 씁니다)

시 제목 /시인	별점	그 이유 (2줄씩)
	☆ ☆ ☆ ☆ ☆	

2) 공책에 다음과 같은 표를 그리고(시 하나당 5줄) 시에 드러난 비유와 상징을 찾아봅시다.

예   하늘

                최계락

하늘은 바다
끝없이 넓고 푸른 바다
구름은 조각배

바람이 사공 되어
노를 젓는다

시 제목 (시인)	표현법	시어*	의미**
「하늘」 (최계락)	비유 (은유)	'하늘(원관념)'을 '바다(보조관념)'에, '구름(원관념)'을 '조각배(보조관념)'에 '바람(원관념)'을 '사공(보조관념)'에	티 없이 맑고 깨끗한 하늘에 떠다니는 구름의 아름다운 모습
	비유 (의인)	바람이 부는 것을 사공이 노를 젓는, 사람의 행위에	구름 떠 있는 하늘 사이로 부는 바람의 모습

* 시어 : 비유일 경우 '무엇을 무엇에', 상징일 경우 '무엇을'
** 의미 : 비유로 강조하려는 것, 상징이 뜻하는 바

<활동 방법>

① 1~4번 / 6~9번 시 : 모둠마다 1명씩 담당자를 정해, 그 친구들끼리 모여 분석합니다! 학습지에 적어봅니다. 자기 모둠으로 옮긴 후 모둠원들과 함께 의논하며 공책에 정리합니다.

② 5번, 10번 시 : 각 모둠의 친구들이 자기 모둠에서 협력하여 분석한 후, 공책에 정리합니다.

4단계 **개인/모둠** **비유법 실습하기**(출처 : 강서양천교육지원청 이선희 장학사 자료)

	사진	사진의 상황 (**모둠활동**)	비유로 나타내기 (**개별활동**)	우리 모둠의 표현 (모둠활동: 모둠원의 표현을 모두 기록하고, 최우수작 동그라미)	
				이름	표현
(예)		가로수길에 벚꽃이 화사하게 피어 있다.	사용할 비유법: 직유 벚꽃 나무 가로수가 솜사탕처럼 부풀어 뭉글뭉글		
1			사용할 비유법: 직유		
2			사용할 비유법: 직유		
3			사용할 비유법: 은유		
4			사용할 비유법: 은유		
5			사용할 비유법: 의인		
6			사용할 비유법: 의인		

5단계 평가하기

1. 채점기준표

	항목	잘함	보통	미흡
개인	비유와 상징 개념 이해	비유와 상징의 개념과 효과를 명확하게 이해하고 작품을 감상하였으며, 여러 가지 비유법과 상징을 능동적으로 잘 파악함.	비유와 상징의 개념과 효과를 알고 작품을 감상하였으며, 여러 가지 비유법과 상징을 파악함.	비유와 상징의 개념과 효과를 파악하거나 작품에 사용된 여러 가지 비유법과 상징을 파악하는 데 많은 노력이 요구됨.
	시의 주제 파악	시적 상황 및 시어의 의미를 파악하여 주제를 정확하게 끌어냄.	시적 상황 및 시어의 의미를 추론하며 주제를 파악함.	시적 상황 및 시어의 의미를 추론하며 주제를 파악하는 데 많은 어려움을 겪음.
모둠	모둠 기여도	일관성 있게 적극적으로 토론에 기여하고 주어진 모든 과제를 적극적으로 수행했다.	모둠에 기여하는 바가 있지만 일관성이 없고, 다른 누군가가 독려하는 경우 할당된 과제를 완수했다.	모둠에 기여하는 바가 없고 할당된 과제를 완수하지 못했다.
	모둠원들과 협동	여러 가지 의견을 제시하고 말할 때와 들을 때 다른 친구들의 감정과 의견을 배려했다.	간혹 의견을 제시하고 때로 친구들의 말을 경청하거나 배려한다.	의견을 공유하지 않고 다른 친구들의 감정과 의견을 배려하지 않는다.

2. '시, 너를 알고 싶다' 프로젝트에 대한 소감을 다음 질문에 대한 대답을 중심으로 정리해봅시다.

＊수업을 통해 무엇을 알게 되었는가? 더 궁금한 점은 무엇인가? 궁금증을 어떻게 해결할 것인가? 배움을 발전시키기 위해 자신이 해야 할 일은 무엇인가? 어떻게 실천할 것인가? 프로젝트에서 자신이 잘한 점은 무엇인가? 앞으로 다르게 해볼 것은 무엇인가? 이번 프로젝트는 자신에게 어떤 의미가 있는가?

_____

_____

_____

_____

_____

_____

'시, 너를 알고 싶다' 쪽지시험

1학년   반   번   이름: _____

1. 비유와 상징의 개념을 설명하고 예를 드시오. (비유법은 직유, 은유, 의인법을 다 설명할 것)

_____

_____

_____

_____

_____

2. 내가 연구한 두 개의 시 중 하나를 골라 내용을 자세하게 해설하고 표현 방법(비유와 상징)에 관해 설명하시오.

＊분석할 시 제목: _____

_____

_____

_____

_____

3. 다른 친구가 연구한 시 중 하나를 골라 내용을 자세하게 해설하고 표현 방법(비유와 상징)에 관해 설명하시오.

＊분석할 시 제목: _____

_____

_____

_____

_____

4. 모둠이 함께 연구한 시 중 하나를 골라 내용을 자세하게 해설하고 표현 방법(비유와 상징)에 관해 설명하시오.

＊분석할 시 제목: _____

_____

_____

_____

_____

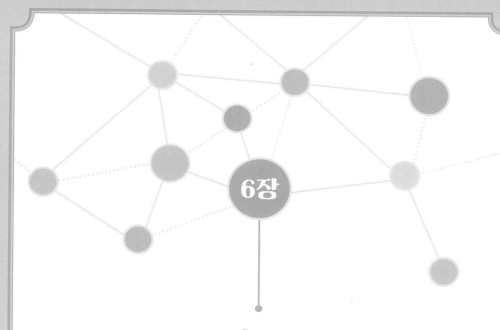

6장

우리 동네
생태지도 만들기

+

사회, 과학, 미술 수업

인천에 갔다가 우연히 '공공 프로젝트: 개항장 고양이 문화생태지도'를 보게 되었다. 개항장 문화지구 안에 있는 커다란 나무, 야생동물, 동네 고양이, 강아지 등 현황을 파악한 지도였는데 보는 순간, 이것을 학생들과 함께 만들어봐야겠다는 생각이 들었다.

학교 주변 생태를 관찰하면 얼마든지 지도로 만들 수 있을 것 같았다. 진짜 지도처럼 크게 제작해보면 어떨까? 지도에 그려져 있는 생태에 관한 설명도 같이 넣으면 어떨까? 이런저런 생각을 하며 어떻게 수업으로 구현할 수 있을지 주변 선생님들과 의논했다. 사회 시간에 학생들은 이미 지도를 배운 후였다. 과학 선생님에게 여쭤보니 생태 단원이 2학기 끝 무렵에 있는데, 2학기 시작하자마자 당겨서 수업하고 바로 국어 수업으로 넘어가면 좋겠다고 하셨다.

① 여러 교과와 융합 수업 준비하기

국어 시간에는 무엇을 어떻게 할 수 있을까. 성취기준을 살펴보다가 '비유와 상징의 표현 효과를 바탕으로 작품을 수용하고 생산한다'와 '목적에 맞게 질문을 준비하여 면담한다'라는 성취기준을 골랐다. 1학기 때 비유와 상징의 표현 효과를 바탕으로 작품을 수용하는 것은 '시, 너를 알고 싶다' 프로젝트를 통해서 했으나, '생산한다'는 가볍게 다루고 넘어갔다. 그렇다면 비유가 들어간 묘사하기를 통해 '생산한다'를 달성할 수 있겠구나 싶었다. 면담하기는 동네 어르신을 만나 면담하는 계획을 세웠고, 묘사 대상에 관한 면담으로 내용에 제한을 두면 되었다. 미술 선생님과도 이야기해서, 전교생이 하나의 지도를 만드는 협동화 방식으로 가자, 세밀화를 넣어보자, 이렇게 이야기했다. 그리하여 약간은 즉흥적으로 '우리 동네 생태지도 만들기' 프로젝트가 시작되었다. 6장은 『함께 여는 국어교육』(2019) 통권 136호에 실은 원고를 바탕으로 수정한 글이다.

2학기가 시작하자마자 사회, 과학, 미술, 뒷반 국어 선생님과 함께 이야기를 나누었다. 마침 2학기에 다른 학교 선생님들에게 혁신학교 수업 공개도 있어 그것과 함께 묶으면 좋겠다는 이야기도 나왔다.^{표①} 융합 수업은 이렇게 교사들이 시간을 내서 모여 앉는 데서 시작된다. 내가 융합 수업을 자주 한다고, 몇 과목이 함께하는 융합 수업도 진행했다고 말하면 선생님들이 놀란다. "어떻게 융합 수업을 했는데요?" 질문도 쏟아진다.

융합 수업을 의논하기 가장 좋은 시기는 2월이다. 요즘은 학교마다 2월에 며칠씩 나와 1년 계획을 짜는 신학기 대비 연수를 하니, 그때 같은 학년에 들어가는 선생님들끼리 모여 앉아 교육과정 재구성 논의를 하면 좋다. 개인적으로 시작할 땐 어쩔 수 없이 친한 교사를 찾아야 하

[표❶] 우리 동네 생태지도 만들기 융합 수업 계획

과목	차시	개요	세부 내용	비고
사회	1	지도와 위치	• 교과서 내용 요약	
	2	인터넷 지도 탐구	• 구글, 네이버, 다음 지도의 공통점과 차이점 • 인터넷 지도로 길찾기 하는 방법	컴퓨터실
	3	축척	• 한글 프로그램 활용 축척별 지도 알아보기 • 학교 가는 길 지도에서 찾아보기	컴퓨터실
	4	자연/인문환경 탐구	• 학교 가는 길의 자연환경, 인문환경 찾아 적기 및 평가	
과학	5, 6	생태계 학습	• 동영상 시청 • 생태계 속 생물과 비생물 • 생태계의 체계	본 답사를 하기 전까지 과학과와 국어과는 동시에 진행
	7, 8	생물의 분류	• 생물 분류하는 방법 • 답사에서 관찰하는 방법	
국어	9	목표 세우기	• 프로젝트 안내, 목표 세우기, 모둠 나누기	
	10, 11	묘사하기	• 비유적인 표현을 적용하여 묘사하기 • 이미지 카드를 이용한 묘사하기 연습	
	12	면담하기	• 면담하기의 방법, 예시글 읽기 • 역할 나누기, 모둠별 계획 세우기	
	13	사전 답사	• 자신들이 맡은 구역 살피기 • 어떤 생태계가 있는지 훑어보기	
	14		• 질문 만들기, 본 답사 계획 세우기	
과학 국어	15, 16	본 답사	• 모둠별로 묘사하기에 쓸 대상 찾아 사진 찍고 간단한 설명 적기 • 모둠에서 고른 대상에 관해 설명해줄 수 있는 사람을 찾아 면담하기 • 컴퓨터실에서 한글로 옮기며 고쳐쓰기	과학, 국어 수업시간 연결하여 답사
과학	17, 18	생태계 보전	• 생물다양성의 보전 필요성 • 답사에서 관찰한 생물이 생태계에서 사라진다면 어떻게 될지 생각해보기	
국어	19~21	면담 결과물 정리	• 묘사하는 글쓰기, 고쳐쓰기 • 면담 내용 나눠서 글로 쓰기 • PPT 만들기	컴퓨터실
	22, 23	발표	• 발표하며 상호평가	
	24	평가	• 개인 성찰 소감문 쓰기	
사회 과학 국어	25, 26	발표회	• 우리 동네 생태지도 만들기 답사 결과 발표	강당
미술	27	세밀화 그리기	• 찍은 사진을 바탕으로 세밀화 그리기	
	28, 29	지도 그리기	• 모둠별 지도 그리기 • 그린 지도에 세밀화 오려 붙이기	

지만, 학교 차원에서 함께 의논할 시간을 주면 학년의 전반적인 교육과정을 짜볼 수 있다.

이때 논의를 활발하게 하기 위해서는 각 과목의 교과서나 성취기준이 필요하다. 보통 교사들은 내가 가르치는 학생들이 다른 과목에서는 무엇을 배우는지 잘 모른다. 하지만 다른 과목 교과서를 들여다보는 순간, 해볼 만한 아이템이 보인다. 각 과목의 교육과정은 겹치는 부분이 많다. 진로/진학, 환경, 생태, 통일, 독도 등을 조금만 보면, "어? 그 과목에도 이 내용 있네요?" 싶은 것이 많다. 따로따로 진행하는 것보다 융합 수업 프로젝트로 유기적으로 진행하면 과목마다 조금 시간을 덜 들이면서도 훨씬 괜찮은 효과를 볼 수 있다.

국어나 영어 같은 도구 교과 과목은 도덕, 사회, 과학 같은 내용 교과와 결합하기 좋다. 미술, 음악, 기술 같은 표현 과목도 융합 수업을 하기 좋다. 과학과나 사회과에서는 매번 쓰라는 보고서를 국어과와 함께하면 갑자기 보고서의 질이 확 올라간다며 좋아한다. 매번 그리기나 만들기를 하라고 말하는데, 미술과나 기술과와 함께하면 갑자기 훌륭한 작품이 나온다.

2월에 따로 이야기 나눌 시간이 없다면 교원학습공동체를 통해 융합 수업과 관련된 논의를 할 수 있다. 또 2월에 계획은 세웠으나 그것이 얼마나 제대로 진행되었는지 점검하기 위해서 2학기 개학 날 오후에 같은 학년에 들어가는 선생님들이 함께 모여보는 것도 좋다. 우리 동네 생태지도 만들기는 2학기 개학 첫날, 그 어중간한 어디쯤에서 시작했다.

우리 동네 생태지도 만들기 프로젝트를 듣더니 사회 선생님께선 전공을 살려 학교 근처를 28개의 구역으로 나누었다. 국어 성취기준을 달성하기 위해서는 구역 선정 때 꽤 복잡한 고려사항이 있었다. 아파트 단지가 많으면 묘사할 동식물이 별로 없고, 산을 낀 공원이 많으면 면담해줄 사람이 없을 것이었다. 세심하게 구역을 나눈 후, 뒷반 국어 선생님과 각 구역을 각 반 모둠에 배당하였다. 미술 선생님은 협동화 그리기에 좋게 프로그램을 이용해 모둠별로 분할해주셨다.

이미 3월 사회 시간에 지도 수업을 한 후라서, 2학기 시작은 과학과의 생태계 학습 수업부터 시작했다. 과학 선생님은 학생들에게 생태계 영상을 보여준 후, 생태계가 어떤 것일지에 관해 생각해보게 했고, 생태계를 구성하는 생물, 비생물에 관해 학습했다. 종속과목강문계에 이르는 생태계 체계를 배운 후, 답사를 나가서 생태계 관찰을 어떻게 해야 하는지 수업에서 다뤘다.

교과 융합 프로젝트의 장점 중 하나는 수업 시수가 적은 과목은 다른 교과와 함께 엮이면서 평소에 엄두를 내지 못한 활동을 할 수 있다는 점이다. 또한 완결된 과제 수행을 위해서 내가 잘 모르는 분야를 내 수업에서 하지 않아도 된다. 다음 과학 선생님의 이야기에서도 알 수 있다.

"과학 수업 자체가 중학교에서는 한정된 실험실 내에서만 있고, 기껏해야 학교에 있는 암석이 전부여서 관찰할 수 있는 시간이나 장소, 여유가 부족했어요. 그런데 이런 식으로 밖에 나가서 생태를 볼 수 있다는 게 너무 좋았어요. …각 교과 교사가 잘할 수 있는 것에 관해 회의 때 말하면 될 것 같아요. 과학의 경우, 과학 수업의 일부분이잖아요. 관찰 부분 이런 건 사회과나 국어과보다 잘하니까요."

과학 시간에는 답사를 마친 후 '답사에서 관찰한 생물이 생태계에서 사라진다면 어떻게 될까' 상상해보면서 생태계 수업을 마무리 지었다.

과학 교과의 성취기준은 다음과 같다.

> [9과03-01] 생물다양성을 이해하고, 변이의 관점에서 환경과 생물다양성의 관계를 설명할 수 있다.
>
> [9과03-03] 생물다양성 보전의 필요성을 이해하고, 생물다양성 유지를 위한 활동 사례를 조사하여 발표할 수 있다.

② 목표 세우기

국어 수업에서 우리 동네 생태지도 만들기 프로젝트를 위해 가져온 성취기준은 다음과 같다.

> [9국02-02] 독자의 배경 지식, 읽기 맥락 등을 활용하여 글의 내용을 예측한다.
> [9국01-03] 목적에 맞게 질문을 준비하여 면담한다.
> [9국01-10] 내용의 타당성을 판단하며 듣는다.
> [9국05-02] 비유와 상징의 표현 효과를 바탕으로 작품을 수용하고 생산한다.

프로젝트의 시작은 '목표 세우기'부터다. 이 프로젝트를 왜 하는지, 이 프로젝트에서 나의 목표는 무엇인지를 생각하고 나누는 시간이다.

우리 동네 생태지도 만들기 프로젝트를 왜 할까? 2분 쓰기 한 것이다.

- 우리 동네 생태지도 만들기를 하는 이유는 우리 동네를 더 잘 알고 생태에 관해서도 배우기 위해서 한다. 이 활동을 하고나서 나는 우리 동네에 뭐가 있는지, 어떤 생태가 있는지 많이 알게 되고, 지도를 보는 사람들에게도 알려줄 수 있을 것 같다. 지도를 만들면서 설명과 묘사에 관해서도 배울 수 있다.
- 이 프로젝트를 하면 사람들이 우리 동네에 무엇이 있고, 어떤 것이 있는지 알 것이고, 새로워진 것들도 많이 알게 될 것이다. 그리고 나는 이 프로젝트가 우리 동네에 어떤 생태가 있는지 찾으려고 하고 분석하는 것 같다. 난 이게 정말 나에게 이 동네에 관해 알아가는 시간을 줄 것 같다. 재미있겠다.

우리 동네 생태지도 만들기 프로젝트에서 나의 목표는?

- 나의 목표는 우선 내가 맡은 구역을 제대로 만들고 그곳의 생태에 관해 잘 알게 되고 다른 친구들이 만든 구역의 지도도 잘 살펴보고 싶다는 것이다. 그리

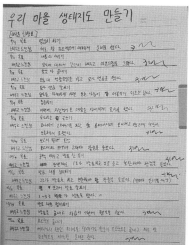
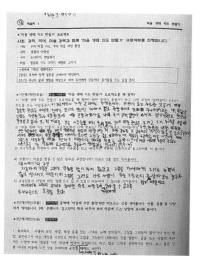

고 큰 문제 없이 끝내는 것이다.

• 나의 목표는 이 동네에 어떤 다양한 것이 있고 어떠한 생태계가 있는지 알고 싶고, 모든 과목에서 잘하고 싶다. 글도 잘 쓰고 그림도 잘 그리고 과학과 사회 과목에서 이해를 잘하고. 그리고 친구들과 사이좋게 싸우지 않고 하는 것이다.

그다음은 채점기준표를 보면서 자신의 지금 상황을 파악해보는 시간이다. 뒤의 학습지 8단계의 채점기준표를 함께 읽으며, 지금의 자기 상황과 목표는 무엇인지 확인한다. 자신이 지금 어느 수준인지 생각해서 검정색 펜으로 동그라미를 치게 한 후, '보통'이나 '미흡'을 받을 것 같은 항목에 관해서는 그 이유를 쓰고, 친구들과 그것을 나누고 조언한다.

【 '보통'이나 '미흡'을 받을 것 같은 항목과 조언 】

- 항목: 마무리. 나는 글을 쓸 때 마무리가 제일 어렵기 때문이다.
- 조언: 다른 사람이 쓴 글을 많이 읽어보고, 글 쓰는 연습도 많이 한다.
- 항목: 구성. 대상의 순서를 어떻게 표현해야 할지 잘 모르겠고, 그림으로
  어느 정도 묘사할 수 있지만 그래도 힘들 것 같다.
- 조언: 순서대로 부위를 나눠서 차례대로 해봐라.

③ 비유적 표현 이용하여 묘사하기

    두 번째 시간부터는 본격적으로 묘사하기를 배운다. 묘사하기는 이전 교육과정에서 초등학교 6학년 단계에 있었지만, 2015 교육과정이 되면서 사라졌다. 하지만 2018년도에 만난 학생들은 초등학교 6학년 때 이미 묘사하기를 배운 터였다. 이번 수업의 핵심은 비유적인 표현을 제대로 사용하며 묘사하기를 하는 것이다. 묘사와 서사, 묘사와 설명의 차이를 배운 후, 이미지 카드를 이용해 묘사하기를 연습한다. 이미지 카드 더미에서 모둠원이 보지 못하게 마음에 드는 한 장을 고른다. 묘사하기 전에 간단한 개요를 짠 후에 (멀리에서 가까이, 혹은 왼쪽에서 오른쪽, 부분 부분별로) 사진의 장면을 최대한 자세하게 묘사해본다. 모둠을 만들어 다른 친구들에게 자신이 쓴 글을 읽어준다. 다른 친구들은 이야기를

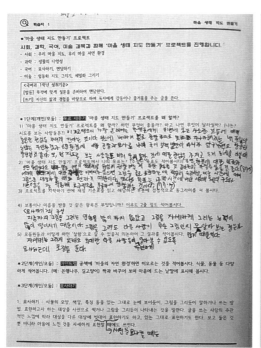
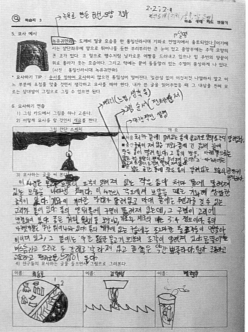

묘사하기 연습

듣기만 하고, 들은 대로 학습지에 그림으로 그린다. 그림 그린 친구들이 먼저 그림을 보여준 후, 묘사한 친구가 이미지 카드 사진을 보여준다. 그림과 어떻게 다른지 살피고, 묘사가 제대로 되지 않은 부분을 함께 의논하여 수정한다.

④ 면담하기

면담하기는 이전 교육과정에서 초등학교 6학년 단계에 있었으나, 2015 교육과정이 되면서 중학교 1학년으로 올라왔다. 2018년 중학교 1학년 학생들은 두 해 연속 면담하기를 배우는 셈이다.

면담의 기본 요소를 학습한 후, 선배들이 썼던 「동네 어르신 인터뷰하기 자료집」을 함께 읽혔다. 2015년에 1학년 학생들과 수업한 결과물을 묶어 만든 자료집인데, 한번 만들어놓으면 후배들이 학습할 때 매우 유용하다. 교사가 잔소리할 일이 많이 줄어든다. 일반적으로 어떤 과제를 제시할 때 잘된 작품의 모습이 교사의 머릿속에만 있지, 학생들의

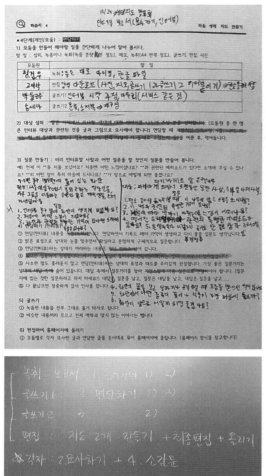

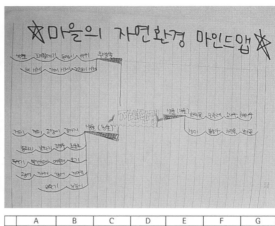

	A	B	C	D	E	F	G
1	1반 1조	1반 2조	1반 3조	1반 4조	1반 5조	3반 6조	2반 1조
2	4반 2조	3반 1조	1반 6조	2반 5조	2반 4조	2반 3조	2반 2조
3	4반 3조	3반 4조	3반 5조	3반 1조	4반 1조	4반 2조	4반 3조
4	5반 1조	5반 2조	5반 3조	5반 4조	5반 5조	4반 4조	4반 5조

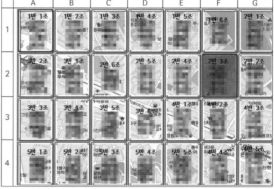

눈앞에는 그려지지 않는 경우가 많다. 구체적 예시를 보여주어야 학생들이 감을 잡는다. 이런 면에서 선배의 작품만큼 좋은 예시는 없다. 만약 이전에 해보지 않은 수업이라 보여줄 것이 없다면 최대한 비슷한 것을 찾거나, 교사가 직접 쓰거나 만들어서 보여주는 것이 좋다.

자료집을 읽으면서 어떤 질문을 했는지, 면담을 어떤 방식으로 재구성해 글로 옮겼는지 확인하게 한다. 면담의 내용을 보고서에 적을 때, 질문과 대답을 그대로 옮기는 것이 아니라, 비슷한 내용끼리 묶고 분류해 소제목을 붙여 본문을 구성하게 한다. 차례에 '들어가며'와 마지막에

'소감'도 들어가야 한다. 그러려면 질문도 만들고, 역할 분담도 명확해야 한다. 4명이 분담하며 녹취, 편집, 글쓰기 1, 글쓰기 2로 나눈다. 녹취를 맡은 학생은 면담 녹음한 것을 전사하고, 보고서의 '들어가며'에 넣을 1)우리가 맡은 지역 소개, 2)사전 답사와 본 답사에서 있었던 일을 쓴다. 편집을 맡은 학생은 맡은 구역 지도(묘사 대상 위치 표시)를 만들고, 보고서를 최종적으로 편집해 홈페이지에 올린다. 글쓰기 1을 맡은 학생은 면담하기에서 1)면담하기까지 과정, 3)면담을 마친 후 부분을 쓰고, 글쓰기 2를 맡은 학생은 면담하기에서 2)면담 내용을 정리한다. 또한 답사 장소 정경과 면담 사진을 찍어 보고서에 사진 자료를 첨부한다. 각자는 비유적인 표현을 넣어 묘사하는 글을 쓰고, 자신이 묘사한 대상 사진을 첨부한 후 소감문을 10줄 정도 작성한다.

다음 시간에 답사를 나가야 하므로 모둠이 맡은 위치를 대략 알려주고, 나가서 어떤 것을 찾을 수 있는지 마인드맵을 그려보게 했다. '학교 가는 길 글쓰기' 프로젝트에서 학생들이 자연환경을 찾는 것을 어려워했던 경험이 있어서, 가능하면 많이 가지를 쳐서 브레인스토밍을 해보게 했다. 모둠별로 친구들이 그린 마인드맵을 살펴보면서 아이디어를 더 얻어보게도 했다.

⑤ 10분 책읽기와 예측하며 읽기

예측하며 읽기는, '학교 가는 길 글쓰기' 프로젝트에서도 『글쓰기 기본기』를 가르칠 때 간단히 설명하고 표지를 보고 책 내용을 예측하는 활동을 했다. 또 '책 예고편 영상 만들기' 프로젝트에서도 소설을 읽고 다음 내용을 예측했다. 다시 한번 간단히 예측하기 활동을 정리하고, 이번 프로젝트에서도 소설을 읽은 후 예측하는 활동을 이어나갔다. 학생

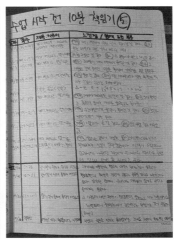

예측하며 읽기

들이 묘사에 대한 감이 부족한 것 같아 소설을 읽으면서 묘사가 뛰어난 구절을 베껴보라고 말했다.

⑥ 사전 답사와 본 답사 나가기

　다음 시간은 사전 답사를 나간다. 학생들이 지도상에 표시된 것과 실제 거리를 잘 가늠하지 못해서, 바로 본 답사에 들어가면 장소를 찾다가 시간을 다 쓰게 된다. 사전 답사 때는 지도에 표시된 전체 구역을 한 바퀴 돌고 묘사할 것 몇 개를 점찍고, 어떤 사람에게 면담할지 생각하는 것으로도 1시간이 빠듯하다. 수업시간에 학생들끼리 나가는 것이라 그전에 자기 모둠 구역 지도를 주고, 안전과 관련해 잔소리도 해야 한다. 길에서 혼자 핸드폰을 들여다보다가 사고가 나기 쉬우므로 모둠으로 함께 움직이라고 일러준다.

　다시 교실에서 본 답사 준비를 한다. 사전 답사의 관찰을 바탕으로 면담 세부 계획을 짠다. 어디서 누구에게 면담 요청을 할지, 어떤 질문을 할 수 있을지, 어떻게 해야 5분에서 10분 정도의 면담을 끌어낼지 의논한다. 열린 질문을 해야 하며, 말하는 사람의 이야기를 잘 듣고 있다가 이어서 질문하는 것이 좋다는 조언도 빼놓지 않는다. 면담하는 동안 녹음하고, 사진 찍고, 혹시 녹음이 잘못될 경우를 대비하여 메모해야 한다고 당부한다.

본 답사는 과학 시간과 묶어서 두 시간 동안 답사를 하러 갔다. 시간표를 변경하여 반별로 국어, 과학을 나란히 묶어서 두 시간을 확보했다. 학년 전체가 짝수 반이었을 때는 1반이 1교시 국어면 2교시 과학, 2반이 1교시 과학, 2교시 국어 이런 식으로 두 시간을 묶어 교사 2명이 두 개 반을 데리고 나가기도 했다. 학생들은 교문 밖에만 나서면 순식간에 흩어진다. 미리 안전 교육과 해야 할 행동, 하지 말아야 할 행동을 교육하는 것이 필요하다. 일과 시간에 교복을 입고 외부활동을 나가는 것이기에 주변 사람들의 시선을 의식할 수밖에 없다. 그 덕인지 학생들은 일탈 행동을 거의 하지 않는다. 그래도 혹시 모르기 때문에, 교복을 입고 이상한 행동을 하다가 이웃 어른들이 보게 되면 학교로 항의가 들어오고 학교 명예를 떨어뜨리는 것이 된다며 겁을 주기도 한다. 어른들과 면담할 때 반드시 신분을 밝히고, 왜 면담을 하려는지 정중하게 말씀드려야 한다고, 절대 예의에 어긋나는 행동을 하면 안 된다고 신신당부한다.

학생들은 답사에 대해 양면적인 감정을 가진다. 수업시간에 바깥바람을 쐬니 좋은 것이다. 게다가 일찍 할 일을 끝내고 아이스크림이라도 하나 사 먹으면 이보다 더 좋을 순 없다. 하지만 답사에서 벌어지는 상황은 예측 불가능하기 때문에 애를 먹기도 한다. 가장 큰 것은 면담하기다. 예를 들어 오전에 답사 나간 학생들은 면담해줄 사람을 구하는 데 고생했다. 가게는 문을 열지 않았고 길거리에서 만난 사람들은 마음이 바쁘다. 계속 거절당하자 학생들은 점점 뻔뻔해지고, 나름 사람의 관상을 보고 덤비는 실력도 는다. 오후에 나간 친구들은 더위로 고생하기도 했다. 교실에 앉아 있는 것보다 재밌겠다, 하면서도 막상 해보니 쉽지만은 않다고 생각한다.

- 어느 분야에서 일하는 분과 면담해야 하는지 몰랐는데, 안내원분들께서 도와주셔서 별 차질 없이 면담을 진행할 수 있어서 좋았다. 면담하러 갈 때 서울대입구 지하철역에서 근무하시는 역무원분께서 친절히 말씀해주셔서 좋았다. 묘사하기를 이론적으로 알아 이해하는 데 큰 어려움 없이 재미있게 준비를 할 수 있어 좋았다. 실제로 나가서 식물을 찾고 사진을 찍는 것도 별로 어렵지 않았다.

- 이번 프로젝트는 지금까지 경험해본 기존의 수업들과는 달리 흥미롭고 재미있었다. 그 이유는 선생님께서 묘사할 대상을 정해주시지 않고 우리에게 자유롭게 돌아다니고 즐기면서 학습할 기회를 주셨기 때문이다.

- 답답한 학교에서 나가서 공기를 쐬니까 내가 학교를 째고 나온 건지 내가 학교에 갔다온 건지 착각에 빠졌었어요. (중략) 애들하고 같이 돌아다니면서 떠들면서 가니까 뭔가 학교에서 하는 게 아니고 저희끼리 각자 하고 싶어서 하는 프로젝트 같은 느낌이 들었어요.

- 그다음에 또 나갈 때는 사람 없는 시간이었고, 인터뷰는 사막에서 바늘 찾기 수준이었다. 합쳐서 10분이 아니라 한 분한테 10분은 진짜 민폐였고, 우리가 면담하는지 모르고 계신 분들은 우릴 보는 시선이 마냥 좋지만은 않았다.

- 면담하기는 우리의 실력도 중요하지만 지나가거나 인터뷰하는, 식물 주변에 사는 사람들의 인성과 느긋함, 친절함도 중요하다. 결국은 면담하기도 약간의 운이 필요한 것 같다.

- 그리고 모르는 사람한테 부탁해서 면담해야 하는 것이어서 쑥스러워서 못할 것 같다고 생각이 들었는데 막상 해보니 괜찮았다. 혼자 하는 것이었으면 못했을 텐데 애들이랑 같이해서 할 수 있었다.

묘사할 대상 찍기

면담하기

어려움에도 불구하고 소득은 있었다. 학생들은 직접 동네 어르신을 만났으며, 생태계에 직접 나가서 확인하고, 면담을 실제로 해보고 관찰을 통해 묘사를 하면서 배움을 완전히 자기 것으로 만들었다.

- 면담을 실제로 하면서 배우니까 훨씬 도움이 되는 것 같고.
- 일단 옷 수선집 옆에 꽃과 식물들이 있어서 옷 수선집에서 면담하기로 했다. 그런데 옷 수선집 주인분이 담배를 피우면서 욕을 내뱉었다. 용기를 내서 옷 수선집에 들어가고 면담을 요청하고 면담하는데, 내가 여태까지 생각한 것과는 다르게 의외로 부드럽게 대답하셨다. 그래도 살짝 귀찮거나 까칠한 말투여서 살짝 무섭기는 했다. 그래도 최대한 내가 기분 안 나쁘게 배려를 해주셔서 말씀해주시니 감사한 마음이 들기도 했다.
- 어르신들, 좀 할머니는 안 무서운데 할아버지는 진짜 무섭게 생기신 분들이 있었는데 해야 하니까 어쩔 수 없이 물어봤다. 그런데 되게 첫인상과 다르게 진짜 착하게 대하시고 물도 한 잔 사주시고. 어르신 중에 착한 분들 많아서 잘해주시고 존댓말도 써주시고 나이도 어린데 존중받는 기분이 들어서 재밌게 했어

요. (중략) 저희집에 알로에가 하나 있는데 그분(알로에에 관해 면담해주신 미용실 아줌마)이 알로에는 어떻게 해야 한다, 그래 가지고 알로에를 옮겨 심었더니 저희집에 알로에가 하나 더 생겼어요. (중략) 수업 후 달라진 거요? 알로에 화분이 하나 더 생겼어요.

- 저희가 뭐 어르신들이 뭘 하든 몰랐잖아요. 식물에 관한 이야기를 한 거니까 솔직히 그 얘기만 들을 줄 알았는데 자기 사는 얘기를 좀 더 해주셨어요. 자기 살아오면서 있었던 일을 10중 2, 3 정도 이야기를 해주셔서요. 어떻게 사셨는지, 어떤 게 어렵고, 너희는 이렇게 해서 살았으면 좋겠다, 하는 인생의 교훈 같은 걸 주셨던 거 같아서 이렇게 밖에 나가서 사람들 만나보고 대화를 해보고 하는 것도 나쁘진 않은데.

⑦ 답사 후 정리하기

답사 다녀온 후 우선 찍어온 주변 환경 사진을 바탕으로, 묘사하기 글을 쓴다. 묘사 대상의 정확한 이름을 잘 모르길래 '모야모'라는 앱을 통해 알아보게 했다. 한번 찾아보고 묘사한 식물은 아마 절대 잊지 않을 것이다. 비유적인 표현을 제대로 넣으면 좋겠다는 생각에 박지원의 『열하일기』에서 읽은 구절을 예시로 들었다(학습지 5단계 참조). 학생들은 답사 때 쓴 학습지를 다시 고쳐 쓰고 돌려 읽는다. 돌려 읽으면서 마음에 드는 표현에 밑줄 치고, 간단한 댓글을 달게 했다. 보통 학생들은 친구들의 비유적인 표현에 밑줄을 많이 쳤다.

【 묘사하기 】

- 우리 집 근처 슈퍼마켓 옆쪽에 소나무가 하나 심어져 있다. 다 자라서 사람 키 정도 되는 보통 나무들과 달리 이 소나무는 심은 지 3~5년 정도밖에 안 되어

좀 작다. 그리고 위치도 바닥에 심어져 있는 게 아니라 좀 낮은 위쪽이 넓은 담 같은 데 있어서 눈에 잘 띈다.

전체적인 모양은 기둥에 제일 굵은 가지 2개가 Y자로 뻗어 있고 그 밖에 잔가지들이 듬성듬성 나 있다. 우선 기둥은 맨 아랫부분이 엄청 얇다. 두 손으로 다 감쌀 수 있을 정도다. 그리고 위로 갈수록 조금씩 더 얇아진다. 표면이 매끄럽지 않고 듬성듬성 껍질이 벗겨져 있어서 땅이 갈라진 것 같기도 하고 누가 파먹은 것같이 되어 있다. (중략) 잎은 20~30개 정도씩 모여 있는데 긴 막대 모양이고 안쪽 중심에 가까운 쪽은 연두색, 그리고 끝으로 갈수록 색이 점점 진해진다. 중간중간 갈색 잎들도 있다. 잎들이 모여 있는 중심부는 하얀색과 회색이 섞여 있어서 가까이서 보면 하나의 꽃처럼 보인다.

- 김○준 : 이 소개글을 읽으니 소나무의 모습이 잘 상상이 간다. 묘사를 잘 했다.

- 박○솔 : 묘사를 사용하여 이해하기 편하고 연상도 된다. 그리고 묘사가 적절히 사용되어 생생하다.

- 정○호 : 소나무에 관해서 아주 자세히 묘사를 해주었다.

• 벌개미취의 모습은 기지개하듯이 활짝 펴져 있다. 그리고 노란색의 암술과 수술은 서로 뒤섞인 채, 마치 벌레 알들이 모여 있는 것처럼 보이며 29개의 연보라색 꽃잎은 알에서 중간으로 올라가는 부분이 막대기처럼 가늘고 끝부분은 공처럼 둥글다.

꽃의 줄기는 부서질 듯 아주 가늘며, 잎은 타원 모양으로 아주 예쁘다. 꽃과 잎들이 옹기종기 모여 있었는데 마치 우리 가족들이 서로 도란도란 이야기를 나누는 것처럼 보인다.

마지막으로 꽃을 볼 때마다 수수하고 아름다워서 손을 대면 깨질 것 같은 투명하고 영롱한 유리 같다는 생각이 들어 아주 신기했다.

- ○○○ : 벌개미취의 모습을 기지개하는 모습으로 생각한 것이 대단하다.

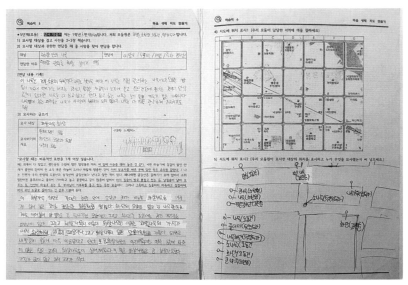

답사 학습지와 묘사하기

보고서와 PPT 만들기

남은 시간에는 보고서와 발표하기를 어떻게 할지 의논한다. 모둠원 전체가 보고서를 쓰고, 발표도 모두 자기 몫을 해야 한다.

그다음 시간은 컴퓨터실에서 자료를 만든다. 모둠에서 자기가 맡은 부분을 글로 쓰는데, 한 사람당 한 편의 묘사 글과 보고서에서 맡은 부분을 써야 한다. 보고서 양식은 홈페이지에 미리 올려놓고 양식 안에 어떤 식으로 써야 하는지 구체적인 조건을 좋알좋알 달아놓았다. 학생들은 양식을 다운로드한 후 내용을 쓰고 편집을 맡은 친구에게 이메일로 보낸다. 각자 써야 하는 부분과 분량이 있어서 일이 몰리지 않는다. 보고서를 끝내면 발표 PPT를 만드는데, 보고서에 들어간 지도 두 장(전체에서 맡은 부분과 묘사 대상이 어디에 있는지에 대한 것)을 넣고, 묘사 대상에 비유적인 제목을 달고 원경 사진, 근접 사진을 넣는다. 마지막에는 면담 사진을 넣는다. 발표는 다음과 같이 나눈다. 사전 답사와 본 답사 이야기 1명, 각자 묘사한 대상 이야기와 면담 과정에 1명, 면담 내용 2명, 끝나고 나서 소감은 각자 한다.

⑧ 상호평가와 피드백 하기

두 시간에 걸쳐 보고서와 PPT를 만든 후 먼저 보고서를 돌려 읽는다. 홈페이지에 올린 보고서를 모아찍기로 2부씩 출력해 모둠 학생에게 나눠준 후, 한 방향으로 보고서를 돌린다. 2명이 보고서 1개를 함께 읽으며 의논해 빨간 펜으로 수정할 부분을 고친다.

이어서 답사 결과를 발표한다. 친구들이 답사 때 겪은 우여곡절과 면담에서 들은 다양한 이야기가 발표에 재미를 더한다. 한 모둠씩 발표하고, 발표하는 동안 다른 모둠에서는 간단하게 발표 내용을 적고, 질문과 칭찬을 각자 적는다. 한 모둠의 발표가 끝난 후 발표한 학생들은 자리로 들어가 자기 평가서를 작성하고, 다른 모둠은 각자 쓴 질문과 칭찬을 나누며 모둠 질문(모둠 질문 1개와 만약을 대비하여 예비 질문 1개를 더 만들라고 함)과 모둠 칭찬(각자 쓴 칭찬을 이어 붙여 최대한 자세하고 길게 쓰라고 함)

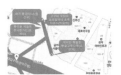

묘사하기 & 면담하기

모둠명 10101 고이삭
10111 박준환
10115 송세이
10119 정건우

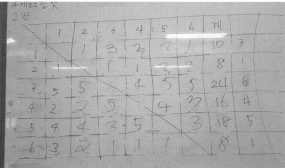

묘사하기 - 면담하기 - 상호평가

을 정리한다. 그 후에 발표한 모둠이 앞으로 다시 나오고, 다른 모둠은 모둠 질문을 던지고 칭찬을 한다. 이렇게 상호평가를 짠 이유는 질의응답 하면서 학생들의 빛나는 생각이 잘 드러나고 수업이 풍성해지기 때문이다. 좋은 질문은 좋은 대답을 유도한다. 질문하고 싶은 사람만 질문하라고 하면 질문의 질이 그다지 좋지 않아 수업의 품격이 떨어진다. 모둠에서 엄선한 질문을 하라고 하면 꽤 깊이 있는 질문이 나온다(하지만 뭐니 뭐니 해도 꼭 나오는 질문은 '면담을 몇 번 만에 성공했는가'다). 그간 고생한 것을 칭찬으로 보상받고 축하받는 자리가 되게 한다. 모둠 질의응답까지 끝나면 발표를 들은 모둠에서는 함께 의논하며 채점기준표에 맞게 발표 모둠에 대해 점수를 매긴다. 모둠원이 합의해서 채점기준표를 작성하기 때문에 채점기준표를 다시금 뜯어보게 되고, 개인이 임의로 다른 모둠을 평가할 수도 없으며 다른 모둠의 평가를 통해 자신을 돌아보게 된다.

모둠별 발표가 다 끝나면 자기 모둠을 제외한 다른 모둠에 부여한 점수를 등수로 환산한다. 모둠에서 1명이 나와 칠판에 자기를 제외한 등수를 적는다. 그 등수를 합산해 가장 적은 숫자인 모둠이 가장 잘한 모둠이 된다. 이 모둠은 '우리 동네 생태지도 만들기' 발표회에서 학급 대표로 발표하는 모둠이다.

⑨ 자기 성찰 평가하기

마지막 차시는 자기 성찰 평가 시간이다. 채점기준표를 다시 읽으며 이번에는 다른 색깔 펜으로 지금 상태에 관해 동그라미를 쳐본다. 원래 예상했던 것과 무엇이 달라졌는지, 달라졌다면 왜 그런지, 여전히 '보통'이나 '미흡'인 항목은 무엇인지 각자 적어보고 앉은 자리에서 모둠을 만들어 '보통'이나 '미흡'을 받은 항목이 '잘함'으로 가려면 어떻게 하면 좋을지 다시 한번 서로 조언한다. 실제 프로젝트를 수행한 후이기 때문에 이때 학생들의 조언은 시작할 때보다는 좀 더 구체적으로 바뀐다.

- 이번 생태지도 프로젝트는 미술, 국어, 과학, 사회 등의 과목과 연합했다. 이 수업에서는 우리가 직접 정해진 구역을 다니면서 그 구역 생태를 조사하고 사람들과 면담을 하였다. 이를 통해 전까지는 잘 몰랐던 우리 동네 생태를 알게 되었고, 사람들과 면담하는 방법과 묘사하는 방법에 관해 알게 되었다. 이 프로젝트를 하면서 생태에 관한 관심도 생겼다. 그래서 인터넷이나 책을 통해 내가 관심이 생긴 생태에 관해 더 알아볼 것이다. 이 프로젝트에서는 협동을 잘하게 된 것 같다. 친구들과 역할분담을 그렇게 잘하지는 못했다. 다음 프로젝트에서는 좀 더 잘하고 싶다.

- 수업을 하면서 우리 동네 주변의 자연환경을 더 잘 알게 되고 묘사에 관해서도 배울 수 있었다. 묘사하기는 어려울 것 같았는데 직접 글을 써보니까 그렇게 어렵지는 않았다. 제일 힘들었던 것은 사전 답사와 면담하기였다. 사전 답사는 묘사할 대상에 관해 찾아야 하는데 자세하게 알아야 해서 어려웠고, 면담하기는 묘사 대상에 관해서 잘 아는 사람을 찾아야 하고, 낮시간이어서 지나다니는 사람이 많이 없어서 힘들었다. 다행히 우리가 맡은 지역은 내가 잘 아는 곳이라서 더 쉽게 할 수 있었다. 이번 프로젝트를 하면서 우리 주변에 자연환경과 거기에 얽힌 이야기가 의외로 많다는 것을 알게 되었고 묘사하는 글쓰기도 연습이 많이 되었다.

- 이번 프로젝트를 통해 내가 주변에서 볼 수 있는 사소하고 별로 거창하지 않은 사물들이 이렇게 소중한 수업 자료와 기억에 남을 만한 소재로 쓰일 수 있다는 것을 알게 되어, 앞으로 대단하지 않은 것들도 깊은 관찰력과 탐구심으로 공부해야겠다는 생각이 들었다. 또 우리 지역과는 다른 구역의 생태계는 우리와 어떻게 다른지 알아보고 싶다. 더 나은 묘사를 하기 위해 다양하고 참신한 아이디

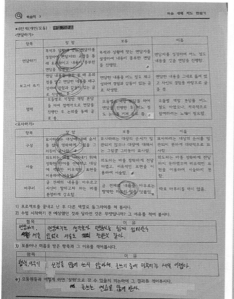
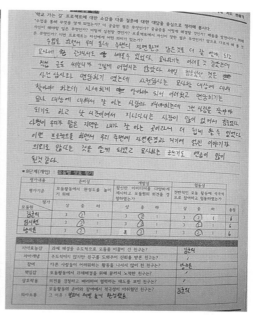

개인 평가와 상호평가

어를 생각해야겠다. 모둠활동에서 내가 담당한 역할은 편집인데, 나의 기대치에 비해 모둠 친구들이 미숙하게 과제를 수행해서 뜯어고치느라 고생했다. 앞으로는 소설을 많이 읽으면서 묘사 실력을 늘리고 사소한 것도 소재로 이용할 수 있는 창의력을 길러야겠다.

⑩ 우리 동네 생태지도 만들기 발표회

사회, 과학, 국어, 미술 시간을 모으고 몇몇 교과 선생님들의 도움을 받아 5, 6교시에 강당에서 학년 전체 학생들을 모아놓고 발표회를 열었다. 1학년 학생 중에서 사회도 뽑고 순서도 정해, 학습발표회 같은 분위기를 만들었다. 학부모님들과 다른 학교 선생님들도 초대하여 제법 큰

발표회 안내장

우리 동네 생태지도 만들기 PPT 발표

발표 후 투표하기

행사가 되었다. 외부 손님들도 오신다고 해서인지 발표 학생들뿐 아니라 반 전체 학생들이 함께 긴장하면서 자기 성찰 평가를 하고, 잠깐 남는 시간에 강당에서 발표 모둠을 연습시키자는 제안도 했다. 발표 연습을 한 후, 반 친구들이 이렇게 해라, 저렇게 해라, 잔소리하는 모습이 정말 귀여웠다.

발표회 때, 1학기에 한 '학교 가는 길 글쓰기' 프로젝트 지도와 '우리 동네 생태지도 만들기' 프로젝트 보고서가 있는 국어 공책을 전시했다. 발표가 끝난 후, 학생들은 스티커 투표를 통해 가장 잘한 모둠을 가렸다.

- 다른 친구들도 많이 열심히 준비했구나, 하는 생각에 뭔가 대단하다는 생각이 들었고, 많은 사람 앞에서 그렇게 말할 수 있는 걸 보니 저도 많은 사람 앞에서 발표하는 능력을 가졌으면 좋겠다고 생각했어요.

⑪ 미술 수업과 공유하기

미술 시간에는 먼저 사진을 참고해 자신의 묘사 대상을 세밀화로 그렸다. 그다음 모둠별로 모여 1/28에 해당하는 지역 지도를 그렸다. 지역의 랜드마크 등 인문환경이 잘 표현되도록 그린 후, 세밀화로 그린 것을 위치에 맞게 오려 붙였다. 전체 1학년 학생 지도는 협동화로 완성되었다. 협동화가 다 완성된 후, 길이 좀 더 명확하게 보이도록 '선을 따는' 어벤져스 학생들을 모집했고, 이 학생들의 도움으로 1학년 학생이 모두 참여한 협동화 지도가 완성되었다.

미술 교과의 성취기준은 다음과 같다.

> [9미02-04] 주제의 특징과 표현의도에 적합한 조형 요소와 원리를 탐색하여 효과적으로 표현할 수 있다.

3월 초에 사회 시간에 지도를 배우면서 시작해, 12월 말에 협동화 지도를 완성하기까지 느슨하게 1년이 걸렸다. 이 프로젝트의 결과물을 마침내 책자로 묶어 학생들에게 배부했다. 협동화는 지도로 만들었으며 현수막으로도 제작해 교문 앞에 걸어두었다.

- 만든 지도가 관악중학교에 걸려 있는 걸 보니까 되게 뿌듯했고, 왔다 갔다 할 때마다 제가 그린 그림이 어디에 있는지 찾는 그런 소소한 재미도 있었어요.

모둠별로 만든 지도

전체 협동화

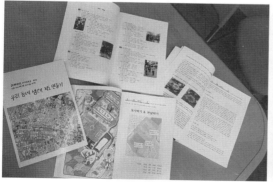

「우리 동네 생태지도」 자료집

우리 동네 생태지도 현수막

• 우리가 협동화를 한 게 나왔구나, 애들이 독특하게 그렸네, 색깔이 다채롭다, 알록달록하다, 그런 느낌? 웬만해서는 그냥 지나치는데 우리 반에 전학 온 애가 있어서 그걸 설명해줬던 기억이 있어요. 언제 그렸고 누가 그렸고 그런 거. 책자를 보니 우리가 왜 그랬지, 엄청 잘했다, 그런 기분보다는 다른 친구가 어떻게 했는지 볼 수 있어서 임팩트가 있었어요.

• 저는 그냥 완전 안 맞을 줄 알았는데 생각보다 완벽하게, 색깔은 다 다르지만 나름 잘 조화가 된다고 해야 하나, 좋았어요. 뭔가 교문 앞에 걸려 있으니까 우리가 열심히 하는 것들을 알아봐주는 것 같아요. 책자로 봤을 땐 다른 애들이 한 걸 볼 수 있어서 이렇게도 시도해봐야겠다 생각하면서 흥미로웠던 것 같고.

⑫ 평가하기와 기록하기

학생들은 이 프로젝트를 끝내고 다양한 평가를 했다.

• 내가 원하는 식물을 찾고 최대한 구체적으로 묘사하고자 노력한 점이 너무 뿌듯했다. 어렵게만 생각했던 묘사가 계속 열심히 해보니 재미가 붙고, 앞으로 더 열심히 하고자 하는 마음이 들어 내 인생의 훌륭한 자산이 된 것 같다. 국어 공부를 색다른 방법으로 하니 마냥 지루하고 재미없는 과목이 아닌, 어떻게 보면 굉장히 흥미로운 과목이 될 수 있다는 것을 느꼈다.

• 새롭게 깨달은 점은 맨날 집에 갈 때 지하철 앞에서 전단지 나눠주는 사람이 있는데 그 사람들이 정말 힘들다는 것을 깨달았다. 앞으로 실천하거나 적용해볼 것은 지하철 앞에 있는 전단지 나눠주는 사람들의 전단지를, 이상한 게 아닌 것은 받아주고 버리는 것이다.

• 앞으로는 길을 가면서 사소한 생물이라도 생명을 존중해야겠다는 생각을 한다.

A	목적과 상황에 맞는 면담자를 설정하고 모둠별로 적절히 역할을 분담하였으며, 효과적이고 내용이 풍부한 면담을 진행함. 면담 내용을 재구성하고 감동이 있는 글로 작성하여 적확한 언어로 발표함.
B	목적에 맞는 면담자를 설정하고 모둠별로 적절히 역할을 분담하였으며, 효과적으로 면담을 진행함. 면담 내용을 재구성하고 글로 작성하여 적확한 언어로 발표함.
C	면담자를 설정하여 모둠별로 역할 분담을 하여 면담을 진행함. 면담 내용을 구성하고 글로 작성하여 발표함.
D	면담자를 설정하여 모둠별로 역할 분담을 하거나 면담을 진행하는 데 약간 어려움을 느낌. 면담 내용을 구성하고 글로 작성하여 발표할 때 노력이 요구됨.
E	면담자를 설정하여 모둠별로 역할 분담을 하거나 면담을 진행하는 데 매우 어려움을 느꼈으며, 면담 내용을 구성하고 글로 작성하여 발표할 때에도 많은 노력이 요구됨.

(2학기) 국어 (자유학기) : 언어폭력의 문제점을 다각도로 정확히 인식하고 자신의 언어생활을 심도 있게 성찰하였으며, 순화가 필요한 부분을 찾아 매우 적절하게 수정함. 다양한 자료를 활용하여 고운 말 쓰기 실천 계획에 대한 의견을 적극적으로 제시함. 단풍나무를 대상으로 목적과 상황에 맞는 면담자를 설정하고 모둠별로 적절히 역할을 분담하였으며, 효과적이고 내용이 풍부한 면담을 진행함. 면담 내용을 재구성하고 감동이 있는 글로 작성하여 적확한 언어로 발표함. 품사의 종류를 정확하게 알고 각 특성을 매우 명료하게 이해함. 어휘의 체계와 양상을 적극적으로 탐구하고 적절하게 활용함.

(2학기) 미술 (자유학기) : 미술부장으로 수업 준비 및 뒷정리를 깔끔하게 하며 수업이 원활하도록 반을 잘 이끎. 캐릭터 만들기에서 표현하고자 하는 대상을 탐색하고 창의적으로 작품을 제작함. 입체 표현의 재료와 용구, 제작 과정에 따른 표현의 특징을 구체적으로 표현함. 창의적 발상의 기본 원리와 방법을 활용하여 작품을 아름답게 제작함. 생태지도 만들기에서 우리 동네의 느낌을 구체적으로 이해하고 표현 방법을 다양하게 응용하여 주제를 능숙하게 표현함.

자유학년제 수업에서 시행했기 때문에 생활기록부의 '교과 세부능력 및 특기사항'에 학생들의 활동 상황을 적어주었다. 먼저 5단계로 나누어 작성한 후 학생들의 특징이 드러나도록 세부 내용을 더 적었다.

⑬ 민주시민 교육의 한 방법 : 동네 관련 교과 융합 프로젝트

학교 공간을 학생 디자인으로 리모델링한 수업과 동네(마을)와 관련한 수업 내용을 중심으로, 대학원을 졸업할 때 「삶터 중심 교과 융합 프로젝트 수업에 관한 경험 연구」라는 논문을 썼다. 학교나 동네(마을) 등 학생 삶의 공간인 삶터를 주제로 하는 융합 프로젝트 수업이 학생뿐 아니라 교사의 시민성 향상에도 도움을 준다는 내용이었다. 논문의 결론 내용을 간략하게 소개하려 한다.

동네(마을)와 관련한 교과 융합 프로젝트 수업은 학생들이 생활하는 학교와 그 주변의 마을, 즉 '삶터'를 소재로 하여 교과의 벽을 넘나들어 여러 교과가 긴 기간 동안 학생이 주도적으로 과제를 완성할 수 있도록 하는 수업이다.

이러한 교과 융합 프로젝트 수업이 잘 이루어지려면 계획 단계에서 함께 논의할 수 있는 공식적인 자리가 있으면 좋다. 이때 다른 교과에 대해 이해할 수 있도록, 각자 교과서 혹은 교과서 목차를 가지고 모이면 이야기가 수월해진다. 이런 수업을 시작한다고 했을 때, 교사와 학생 모두 긍정적인 감정과 부정적인 감정을 함께 지닌다. 재미있고 기대되는 면도 있지만 해보지 않은 것이어서 잘할 수 있을지 불안하기도 하다. 학생은 이러한 수업을 왜 하는지도 쉽사리 동의하지 않는다. 이러한 부정적인 감정을 줄이기 위해서는 교사들끼리 사전에 충분한 논의를 해야 하고, 학생들과는 수업에 관해 함께 이야기하며 목표를 공유하는 것이 필요하다.

실제로 수업 실행 단계에서 교사와 학생은 다양한 경험을 한다. 해볼 만하고 배운 것을 잘 적용할 수 있고 함께하니 좋다는 긍정적인 경험도 있지만, 교사로서는 계획한 대로 진행되지 않고 학생들은 어렵고 시간이 없거나 적용이 어렵기도 해 모둠활동에 힘들어한다. 이러한 문제점을 줄이기 위해서 교사는 실제 예상한 수업 차시보다 더 여유를 두며 계획을 세울 필요가 있다. 또 수업 진행 전부터 평가를 어떻게 할 것인지, 어떻게 해야 학생의 부담은 줄이면서도 질 좋은 결과물을 얻을 수 있을지 서로 의논하며 함께 고민해야 한다. 시간이 넉넉해야 예상치 못한 돌발 상황에 대처할 수 있고, 배운 것을 적용하기 어려워하는 학생들을 도울 수 있다. 또한 관계에서 발생하는 문제를 해결하기 위해 수업 구조나, 모둠에서의 상호 역할 구조를 세밀하게 짤 필요가 있다. 특히 모둠활동의 경우, 학생들을 모둠으로만 모아놓고 학생들 사이에 협력이 알아서 일어나기를 기대하기보다는, 협력이 일어나는 방식이 구조적으로 되도록 분업으로 할 부분과 협력으로 시너지를 낼 부분을 구분해야 하며 이러한 것이 평가에 반영되어야 한다.

수업을 끝내고 나면 교사들은, 교사 스스로도 학생들도 배움이 깊어졌다고 느낀다. 또한, 학생들이 배운 것을 실제에 적용하고 수준 높은 결과물을 내었으며, 생각이 넓어지고 적극적인 태도를 보였기에 또 시도하고 싶은 생각이 든다. 학생들 역시 자신의 배움이나 능력이 늘었고 새로운 깨달음을 얻었다고 느낀다. 반면, 교사들은 조금 더 소통이 잘되었다면 좋았겠다는 아쉬움을 보인다. 이를 위해 정기적으로 모일 시간이 확보되거나, 융합 수업에서 확실한 지휘부가 있으면 도움이 될 것이다. 학생들은 활동하기는 했는데 지식적인 면이 충분하게 채워졌다고 생각하지 않을 때도 있다. 그러므로 계획을 세울 때 평가에서 교과별 성취기준을 달성할 수 있도록, 단지 재미를 위한 활동만은 되지 않도록 신경을 써야 한다.

학생들이 흥미를 갖고 자발적으로 수업에 나서며 배운 것을 실제에 적용하는 데 동네(마을), 삶의 공간인 '삶터'라는 소재는 매우 좋다. 학생들이 자신이 생활하는 곳에 관한 관찰력, 애정, 소속감, 바꾸려는 의지 등을 키워줌으로써 시민성을 기를 수 있는 소재이기도 하다. 또한, 이러한 교과 융합 프로젝트 수업은 학생이 스스로 결정하고 책임지고 판단하며 협력하여 과제를 수행해야 하는데, 이러한 자질 또한 시민성의 한 요소가 된다. 이는 교과의 벽을 넘어 여러 교과에서 함께 자기 교과의 성취기준을 달성하며 학생들의 시민성을 향상할 수 있는, 일상적인 민주시민 교육의 한 방법일 수 있다.

동네(마을) 관련 교과 융합 프로젝트 수업이 제대로 되기 위해서 수업 전이나 수업 진행 과정에서 교사들끼리 끊임없는 의사소통이 필요하다. 혼자 단독으로 진행하는 수업이 아니기에 일단 함께하기로 한 이상, 다른 교사들과 지속적인 소통으로 협업해야만 한다. 개별화되고 고립적인 교사가 아니라 교사공동체의 일원으로서 서로 배우며 성장하는 경험을 저절로 하게 된다. 교사들은 치열한 경쟁을 뚫고 선발된 사람들인 데다, 학교사회가 특별히 협력하지 않아도 굴러가게 분업화되어 있기에 학생들에게 협력의 중요성과 민주사회의 시민으로 살기 등을 가르치기는 했어도 그것을 몸소 경험하며 실천할 기회는 드물었을 수 있다. 동네(마을)와 관련된 교과 융합 프로젝트 수업은 교사가 교실을 벗어나 학교공동체에서 타인과 협력하고 서로 도움을 받으며 나아가 학교를 벗어난 곳에까지 관심을 기울이게 만든다.

이렇게 보았을 때 동네(마을) 관련 교과 융합 프로젝트 수업은 학생들뿐만 아니라 교사들도 공동체성, 협력 등 민주사회를 살아가는 시민성을 기르는 한 방법이기도 하다.

● '우리 동네 생태지도 만들기' 프로젝트

사회, 과학, 국어, 미술 과목과 함께 '우리 동네 생태지도 만들기' 프로젝트를 진행합니다.

- 사회 : 우리 동네 지도, 우리 동네 자연환경
- 과학 : 생물다양성
- 국어 : 비유를 이용하여 묘사하기, 면담하기
- 미술 : 협동화 지도 그리기, 세밀화 그리기

> 〈 국어과 1학년 성취기준 〉
> [듣기·말하기] 목적에 맞게 질문을 준비하여 면담한다.
> [쓰기] 자신의 삶과 경험을 바탕으로 하여 독자에게 감동이나 즐거움을 주는 글을 쓴다.

1단계 개인/모둠 목표 세우기

'우리 동네 생태지도 만들기' 프로젝트를 왜 할까?

1) '우리 동네 생태지도 만들기' 프로젝트를 왜 할까? 하면 무엇이 좋을까? 하고 나면 무엇이 달라질까?
   (나는? 지도를 보는 사람들은?)

2) '우리 동네 생태지도 만들기' 프로젝트에서 나의 목표는? (수정된 목표도 적어봅시다)

3) 프로젝트를 시작하기 전에 채점기준표를 읽고 해당하는 부분에 검정색으로 동그라미를 쳐봅시다.

4) '보통'이나 '미흡'을 받을 것 같은 항목은 무엇입니까? 이유도 2줄 정도 적어봅시다.

5) 모둠원들과 어떻게 하면 '잘함'으로 갈 수 있을지 의논하여 그 결과를 적어봅시다.

2단계 개인/모둠 마인드맵

공책에 '우리 동네의 자연환경' 하면 떠오르는 것을 적어봅시다. 식물, 동물 등 다양하게 적어봅니다.
(예 : 은행나무, 길고양이) 짝과 바꾸어 보며 마음에 드는 낱말에 표시해봅시다.

3단계 개인/모둠 묘사하기

1. 묘사하기

사물의 모양, 색깔, 특징 등을 있는 그대로 눈에 보이듯이, 그림을 그리듯이 말하거나 쓰는 방법. 표현하고자 하는 대상을 사진으로 찍거나 그림을 그리듯이 나타내는 것을 말한다. 글을 쓰는 사람의 주관적인 느낌에 따라 대상을 다른 대상에 빗대어 표현하기도 하고, 있는 그대로 표현하기도 한다. 보고 들은 것뿐 아니라 마음에 느낀 것을 자세하게 표현할 때에도 쓰인다.

2. 설명과 묘사

1) 설명 : 대상에 관한 객관적 지식의 전달을 목적으로 하여 쓰인다.

    예) 오렌지는 감귤류에 속하는 열매의 하나로, 껍질이 두껍고 즙이 많다. 성분으로는 당분이 7~11%, 산이 0.7~1.2% 들어 있어 상쾌한 맛이 난다. 과육 100g 중 비타민 C가 40~60mg이 들어 있고 섬유질과 비타민 A도 풍부해서 감기 예방과 피로 회복, 피부 미용 등에 좋다. 지방과 콜레스테롤이 전혀 없어서 성인병 예방에도 도움이 된다. 날로 먹거나 주스·마멀레이드를 만들어 먹는다. 각종 요리와 과자 재료로 쓰며 고기 요리에 상큼한 맛과 향을 내는 오렌지 소스로도 쓴다. 껍질에서 짜낸 정유는 요리와 술의 향료나 방향제로 쓴다.

2) 묘사 : 대상으로부터 받은 인상과 느낌을 읽는 이에게 생생하게 전달함으로써 가능한 한 자신과 동일한 체험을 가질 수 있도록 하기 위해 쓰인다.

    예) 오렌지는 크기가 어른 주먹만 하며 모양은 공처럼 둥글다. 새콤달콤한 향이 나며 껍질을 만져 보면 매끄럽고 차갑다. 겉껍질은 밝은 주황색이고 껍질의 안쪽은 흰색이며, 꽤 두꺼운 껍질을 벗기면 귤과 같은 속이 나온다.

3. 서사와 묘사

1) 서사 : 사건이나 상황의 변화과정을 시간의 순서로 나타낸 것
2) 묘사 : 대상의 감각적 인상에 초점을 맞춰 그림을 그리듯 표현하는 것

4. 묘사하는 글 쓰는 방법

1) **시각적인 요소를 자극**하라.

    시각을 자극하는 것이 독자가 장면을 이해하는 데 가장 도움이 되기 때문에 묘사하는 글을 쓸 때는 먼저 독자에게 보여주고 싶은 것을 시각적으로 묘사하며 시작해야 한다. 장면, 순간, 경험, 혹은 사물을 독자의 마음속에 여러 가지 강렬한 형용사를 이용해 그려주는 것은 그들에게 그것들에 대한 사진을 주는 것과 같다.

2) 느낌, 냄새, 소리 등 **오감을 활용**하자.

    독특한 관찰을 담자. 뭔가를 묘사할 때, 독자들에게 평상시에는 알아차리지 못했던 느낌, 냄새, 소리 등을 제공하자.

3) **순서를 정하자.**

    ① 전체에서 부분으로

        예) 내 짝의 얼굴은 달걀형이고 귀는 크고 머리는 곱슬머리다.

    ② 순서를 정하여 묘사하기 (위에서 아래, 왼쪽에서 오른쪽 등)

        예) 눈썹은 짙고 눈은 작다. 코는 작고 오뚝하다. 입은 크다.

    ③ 인상적인 부분을 강조하여 묘사하기

        예) 얼굴은 검은 편이고 쑥스러울 때 머리를 긁적인다. 그리고 웃을 때는 덧니가 보인다.

4) **비유법**을 사용하자.

    사람, 장소, 사물을 묘사할 때, 직유나 은유법 등의 비유를 사용하면서 독자들에게 지금 설명하고 있는 것에 관한 느낌을 전달할 수 있다.

5) **마무리**를 짓자.

    독자들에게 지금까지 이야기했던 장소, 사람, 사물들을 기억할 수 있도록 해주는 것이 좋다.

5. 묘사 예시

녹유귀면와는 도깨비 얼굴 모습을 한 통일신라시대 기와로 안압지에서 출토되었다. 여기에서는 상단좌우에 앞으로 튀어나올 듯한 부리부리한 큰 눈이 있고 중앙부에는 주먹 모양의 큰 코가 있다. 코 밑으로 맹수처럼 날카로운 이빨을 드러내고 있으나 입 주변의 양 끝이 위로 올라가 웃는 모습이다. 그리고 턱에는 끝이 돌돌 말려 있는 수염이 풍성하게 나 있다. (사진: 통일신라시대 녹유귀면와)

*묘사하기 TIP: 순서를 정하여 묘사하지 않으면 통일성이 떨어진다. 일관성 없이 이것저것 나열하지 말고 어느 부분에 초점을 맞출 것인지 생각하고 묘사해야 한다. 내가 쓴 글을 읽어주었을 때 그 대상을 전혀 모르는 상대방이 그림으로 그릴 수 있으면 된다.

6. 묘사하기 연습

1) 그림 카드에서 그림을 하나 고릅니다.
2) 어떻게 묘사를 할 것인지 개요를 짭니다.

그림 간단 스케치	개요
	▪처음 ▪중간 ▪끝

3) 묘사하는 글을 써봅니다.

_____
_____
_____
_____
_____
_____

4) 친구들의 묘사하는 글을 들으면서 그림으로 그려봅니다.

이름:	이름:	이름:

5) 그림을 보고 공책에 묘사하는 글을 써봅시다.

4단계 개인/모둠 **면담하기**

1) 모둠을 만들어서 해야 할 일을 간단하게 나누어 맡아봅시다.

할 일: 섭외, 녹음이나 녹화(녹음 분량 5분 정도), 메모, 녹취(A4 반쪽 정도), 글쓰기, 편집, 사진

모둠원	할 일
	녹취 (보고서의 '들어가며' 부분)
	편집
	글쓰기 1 (면담하기의 시작, 끝부분)
	글쓰기 2 (면담하기의 중간 부분)

2) 대상 섭외

맡은 지역에서 묘사할 생태에 관한 이야기를 나누어주실 분을 섭외합니다. (모둠원 중 한 명은 인터뷰 대상과 관련된 것을 글과 그림으로 묘사해야 합니다) 면담할 때 기본적인 인적사항(이름, 나이, 하시는 일, 이 동네에 얼마나 거주하셨는지, 언제 어떻게 이 동네로 오셨는지 등)을 여쭌 후, 적어둡니다.

3) 질문 만들기 : 미리 인터뷰할 사람과 어떤 질문을 할 것인지 질문을 만들어봅시다.

예 언제 이 ○○을 처음 보셨어요? 처음엔 어떤 느낌이셨나요? ○○과 관련된 에피소드가 있다면 소개해주실 수 있나요? ○○의 어떤 점이 특히 마음에 드시나요? ○○가 앞으로 어떻게 되면 좋겠나요?

4) 면담하기 (인터뷰)

① 면담(인터뷰) 내용을 녹음(녹화)합니다. 면담하면서 기록도 해야 기억이 생생하고 다시 물을 질문도 생각납니다.

② 밝은 표정으로 상대와 눈을 맞추면서 확실하고 분명하게, 구체적으로 질문합니다.

③ 면담(인터뷰)하는 상대가 꺼리는 내용은 일단 피하고 넘어갑니다.

④ 최대한 집중하여 경청합니다. 자기 말을 열심히 들어주면 면담(인터뷰)하는 상대 스스로 다 털어놓습니다.

⑤ 사소한 말도 흘려듣지 말고 면담(인터뷰)하는 상대의 표정과 태도를 주의 깊게 관찰합니다. 가장 좋은 질문거리는 상대의 대답 속에 숨어 있습니다. 대답 속에서 질문거리를 찾아 자연스럽게 다음 질문으로 연결하여야 합니다. (질문지에 있는 것만 질문하려고 하지 마세요!) 대답은 질문을 낳고, 질문은 대답을 낳고, 대답은 질문을 낳고……

⑥ 다 끝났으면 정중하게 감사 인사를 합니다.

5) 글쓰기

① 녹음한 내용을 전부 그대로 옮겨 타자로 칩니다.

② 비슷한 내용끼리 모으고 전체 맥락과 맞지 않는 이야기는 뺍니다.

6) 편집하여 홈페이지에 올리기

모둠별로 각자 묘사한 글과 면담한 글을 순서대로 묶어 홈페이지에 올립니다. (홈페이지 양식을 참고합니다)

5단계 모둠 답사 학습지

저는 1학년 ＿＿＿반 ＿＿＿＿＿＿입니다. 저희 모둠원은 ＿＿＿＿＿＿＿＿＿＿＿＿＿＿＿＿입니다.

1) 묘사할 대상을 잡고 사진을 2~3장 찍습니다. (멀리서 + 3~5cm 정도 떨어진 가까운 곳에서)

2) 묘사할 대상과 관련한 면담을 해줄 사람을 찾아 면담합니다.

대상		면담자	
면담한 이유			

[면담 내용 기록 : 메모하기]

3) 묘사하는 글쓰기

묘사 대상		큰 나무 (×) 느티나무 (○)
묘사하기의 개요	예) 처음: 발견한 장소, 묘사 대상에 관한 설명 중간: 멀리서 본 모습 / 꽃 / 잎 끝: 마지막으로 강조	〈대략 스케치〉

⦿ 묘사할 때는 비유적인 표현을 1개 이상 넣습니다.

　　예) 의복이 다 젖었고, 행인들의 수염에 맺힌 땀방울은 마치 벼 잎에 이슬을 꿰어놓은 것 같다. 서편 하늘가에 겹겹이 쌓인 안개가 홀연히 걷히며 한 조각 푸른 하늘이 드러나 파랗게 영롱한 것이, 마치 창호지를 바른 문에 달린 작은 유리창 같았다. / 나는 언젠가 우리 한양의 도봉산과 삼각산이 금강산보다 낫다고 말한 적이 있다. 왜냐하면 금강산은 골짜기가 모여 있어서 소위 일만이천 봉우리라고 불리어, 기이하고 높고 웅장하고 깊지 않음이 없어서 마치 짐승이 발로 붙잡고 있는 듯, 날짐승이 날아오르는 듯, 신선이 하늘로 솟는 듯, 부처님이 가부좌를 틀고 있는 듯한 모습이다. 그러나 그윽하고 침울하며 아득하고 컴컴하여, 마치 귀신 소굴로 들어가는 것 같은 기분이 든다.

(출처: 박지원의 『열하일기』 중에서)

＿＿

＿＿

＿＿

＿＿

＿＿

＿＿

4) 지도에 위치 표시 1 (Posteriza 앱을 이용하였습니다. 우리 모둠이 담당한 지역에 색을 칠하세요.)

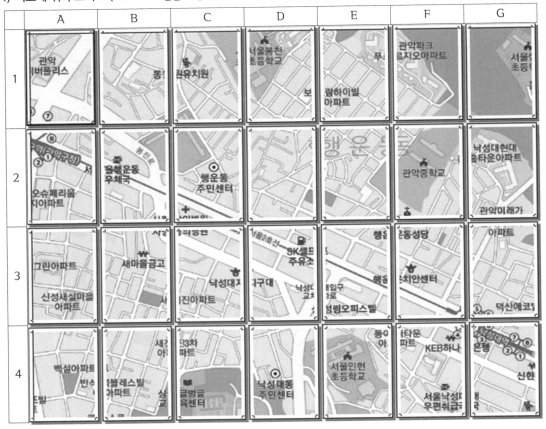

5) 지도에 위치 표시 2 (답사한 구역을 크게 그리고, 모둠원이 묘사할 대상의 위치를 표시, 누가 무엇을 묘사할 것인지 써넣으세요.)

6단계 개인/모둠 작성&제출 – 보고서, PPT 만들기

가. 보고서

1. **홈페이지의 양식 내려받기**: 자기 모둠의 내용으로 바꿀 것
2. 표지에는 자신들이 맡은 구역의 지도를 넣고 그림판을 이용하여 묘사 대상에 관한 내용을 간략하게 작성

> 네이버나 다음 지도 클릭: 모둠에서 선택한 모든 장소가 화면에 꽉 차도록 조정 → Prt Sc PrtSc/PrintScreen → 그림판 열기 → Ctrl+V → 자르기 [자르기/선택/크기 조정/회전] → 브러시 [브러시] 로 그 위치에 별표 등 표시 → 문자 텍스트 입력 [아이콘 A]: 번호, 사물 이름 (예: ① 동글동글 감이 달린 감나무(1번 김가가) ② 인형보다 귀엽구나 길고양이(2번 김나나), ③, ④도 이와 동일)

3. 보고서 본문 쓰기

■ **차례**

1. 들어가며
  1) 우리가 맡은 지역 소개
  2) 사전 답사와 본 답사에서 있었던 일
 	
2. 묘사하기
  1) 오묘하고 신비한 도라지꽃: 1101 김가가
  2) 꼬물꼬물 너는 누구니, 지네: 1102 김나나
  3) 찰싹 달라붙어 올라갈 거야, 붉은 담장 집 담쟁이: 1103 김다다
  4) 묵언수행을 하는구나, 까치산 큰 바위: 1104 김라라
	3. 면담하기
	  1) 면담하기까지 과정
	  2) 면담 내용
	  3) 면담을 마치고
	
	4. 생태지도 만들기 소감문
	  1) 1학년 1반 1번 김가가
	  2) 1학년 1반 2번 김나나
	  3) 1학년 1반 3번 김다다
	  4) 1학년 1반 4번 김라라

■ **들어가며: 녹취한 사람이 쓰기**
1) 우리가 맡은 지역 소개: 맡은 지역에 관한 인문환경, 자연환경, 랜드마크(가게, 공원, 학교 등), 특이한 점이나 특징 〈사진 있으면 사진 넣기〉
2) 사전 답사와 본 답사에서 있었던 일: 사전 답사와 본 답사 각 5줄 이상씩 쓰기

■ **묘사하기: 각자 쓰기**
  오묘하고 신비한 도라지꽃: 1101 김가가 – 제목 멋지게 붙일 것
  〈사진 2장 이상: 먼 데서 찍은 것, 가까이서 찍은 것〉
  예 ○○아파트가 큰길과 만나는 곳에 긴 화단이 있는데 내가 발견한 도라지꽃은 화단의 바깥쪽에 삐죽 튀어나와 있었다. 도라지꽃은 보랏빛이 도는 꽃으로 ~~~ (들여쓰기해서 10줄 이상)

■ **면담하기: 1)과 3)은 글쓰기 1 / 2)는 글쓰기 2**
1) 면담 과정: 면담하기까지 과정, 면담자에 관한 설명(이름, 직업 등), 면담한 장소 소개, 면담한 사람의 첫인상, 면담할 때 분위기, 면담하기 전에 자기 생각 등 10줄 정도

2) 면담 내용 : 소제목 달아서 면담 내용 정리 〈사진 있으면 사진 넣기〉

1. 알로에와 만남 (소제목)

고○○ 할머니께서 알로에에 관해 말씀해주셨다. 손님이 갖다주셔서 키우기 시작했는데 3년 정도 키운다고 하셨다. 3년 치고는 좀 커서 여쭈어보니, 손님이 조금 큰 것을 갖다 주셨다고 하셨다. 고○○ 할머니께서는 알로에가 크고 예쁘게 잘 자라는 모습을 보면서 보람을 느낀다고 하셨다. 알로에의 가지를 자르고 있어 그 이유를 여쭤보니 애들이 지나가면서 툭툭 쳐서 부러지고 떡잎이 돌아서 이것들을 잘라주는 것이라고 하셨다.

2. 알로에를 키우면서 걱정되는 부분 (소제목)

고○○ 할머니께서는 알로에를 잘 키우는 방법을 몰라 걱정된다고 하셨다. 그래도 물은 보름이나 20일에 한 번씩 주고 있고, 키우면서 걱정되는 것은 흙이 너무 많아도 죽고 물이 너무 많아도 죽으니까, 물을 많이 안 줘도 되는 것은 좋지만 혹시나 죽을까봐 걱정이 된다고 말씀하셨다.

3) 면담을 마치고 : 면담을 한 후 든 생각, 느낌, 새롭게 알게 된 점 등

■ 소감문

각자 소감 (학번 이름 + 소감 : 한글 프로그램으로 7줄 이상)

*소감 내용 : 프로젝트를 진행하면서 배우고 느낀 점, 어려웠던 점, 재미있던 점, 새롭게 깨달은 점, 앞으로 새롭게 실천하거나 적용해볼 점 등

나. PPT

▸ 1면 : 우리 동네 생태지도 만들기 + 모둠원
▸ 2면 : 차례
▸ 3면 : 지도 1(우리 동네 지역 전체 지도) + 지도 2(묘사 대상이 포함된 우리 모둠 지역 지도)
▸ 4~7면 : 묘사할 대상 (멋진 제목 붙여서 : 동글동글 감이 달린 감나무) + 학번 이름 + 사진 (먼 데서 찍은 것, 가까이서 찍은 것)
▸ 8면 : 인터뷰한 사진과 인터뷰한 내용의 항목 (개조식으로 간단하게)
▸ 9면 : 소감 (제목만 넣을 것)

다. 발표

▸ 함께 인사
▸ 발표 1 : 맡은 지역 설명
▸ 발표 2 : 사전 답사와 본 답사
▸ 각자 묘사하기 발표 (비유 넣어서)
▸ 발표 3 : 면담하기까지 과정
▸ 발표 4 : 면담 내용
▸ 각자 소감 (30초 이상)

7단계 개인 모둠별 상호평가

★채점기준 (10점 만점)
- 묘사한 대상에 관해 모둠원이 모두 설명을 제대로 했는가 (4점)
- 인터뷰한 내용을 구체적으로 설명했는가 (4점)
- 발표에 맞게 제대로 자료를 만들었는가 (2점)

모둠원	내용	잘한 점 (눈에 띄는 점)	부족한 점 (보완해야 할 점)	점수	등수
				/10	
				/10	
				/10	
				/10	
				/10	

*다른 모둠의 발표를 듣고, 평가기준에 맞추어 채점 후 등수를 매긴다. 등수 총계로 점수 부여.

8단계 개인/모둠 채점기준표

<면담하기>

항목	잘함	보통	미흡
면담하기의 내용	목적과 상황에 맞는 면담자를 설정하여 면담자와 교감을 통해 효과적이고 내용이 풍부한 면담을 진행함.	목적과 상황에 맞는 면담자를 설정하여 내용이 풍부한 면담을 진행함.	면담자를 설정하여 어느 정도 내용을 갖춘 면담을 진행함.
보고서 쓰기	면담 내용을 글로 쓸 때 유의점을 알고 면담한 내용을 재구성하여 경험과 감동이 있는 글로 작성함.	면담한 내용을 어느 정도 재구성하여 경험과 감동이 있는 글로 작성함.	면담한 내용을 그대로 옮겨 썼고 자신의 경험을 바탕으로 글을 씀.
협력	모둠별로 적절한 역할 분담을 하여 협력적으로 면담을 진행한 후 논의를 통해 글로 씀.	모둠별로 역할 분담을 하여 면담을 진행한 후 어느 정도 논의를 거쳐 글로 씀.	모둠별 역할 분담을 어느 정도 하였으나, 적극적으로 참여하려는 노력이 필요함.

<묘사하기>

항목	잘함	보통	미흡
구성	묘사하려는 대상에 관해 순서를 잡아 명확하게 그림을 그리듯이 묘사함.	묘사하려는 대상의 순서가 일관되지 않으나 대상에 대해서는 그림을 그리듯이 묘사함.	묘사하려는 대상의 순서를 일관되지 못하게 대략적으로 묘사함.
서술	의도하는 바를 나타내기 위해 정확한 단어를 선택하고 대상에 적확한 비유적인 표현을 이용하여 서술함.	의도하는 바를 정확하게 전달하였고, 비유적인 표현을 이용하여 서술함.	의도하는 바를 정확하게 전달하지 못하였으며 비유적인 표현을 이용하여 서술하지 못함.
마무리	글 전체의 내용을 아우르고 자신이 말하고자 하는 바를 분명하게 강조함.	글 전체의 내용을 아우르는 짤막한 마무리 말을 덧붙임.	따로 마무리하지 않음.

<발표하기>

	잘함	보통	미흡
내용이 충분한가	묘사할 대상에 관해 비유를 들어 구체적으로 말하였고, 면담 과정과 내용이 자세하여 전체 말하기 분량이 2분 정도임.	묘사할 대상에 관해 구체적으로 말하였고, 면담 과정과 내용이 세부적이어서 말하기 분량이 1분 30초 정도임.	묘사할 대상에 관한 설명과 면담에 관한 설명이 부족하여 말하기 분량이 1분 정도임.
내용이 타당한가	대상에 관한 묘사와 비유가 참신하고 명확하여 설득력이 있고, 면담 내용이 묘사 대상에 관한 구체적인 사실을 담고 있음.	대상에 관한 묘사가 평범하고, 면담 내용에서 묘사 대상에 관한 이야기가 부족함.	대상에 관한 묘사가 대략적이고, 면담 내용에서 묘사 대상에 관한 언급이 없음.
목소리의 크기와 속도	교실 구석구석까지 모든 사람에게 목소리가 잘 들리고 말하는 속도가 적당함.	목소리의 크기가 뒷자리에서는 간신히 들리거나 말하는 속도가 적절하지 않음.	목소리가 바로 옆 사람들에게만 간신히 들림.
발표할 때 자세와 시선	바른 자세로 친구들에게 시선을 골고루 주며 말함.	몸을 흔들거나 손을 움직이는 등 자세가 약간 불안정하거나 장시간 화면이나 바닥을 내려다보며 말함.	자세가 매우 불안정하고 대부분 화면이나 바닥을 내려다보며 말함.

가) 프로젝트를 끝내고 난 후 다른 색깔로 동그라미를 쳐봅시다.

나) 수업 시작하기 전 예상했던 것과 달라진 것은 무엇입니까? 그 이유를 적어봅시다.

항목	이유

다) '보통'이나 '미흡'을 받은 항목과 그 이유를 적어봅시다.

항목	이유

라) 모둠원들과 어떻게 하면 '잘함'으로 갈 수 있을지 의논하여 그 결과를 적어봅시다.

9단계 개인 자기 성찰 평가

'우리 동네 생태지도 만들기' 프로젝트에 대한 소감을 다음 질문에 대한 대답을 중심으로 정리해봅시다.

＊수업을 통해 무엇을 알게 되었는가? 더 궁금한 점은 무엇인가? 궁금증을 어떻게 해결할 것인가? 배움을 발전시키기 위해 자신이 해야 할 일은 무엇인가? 어떻게 실천할 것인가? 프로젝트에서 재미를 느꼈거나 자신이 잘한 점은 무엇인가? 프로젝트를 하면서 힘들거나 어려움을 느꼈던 점은 무엇인가? 앞으로 다르게 해본다면 무엇을 바꾸거나, 무엇을 해볼 것인가? 친구들의 결과물을 보면서 무엇을 새롭게 배웠는가? 이번 프로젝트는 자신에게 어떤 의미가 있는가?

_____

_____

_____

_____

_____

_____

_____

_____

_____

_____

_____

_____

10단계 개인 모둠별 상호평가

가) 내가 한 일, 모둠원들이 한 일에 별점을 주고 그 이유를 2줄 정도 적어봅시다. (아주 구체적으로 진행 과정에서 무엇을 얼마나 열심히 했는지)

이름	별점	이유
	☆☆☆☆☆	
	☆☆☆☆☆	
	☆☆☆☆☆	
	☆☆☆☆☆	

나) 다음 표를 채워봅시다.

평가 내용	준비성			개방성			협동성			
평가기준	모둠활동에서 완성도를 높이기 위해 준비했는가			참신한 아이디어를 다양하게 제시하고 모둠원의 의견을 경청하였는가			전반적인 모둠활동에 적극적으로 참여하고 협동하였는가			
평가 모둠원	상　중　하			상　중　하			상　중　하			총점
	3	2	1	3	2	1	3	2	1	
	3	2	1	3	2	1	3	2	1	
	3	2	1	3	2	1	3	2	1	

정의적 요소	관찰 항목	모둠원 이름
자아효능감	과제 해결을 주도적으로 하며 모둠을 이끌어간 친구는?	
자아개념	주도적이지 않지만 친구를 도와주어 신뢰를 받은 친구는?	
참여	다른 사람들이 어려워하는 활동을 나서서 많이 한 친구는?	
책임감	모둠활동에서 과제해결을 위해 끝까지 노력한 친구는?	
상호작용	의견을 경청하고 배려하며 협력하는 태도를 보인 친구는?	
의사소통	모둠활동의 준비와 참여에서 적극성이 아쉬웠던 친구는? 그 이유 :	

다) 친구들의 발표를 들으며 새롭게 배운 점, 느낀 점을 적어봅시다.

_____

_____

_____

_____

_____

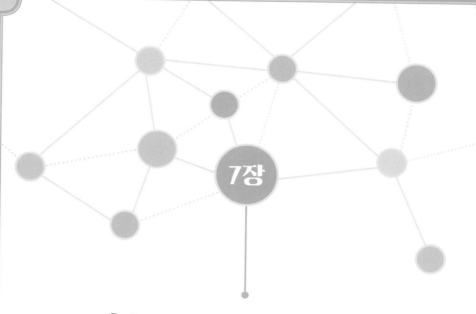

7장

혐오 표현 안 쓰기

+

도덕, 사회 수업

또 한 생명이 안타깝게 우리 곁을 떠났다. 스스로 세상을 등질까 조마조마했는데 아니나 다를까. KBS 보도(2019. 11. 29)에 따르면, 2019년 5월 극단적인 선택을 했을 때도 비방과 혐오의 댓글은 여전했다고 한다. 연예인 구하라의 사생활 기사 5개에 달린 13,700여 개 댓글을 분석했더니 전체의 19%가 얼굴, 성형, 외모, 수술을 비하하는 말이었다. 인터뷰에서 윤성옥 미디어영상학과 교수는 "여성 혐오와 지역 혐오가 혼합된 결과"라며 "평범한 사람이라면 감내하기 힘든 수준"이라고 말했다.

더 먼저 세상을 뜬 설리, 그리고 구하라의 소식을 접하면서 움찔움찔할 수밖에 없었다. 그 댓글 중 하나가 내가 가르쳤던 학생이 쓴 건 아닐까? 난 학생들에게 무얼 가르치고 있는 거지?

여성 혐오(여혐) 이야기가 많이 들린다. 페미니즘과 관련된 수업을 하다가 혹은 책을 읽히다가 학생들과 설전을 벌였다는 이야기도 들었다. 중학교 1학년 아이들은 아직은 말랑해서 그런지, 아니면 내 앞에서 대놓고 그런 이야기를 못해서인지 그다지 심각하다는 생각을 하지 않고 살았는데, 주변 교사들 이야기를 들으니 상황이 자못 심각했다.

함께 학교독서모임 하는 선생님 중 한 분도 지나가다가 한 남학생이 『82년생 김지영』을 읽는 여학생에게 "그런 책을 왜 읽냐, 너 메갈이냐?" 하는 것을 들으셨다고 했다. 그 책을 읽어보고 그런 이야기를 하느냐고 물었더니, 남학생 대답은 "그런 책, 왜 읽어요?"였다고 한다. 그렇구나. 내가 잘 몰라서 그렇지, 상황은 심각했다. 당장 그 모임 자리에서 페미니즘 책을 우리부터 읽어보자는 이야기가 나왔다. 이미 『말이 칼이 될 때』(홍성수, 어크로스)를 함께 읽었던 터였다. 2019년 4월부터 『현남 오빠에게』(조남주·최은영·김이설·최정화·손보미·구병모·김성중, 다산책방), 『여혐, 여자가 뭘 어쨌다고』(서민, 다시봄), 『우리는 모두 페미니스트가 되어야 합니다』(치마만다 응고지 아디치에, 창비), 『엄마는 페미니스트』(치마만다 응고지 아디치에, 민음사) 등을 꾸준히 읽었다. 읽으면서 이것을 어떻게 국어 수업에 적용할 수 있을지 고민도 하게 되었다. 뒷반 국어 선생님과 '언어폭력의 문제점을 인식하고 상대를 배려하며 말하는 태도를 지닌다'라는 성취기준을 달성시키는 활동으로, '혐오'를 중심으로 다루자고 의논했다.

그렇게 여름방학이 왔다. 여름방학 때 '과정중심 평가'와 관련된 연수가 있었다. 국어 교사들이 모여 모둠으로 함께 수업 지도안을 짜는 연수였는데, 우리 모둠 선생님들은 모두 의기투합하여 언어폭력에 관한 대략의 수업 계획을 짜보았다. 모둠을 만들어 자신의 언어생활을 녹음한 것을 바탕으로, 쓰지 말아야 할 말 리스트를 정하고 서로 상대를 감시하고 점검해가면서 느낀 소감을 보고서로 만들고 PPT로도 발표한다는 구조로 대략의 틀만 짜보았다. 이 글은 「제26회 우리말 교육현장학회 학술자료집」(2019. 12. 14)에 발표한 원고를 수정·보완한 것이다.

① 학년부의 요구와 도덕 인권 수업

개학하고 뒷반 국어 선생님과 혐오 표현 관련 수업 이야기를 하니, 옆자리 선생님들도 이 말 저 말 보태셨다. "혐오 표현도 혐오 표현이지만 교무실에 앉아 있을 때 큰소리로 ＊팔, ＊같아, 뭐 이런 소리 좀 안 들었으면 좋겠어. 그런 거는 수업 안 해줘?" 하긴 나도 귀를 씻고 싶은 생각이 충만했다. 1학년 5개 반 딱 가운데에 교무실이 있어서 교무실 앞은 쉬는 시간이 되면 소음이 엄청나다. 누군가 큰소리로 욕하고 지나가면 누구의 목소리인지 짐작하고 그 담임 교사가 쫓아나가 "누가 그랬니?" 한마디씩 해야 했고, 우리 1학년 선생님들 모두 그런 상황에 피로를 느끼고 있는 상태였다. 그래? 그렇다면 비속어까지 함께 넣어보자. 어차피 성취기준에 따라 '언어폭력의 문제점을 인식하고 상대를 배려하며 말하면' 되는 거니까.

모여 앉은 1학년 선생님들과 수업에 관해 이런저런 이야기를 하던 중, 갑자기 도덕 교과에 인권 단원이 있다는 게 떠올랐다. 예전에 1학년을 가르칠 때, 도덕 인권 단원과 함께 이야기가 있는 '동네 지도 만들기'도 하지 않았던가. "도덕 선생님, 2학기에 인권 단원 수업 어떻게 하실 계획이세요? 국어과랑 함께해보실래요?" 그래서 도덕 시간에 인권 전반에 관해 수업을 하면서 초점을 혐오 표현에 두고 진행하면, 그것을 국어과가 이어받아 '혐오 표현 안 쓰기' 융합 프로젝트를 하기로 계획을 세웠다.

도덕에는 '인간 존엄성과 인권, 양성평등이 보편적 가치임을 도덕적 맥락에서 이해하고, 타인에 대한 사회적 편견을 통제하여 보편적 관점에서 모든 인간을 인권을 가진 존재로서 공감하고 배려할 수 있다'라는 성취기준이 있다. 도덕 선생님은 수업을 6차시로 구성하셨다.

차시	내용
1	인권의 개념 알기
2	인권 카드 만들기
3	혐오 표현―현실을 마주하다
4, 5	미디어 이용 혐오 표현 관련 모둠 토론
6	대항 표현 찾기

첫 차시에는 인권 개념을 주제로 공부하고, 그다음 시간에 인권 카드를 만들어보고 발표했다.

그다음 차시는 먼저 혐오 표현에 관한 개념을 알기 위해, 홍성수 저자의 〈세상을 바꾸는 시간, 15분〉(세바시) 강연을 같이 학생들과 본 후, '혐오 표현―현실을 마주하다'라는 주제로 수업을 진행하셨다. 내가 다른 연수에서 얻어들은 내용을 말하자, 도덕 선생님께서 이를 창조적으로 적용한 것이다. 자원 학생이 한 명 앞쪽 의자에 앉고, 카드를 하나 뽑는다. 앉은 학생은 내용을 볼 수 없고 카드에는 노인, 취업준비생, 외국인 노동자, 장애인, 범죄자, 동성애자 등 우리 사회의 혐오 대상이 쓰여 있다. 다른 학생들은 앉은 학생이 뽑은 카드에 맞게 그 사람에 대해 혐

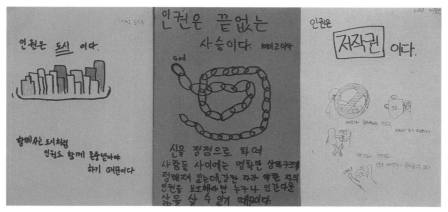

인권 카드 만들기

오 발언을 한마디씩 한다. 그러고나서 앉아 있는 학생은 자신의 감정을 이야기하고, 그 후 자기가 어떤 카드를 뽑았는지 확인한다.

도덕 선생님이 전해주신 이야기로는 의자에 앉아 이미 한바탕 혐오 표현의 물벼락을 맞아본 학생들이 나중에 자리로 돌아갔을 때 더 심한 혐오 표현을 쓴다고 했다. 이미 상처받아 복수심에 불타서인지, '깨진 유리창의 법칙'인지 모르겠으나 선한 기운을 선순환해도 시원치 않을 우리 사회에서 안 좋은 것은 더 빨리 퍼질 수도 있겠다는 생각이 들었다.

미디어에 혐오 표현이 많이 등장한다는 것에 착안하여 도덕 선생님은 혐오와 관련한 다양한 신문 기사를 출력해서 학생들에게 나누어주고, 모둠별로 어떻게 혐오가 드러나는지 살핀 후 발표하게 했다. 도덕 인권 수업의 마지막 순서는 혐오 표현을 대항 표현으로 바꾸어보는 것이다.

혐오 표현과 그것을 듣고 난 느낌 쓰기

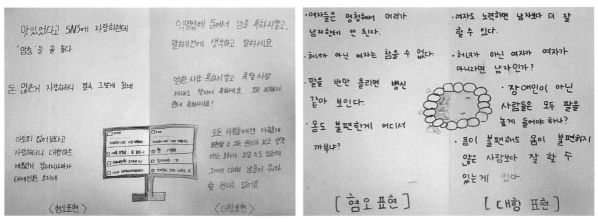

혐오 표현과 대항 표현

② 국어 수업을 시작하기 전에

도덕 수업을 진행하는 도중에 이제 국어 수업을 시작해야 하는 시점이 가까워졌다. 고민이 더 깊어졌다. 학생들이 진짜로 자기 생활에서 상대방을 배려하는 말하기를 실천으로 옮기려면 어떻게 해야 할까? 지식만 안다고 그것이 실천으로 연결될까? 단기간의 수업으로 목표를 달성할 수 있을까? 도덕과와 함께 융합 프로젝트로 진행하면 지식 전달 중심의 수업을 넘어서 긴 기간 삶에 녹아드는 수업이 되지 않을까 기대하는 생각에서 시작했는데, 좀 더 제대로 하려면 어떻게 해야 할까?

'언어폭력의 문제점을 인식하고 상대를 배려하며 말하는 태도를 지닌다'라는 성취기준을 달성하기 위해 여러 교사가 비속어와 관련해 모둠별로 공익광고를 만드는 활동을 했다. 내 고민도 시작되었다. 인권(혹은 학교폭력)과 관련해서도 이런 활동을 꽤 하던데 이게 학생들의 공감능력을 향상할 수 있을까? 오히려 폭력 상황을 희화화하거나 선정적인 것으로 느끼게 하지는 않을까? 물론 이런 수업으로도 학생들의 감수성을 잘 끌어내는 교사도 있으시겠지만 나는 도무지 자신이 없었다.

처음에 내가 짰던 수업안도 마음에 들지 않았다. 모둠에서 금칙어를 정해놓고 제대로 지키는지 관찰해서 그 결과를 발표하는 것인데, 그게 진짜 학생들의 태도 변화를 끌어낼지 자신이 없었다. 학생들이 친구들 끼리 약속을 정해 비속어를 사용하지 않기로 하고, 어길 때 음료를 사주는 광경을 목격한 일이 있다. 비속어 사용을 줄이려는 의도겠지만 내 수업도 그와 비슷하게 진행될까 우려스러웠다. 혐오 표현과 비속어는 다른 사람이 감시하니까 쓰지 말아야 하는 건가? 본인 스스로 우러나와서 해야 하지 않나?

이런 의문을 해결하기 위한 나의 소박한 대답은 '성찰'이었다. 자신의 행위에 대해 돌아보는 것. 지속해서 꾸준히 몸에 밸 때까지 돌아보는 것. 그러려면 혐오 표현이 무엇인지, 왜 이러한 것이 생겨났는지 알아야 할 터였다. 결국, 나는 미리 만들었던 학습지를 다 뒤집었다.

③ 목표 세우기

학생들은 이미 도덕 시간의 예고로 국어 시간에도 혐오 표현 관련 수업을 하리라는 걸 알고 있었다. 전체 융합 프로젝트의 제목은 '혐오 표현 안 쓰기' 프로젝트이지만, 국어 수업 제목은 '전지적 나 참견 시점'이라고 부제를 붙였다. 자신의 언어생활을 지속해서 관찰하고 스스로 참견해야 하므로, 그때 한창 뜨던 예능 프로그램 제목을 패러디했다(7장 학습지 1단계 참조).

도입 부분으로 학생들에게 영상을 몇 개 보여주었다. 비속어의 뜻을 알려주는 영상과 부정적인 말을 할 때의 뇌 상태 영상을 보고, 다른 사람의 말 때문에 상처받은 경험을 떠올려보게 했다.

3단계 **개인/모둠** **목표 세우기: 이 프로젝트를 왜 할까?**

가. '전지적 나 참견 시점' 프로젝트를 왜 할까? 하면 무엇이 좋을까? 하고나면 무엇이 달라질까?

• 이 프로젝트는 지금까지의 나의 언어생활을 되돌아보고 내가 무엇을 잘못 하였는지, 또 어떤 점에서 이상한 행동을 하고 있는지를 알아보기 위해서 하는 것 같다. 또한, 언어폭력의 잘못된 점을 알고 나서 그것을 고치기 위해 하는 것 같다. 만약 이 프로젝트를 끝낸다면 우리는 다른 사람을 배려하면서 말할 수 있게 되고 바른 언어생활을 할 수 있게 될 것이다.

• 솔직히 개인적으로는 이 프로젝트를 하는 이유가 합당하지 않다고 생각한다. 어차피 이 프로젝트를 한다고 해서 그렇게 크게 문제를 분석하는 것도 아니고 선생님과 친구들도 시간이 지나면 이 프로젝트의 교훈을 잊고 욕을 쓸 것을 확신하기 때문이다. 어차피 애들은 실천하지 않을 테니 차라리 지식적인 부분이나 자세히 알려주면 좋겠다.

나. '전지적 나 참견 시점' 프로젝트에서 나의 목표는?

• 이 프로젝트에서 나의 목표는 모둠 친구들과 협력을 잘하는 것이다. 전에 우리 동네 생태지도 만들기 프로젝트에서 모둠 친구들과의 협력이 조금 부족하였기 때문이다. 또한, 혐오 표현과 갖가지 안 좋은 말을 안 쓰는 것이다.

• 수업시간 10분 책읽기에서 혐오 표현에 관한 자세한 글을 읽어봄으로써 진정한 비판의식을 갖는 것이다. 또 PPT나 한글 작업을 할 때도 지난번의 약점을 보완해 완벽한 과제를 수행하고자 노력해야겠다.

프로젝트 초반에 또 한 가지 빼먹지 않고 하는 것은 채점기준표(루브릭)를 함께 읽으며 자신의 상태를 예상하여 동그라미를 쳐보는 일이다. 채점기준표의 내용은 추상적인 언어이기 때문에 교사가 함께 읽으면서 설명을 해야 한다. 채점기준표는 잘함, 보통, 미흡 3단계 척도로 되어 있는데 자신의 예상치에 동그라미를 친 후 '보통'이나 '미흡'을 받을 것 같은 항목을 적고, 예상 이유를 2줄 정도 적는다.

다. 프로젝트를 시작하기 전에 채점기준표를 읽고 해당하는 부분에 검정색으로 동그라미를 쳐봅시다.

라. '보통'이나 '미흡'을 받을 것 같은 항목은 무엇입니까? 이유도 2줄 정도 적어봅시다.

• 듣기·말하기 : 평소에 팩트만을 가지고 비판적으로 말하는 것을 좋아하는데 내 성질이 워낙 다른 사람들의 비위를 하나하나 맞추면서 잘못한 것을 넘기기 힘들기 때문이다.

마. 모둠원들과 어떻게 하면 '잘함'으로 갈 수 있을지 의논하여 결과를 적어봅시다.

• 다른 사람들의 입장이 되어서 이해하면 좋겠지만 그게 안 되면 그냥 성질 죽이고 가만히 입 다물고 있는다.

프로젝트를 새롭게 시작하면서 학생들에게 공책 한 쪽을 제목으로 만들고, 거기에 '배움 진행표'를 만들라고 말한다. 오늘 어떤 수업을 할 거라고 이야기하면 학생들은 그것에 맞게 그날 목표를 쓰고 끝내기 2~3분 전에 '배우고 느낀 점'을 쓴다. 학생들은 이것을 내게 검사를 맡아야 교실을 나갈 수 있는데, 매시간 학생 한 명 한 명 붙들고 얼굴을 보며 이야기할 수 있어서 묘한 중독성이 있다. 실제 그 수업이 학생들에게 어떻게 다가갔는지 매일 교사는 실시간 피드백을 받을 수 있다.

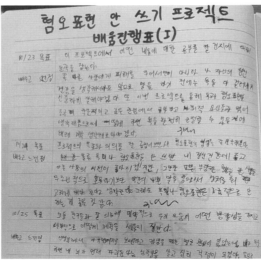
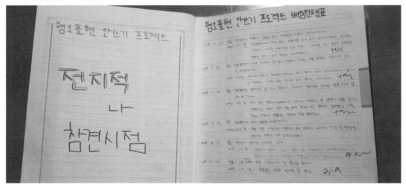

배움 진행표

④ 수업 시작 전 10분 책읽기로 배경 지식 쌓기

약 5년 전부터 수업 시작 전에 학생들에게 10분간 책을 읽힌다. 학생들에게 독서 시간을 주는 것이 중요하다고 생각하기에 수업시간 10분을 떼서 책을 읽힌다. 요새는 1시간을 떼서 아예 독서 시간으로 운영하는 교사들도 많다. 그렇게도 해보았는데 학력이 낮은 학교여서인지 학생들이 20분 이상 집중하는 것을 힘들어했다. 그래서 1시간에 할 것을

■ 2단계(개인/모둠) : 도입 나를 아프게 하는 말

가. 내가 들었던 말 중 나에게 상처가 되는 말들을 적어 봅시다.
장애인, 박○○ 닮았다, 바보, 귀엽다, 머리

나. 영상을 보고 느낀점을 적어 봅시다.
이 영상을 보고 우리가 생각 없이서 목을 건가 않게 사용한다는 것을 알게되었다. 욕을 많이 [?]에 되면 건득없고 여기까지 뇌의 부분이 바뀐다고 하는데 우리들이 이러한 말의 반응한다는 것이 [?]웠다. 그리고 다른 사람들이 목을 하는 장면에서 어떤 욕이 인터뷰[?]처럼 것처럼 말들이 목욕적 표현이 나쁘었다고 않좋아보였다. 다음 (195자) 적는데에게 목을 쓰게 말라고 해야겠다.

■ 3단계(개인/모둠) : 목표 세우기 이 프로젝트를 왜 할까?

가. '전지적 나 참견 시점' 프로젝트를 왜 할까? 하면 무엇이 좋을까? 하고나면 무엇이 달라질까?
이 프로젝트는 거중가거리 나의 언어생활을 되돌아보고 내가 목말을 잘못하였는거, 또 어떤 점에서 잘못 이랬고 하고 있는거를 알아보기 위해서 하는것 같다. 왜냐면 이 프로젝트를 끝낸다면 또한 언어폭력의 잘못된 점을 알아서 그걸 고치게 된하는것 같다. 왜 이 프로젝트를 끝낸다면 우리는 다른 사람을 배려하면서 또 (132자)

나. '전지적 나 참견 시점' 프로젝트에서의 나의 목표는 이 프로젝트에서 나의 목표는 모둠 친구들과 협력을 잘 하는 것이다. 그번 마음 생겨게도 안됨이 프로젝트에서 모둠 친구들과의 협력이 꼭 목록없이 때문이다. 또한 혐오표현과 각가기 안 좋 말고 쓸 것이다. (91자)

다. 프로젝트를 시작하기 전에 채점 기준표를 읽고 해당하는 부분에 검정색으로 동그라미를 쳐 봅시다.
듣기 말하기 1 ㅇ.

라. 보통이나 미흡을 받을 것 같은 항목은 무엇입니까? 이유도 2줄 정도 적어봅시다.
듣기 말하기 1에게 여러족연에게서 언어폭력의 [?]점은 아는것을 잘할수 있을것 같은데 기록적이고 동물적이게 여러 사람에게서 15대을 배려하는 일을 하는자는 것은 어려울 것 같다.

마. 모둠원들과 어떻게 하면 '잘함'으로 갈 수 있을지 의논하여 그 결과를 적어봅시다.
내가 보통이나 미흡을 받을것 같은 항목은 듣기 말하기 1이다. 대비하면 언어폭력의 [?]점을 알수 있을 것 같은데 상대를 배려하는 말은 계속 하 [?]

나를 아프게 하는 말과 관련한 학습지 일부

나누어 매시간 수업 시작 전에 10분간 진행한다.

'혐오 표현 안 쓰기―전지적 나 참견 시점' 프로젝트를 진행하는 동안에는 혐오 표현과 관련한 책들을 읽었다. 책을 4수준으로 미리 제시하고 학생들에게 소개했다. 홍성수의 『말이 칼이 될 때』는 최상 수준이다(도덕 선생님이 홍성수 저자의 〈세바시〉 영상을 보여주셨기 때문에 이 책을 선택한 학생들이 꽤 있다). 그다음 상 수준은 『그건 혐오예요』(홍재희, 행성B잎새)인데, 이 두 수준은 5권 정도 책을 준비해두었다. 학생들이 읽기에 딱

4수준으로 미리 준비한 책들과 수업 시작 전 10분 책읽기

알맞다고 생각한 『말이 세상을 아프게 한다』(오승현, 살림프렌즈)는 중 수준으로 10권을 준비했다. 그조차 읽기 힘들어하는 학생들을 위해서는 『세상을 아프게 하는 말, 이렇게 바꿔요!』(오승현, 토토북)를 5권쯤 준비했다. 이 책은 초등학교 3~4학년 학생을 대상으로 한 책인데, 우리 학교에는 이 정도도 힘들어하는 학생이 한 반에 한 명 정도씩 있다. 요즘에는 『혐오와 인권』(장덕현, 풀빛), 『세상에 대하여 우리가 더 잘 알아야 할 교양─혐오 표현, 차별 없는 세상 만들기』(이승현, 내인생의책) 등 쉽지만 수준 있는 다양한 책들이 많이 나와 선택의 폭이 점점 넓어지고 있다.

학생들은 책을 읽고 요약하고(이미 학습한 1학년 성취기준이다), 보고서에 쓸 만한 내용을 인용하며 프로젝트 동안 10분씩 꾸준히 책을 읽었다. 가끔 다른 책을 읽는 친구에게 서로 읽은 책 내용을 이야기해서 다른 책도 귀동냥할 수 있게 했다. '한 학기 한 권 읽기'가 국어 시간에 도입되어 이와 관련해 진행했고, 중간에 자신의 언어생활을 녹음하는 동안은 '우리말 바로 쓰기' 프로젝트를 진행했으나 그 기간에도 혐오 표현 관련 책을 계속 읽도록 했다. 이미 다 읽은 학생들을 위해 여성, 장애인, 이주노동자 등을 주제로 한 다양한 책을 두 상자 준비했다. 많이 읽은 학생은 3권 정도 관련 책을 읽었고 모두 1권 이상의 책을 읽었다.

앞서 말했듯이 매시간 한 명씩 돌아가면서 수업 일기를 쓰고, 다음 시간에 추천하는 책을 소개한 후 수업 일기를 읽는다. 다음은 수업 초반의 이야기를 쓴 학생의 수업 일기이다.

• 오늘은 '전지적 나 참견 시점'이라는 새 프로젝트를 본격적으로 시작했다. 이번 주제는 '혐오 표현 안 쓰기'이다. 본격적인 수업 시작 전에 혐오 표현의 문제점과 해결 방안을 다룬 책을 10분 동안 읽었다. 선생님께서 수준별로 4종류의 책을 전 시간에 소개해주셨는데, 나는 혐오 표현의 인문학적·사회적 배경을 조금 더 자세하게 보여주고 가장 수준이 높은 『말이 칼이 될 때』를 읽었다. 저자가 우리나라 최고의 혐오 표현 전문가라고 했는데, 서문에서부터 혐오 표현을 다양한 관점에서 보는 시선이 나와서 앞으로 더 읽어나가는 게 흥미로울 것 같다. 본격적인 수업에서는 욕, 혐오 표현 등과 관련된 기본적인 용어를 한번 훑어보고, 우리 스스로 선생님께서 이 프로젝트를 왜 기획하셨고 무엇을 배울 수 있을지 곰곰이 생각해보았다. 이 과정을 통해 욕을 꼭 듣는 사람과의 관계 때문만이 아니더라도 나의 심리 안정과 비폭력적인 성격을 위해 가급적 욕을 하지 말아야겠다는 생각도 들었다. 목표 설정 후에는 욕의 의미와 심각성을 다룬 영상을 보았다. 영상에서 나온 대부분의 욕이 비인격적인 뜻이 있다는 것에 놀랐다. 또 어려서부터 욕을 습관화하면 커서도 거친 말을 남발하고 성격이 나쁜 사

수업 일기

람이 된다고 했는데, 미래의 내 사회생활을 생각해서라도 욕을 하지 말아야겠다. (하략)

⑤ 다른 프로젝트 진행 중에 언어생활 성찰하기

학생들이 자신의 언어생활을 녹음하며 채집하게 했다. 녹음하는 동안에는 한글날과 관련해 한글에 관한 수업과 품사 등을 배우는 '우리말

5단계 **개인** **언어 채집하기: 2주일 동안 하굣길 이후 나의 대화를 녹음하고 녹취해봅니다.**

가. 한 달 동안 하굣길 이후 시간에 자신의 언어생활을 녹음해봅시다.
나. 녹음한 내용 중 언어 순화가 특히 필요한 부분을 골라 녹취해봅시다.
*총 5회 이상, 총 녹음 분량 5분 이상

6단계 **개인** **언어생활 반성하기: 언어생활 돌아보기**

공책에 체크리스트를 만들고 그곳에 표시해봅시다. (누가 어떤 상황에서 이 말을 썼는지 기록(예:김가나, 하교 시간에 장난을 치다가) + 나의 언어생활 반성)

날짜	나의 언어생활 반성
	상대방이 상처받을 만한 말과 행동을 했는지 돌아봅니다.

바로 쓰기' 프로젝트를 진행했다. 학교 내에서는 핸드폰을 쓸 수 없도록 하는 규정이 있어, 주로 하굣길이나 학원 쉬는 시간을 이용하라고 학생들에게 말했다. 녹음하기 전에 반드시 주변 사람들에게 공지해야 한다고 강조했다. 중간에 핸드폰을 포맷했다거나 녹음하는 동안에는 비속어나 혐오 표현 관련 말을 안 하다가 녹음하지 않는 순간 그런 말을 한다며 안타까워하는 친구가 있어, 자주 녹음 파일 개수를 확인하면서 그 상황을 '전사'하여 적어두도록 했다.

10분 책읽기가 끝나면, 본 수업 들어가기 전에 '혐오 표현 안 쓰기 체크리스트'를 통해 매일 자신의 언어생활을 돌이켜보게 했다. 학생에 따라서는 자신은 바르고 고운 말만 쓰기 때문에 반성할 게 없다는 경우도 있어, 텔레비전에서 보거나 주변에서 들은 이야기를 분석해서 써도 된다고 했다. 상대방에 대해 배려가 느껴지지 않는 모든 말을 대상으로 매일(국어가 1주일에 5차시 들어 있다!) 자신의 언어생활을 성찰했다. 왼쪽은 일반적으로 언어생활이 좋은 A 학생이 쓴 체크리스트이고, 오른쪽 2개는 그렇지 않은 B 학생의 것이다.

혐오 표현 안 쓰기 체크리스트

〈A 학생〉

10/26 어제 음악 시간에 ○○에게 멍청하다고 했다.

10/29 혐오 표현 쓰지 않기

10/30 어제 ○○이 말에 '어쩌라고' 해서 ○○에게 상처를 줬다.

11/1   어제 이○○이 통화하면서 시끄럽게 해서 '닥쳐'라고 했다.

11/2   이○○에게 '꺼져'라고 했다.

11/5   어제 예능에서 '새끼'라는 말을 봤다.

11/6   앞으로 혐오 표현 쓰는 것을 줄일 것이다.

11/7   어제 이○○에게 '꺼져'라고 말했다.

11/9   어제 이○○에게 '닥쳐'라고 했다.

11/12 토요일에 ○○에게 '지랄'이라고 했다.

11/13 혐오 표현 줄이기

11/19 혐오 표현 사용하지 않기

11/20 ○○가 하는 말에 '개소리'라고 했다.

11/21 혐오 표현 사용하지 않기

〈B 학생〉

10/26 내가 ㅁㅁ 시간에 동성애에 관해 배워서, 학원 수업에서 기가 선생님께 동성애가 유전적인 변이에 의한 것인지 후천적인 학습에 의한 것인지 물어봤는데 유전적인 변이라고 했다. ㅇㅇ 선생님의 말씀과 달라서, 혼잣말로 '무식한 문과 새끼가 그딴 말을 했네'라고 했다.

10/30 오늘 리그전을 했는데, 친구가 내가 슈팅을 잘하지 못해 조금 짜증을 냈는데, '뭐, **년아. 니가 하면 잘할 수 있냐'라고 했다.

11/1 어제 도덕 시간에 다른 모둠이 발표한 게 너무 부실해서 속마음으로 욕했다. 또 우리 모둠원들이 제대로 준비를 하지 않아 짜증 냈다.

11/2 혼잣말로 담임 선생님께 심한 욕설을 했다. 아무리 혼잣말이어도 너무 무례했던 것 같다.

11/5 어제 국어 모둠원 친구들이 파일을 안 보내서 엄청 심하게 짜증 내고 비인격적인 욕설을 했다.

11/6 아빠랑 학교에서 당한 억울한 일에 관해 이야기하다가 담임을 욕했다.

11/9 학원에서 선생님이 새로운 수학 이론에 관한 설명을 해주셨다. 어려워서 재차 질문을 하고 이해하느라고 고군분투하고 있었는데 애들이 떠들어서 집중력이 떨어져, 닥치라고 했다. 마음을 더 차분히 먹어야 했는데 반성이 된다.

11/11 아침에 엄마가 내 요구를 다 무시하는 것을 알고 화가 나서 엄청 짜증 내고 다 들리게 혼잣말하면서 '아, *발 새끼'라고 했다.

11/14 학원에서 친한 친구랑 장난을 치다가 가운뎃손가락을 날렸다. 우리 둘끼리 장난식으로 웃으면서 넘겼지만 이러한 습관이 일상화된다면 정말 심각한 결과를 낳을 수도 있을 것 같다. 가급적 장난으로라도 욕을 하지 말아야겠다.

(중략)

11/21 ㅇㅇ이가 시험을 못 봤다는 소문을 듣고 '에휴, 공부 좀 해라, 븅신아'라는

욕설을 했다. 장난으로 말한 것이지만 많이 상처가 된 것 같아 미안하다.

11/22 친구한테 우리 담임에 대한 뒷담화를 했다. '＊발, 그 ＊＊ 존나 싫어' 등 심한 욕설과 혐오 표현을 했다. 무식하게 욕을 쓰기보다는 정당하고 이성적으로 따져서 문제를 해결했어야 한 것 같다.

지나고 나면 이 기간이 더 길었어도 좋았겠다는 생각이 든다. 첫 수업을 시작한 10월 말부터 11월 말까지 약 한 달간 지속했는데, 보통 습관이 만들어지기까지 석 달이 걸린다고 하니 말이다.

⑥ 혐오 표현과 연계하여 사회 수업 하기

국어과에서 학생의 언어생활을 점검하며 녹음하는 동안 수업이 지속해서 진행되지 못하는 게 아쉬웠다. 사회 선생님에게 문의하니, 사회 시간에 문화 관련 수업을 해야 하는데 이를 혐오 표현과 연결 지어 보겠다고 하셨다. '대중매체와 대중문화의 의미와 특징을 이해하고, 대중문화를 비판적으로 평가하는 태도를 가진다'라는 성취기준을 혐오 표현을 중심으로 진행한다는 거였다.

사회과 수업 계획은 다음과 같다.

차시	내용
1, 2	교과서 내용 정리
3	방송 선정하여 모둠 편성
4, 5	시청 내용 정리, 발표 자료 제작
6, 7	모둠별 발표, 발표 내용 정리 및 평가

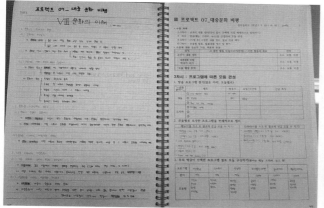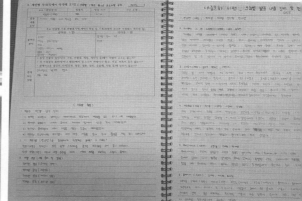

먼저 관련 단원의 내용을 요약하며 정리한 후에 '대중문화 비평' 프로젝트를 진행했다. 모둠을 나누고 예능이나 드라마를 중심으로 프로그램을 정했다. 프로그램을 보면서 그 안에서 혐오 표현이 어떻게 드러나고 있는지 논의를 통해 정리해 발표했다.

⑦ 다시 국어 수업
: 보고서 쓰기와 상호평가 하기

혐오 표현과 관련된 책을 읽고, 언어생활을 녹음하고, 또 매일 체크리스트를 쓰면서, '우리말 바로 쓰기' 프로젝트 수업이 끝났다. 다시 본격적으로 '전지적 나 참견 시점' 프로젝트를 진행했다. 애초 계획은 모둠별로 하는 것인데, 학생 본인의 언어생활을 내밀하게 듣고 성찰하는 데는 개인별로 진행하는 것이 낫겠다고 판단해서 개인별 보고서로 결과물의 내용을 바꾸었다.

학생들과 컴퓨터실에 가서 그동안 읽었던 책 내용, 녹음한 자료를 바

2018 혐오표현 안 쓰기 프로젝트

전지적 '나' 참견 시점

제출 과목 : 국어
제출자 : 1학년 1반 •번 @ @ @

관악중학교

차 례

1. 문제제기

2. 관련 자료 검토

3. 나의 언어 생활 돌아보기
  1) 혐오 표현
  2) 노력 평가
  3) 속성

4. 소감

5. 참고 자료

1. 문제제기

탕으로 보고서를 작성했다. 보고서를 작성할 때 학생들이 편집 형식에 시간을 빼앗기지 않도록 기본 틀을 홈페이지에 올려놓는다. 학생들은 양식을 내려받아 자신의 이야기로 바꾼다. 과제로 내주기보다 수업 시간에 직접 쓰는 시간을 주어야 성취도가 낮은 학생도 따라올 수 있고 교사가 피드백을 해주기 쉽다. 다른 프로젝트 수업과 마찬가지로, 보고서 쓰는 요령은 꽤 세세하게 안내하는 편인데 그래야 중간 이하의 학생들도 볼만한 보고서를 쓸 수 있기 때문이다.

보고서 쓰는 요령에 관해서는 학습지(7장 학습지 7단계 참조)를 사용했고, 옆쪽은 한 학생의 프로젝트 보고서 일부이다.

학생마다 속도 차이가 나기 때문에 모든 학생이 보고서를 다 쓸 때까지 수업을 진행할 수는 없다. 속도가 느린 학생들을 위해 점심시간이나 방과후에 컴퓨터실을 열고 계속 재촉한다. 전체 학생이 보고서를 다 올리면 2쪽씩 모아찍기로 인쇄하여 학생들에게 준다. 인쇄한 보고서를 돌려 읽으며 친구들의 결과물에 빨간펜 선생님 노릇을 한다. 보고서에 직

1. 문제제기

(중략) 더군다나 최근에는 새로운 외래어와 유행어의 보급으로 인해 대부분의 학생이 제대로 된 국어 실력을 갖추지 못하게 될 수도 있다. 또한, 성 소수자, 장애인, 다문화 가정 등 소수자에 대한 혐오 발언은 아직 관련 사회문제에 대한 주관이 부족한 타 학생들에게 잘못된 인식을 심어줄 수도 있다. 나도 말이야 이렇게 하지만 실제로는 굉장히 다양한 혐오 표현을 자주 사용하고 있다. 그뿐만이 아니라 몇몇 친한 친구들에게 하는 소수자 혐오 발언은 특정 정치색을 심어줌으로써 편향된 사고를 하게 할 수도 있어 이 글을 쓰면서 반성이 되는 부분이다.(하략)

3. 나의 언어생활 돌아보기

1) 혐오 표현

나는 살아가면서 생기는 스트레스를 소수자에 대한 혐오 발언으로 해소할 때가 많다.(중략)

상황 2 어떤 친구가 같은 남자애를 장난으로 껴안은 것을 놀리면서 성 소수자를 희화화하고 있다.

나 : 야, 미친 ㅋㅋㅋ 너희들 게이냐. ㅋㅋ.
친구 A : 야, 어디다 갖다 붙여. 크크 겁나 더럽네.
친구 B : 그니까, 그 ＊＊들은 이성으로서 좋아하는 거라니까 애초에 차원이 다르다고ㅋㅋ.
친구 A : 그건 인정. 적어도 다른 사람들한테 병 옮기고 싶진 않음ㅋㅋ.
나 : 다 겁나 싫어하네. ㅇㅋㅇㅋ 인정. 이번 말은 좀 심했다.

이것으로 보아 나는 사회적으로 약한 집단에 대한 우월감을 가지고 있으며, 이 마음을 자주 드러내지는 않지만, 앞으로도 가끔 이런 말을 하면서 혐오감 없는 마음가짐을 갖지 못한다면 위에서 언급한 사람들이 나와 다른 사람들과 진정으로 친해지기 힘들 것이다.

2) 노력 폄하

나의 언어생활에는 타인의 노력을 비하하고 웃음거리로 삼는 부분이 많다.

상황 1 어떤 친구가 시험을 잘 보지 못한 것에 대해 놀리고 있다.

친구 A : 13개밖에 못 맞췄어ㅠㅠㅠ.
나 : ㅋㅋㅋ 공부를 안 하니까 그러지 ＊＊아.
친구 A : 공부 열심히 했는데.
나 : 응 아니야. 그게 공부 한 거냐. ㅋㅋ 개나 소나 잘 보겠네.

상황 2 리그전에서 수비를 맡는 친구들이 실점을 내준 것에 대해 짜증을 내고 비난을 가하고 있다.

나 : 아니 ＊＊년들아 그걸 왜 먹히는데.
친구 A : 우리도 열심히 했는데 걔가 너무 잘했다고.
나 : 개＊＊한다. 니들이 집중을 안 한 거지 드리블도 겁나 못하더만.
친구 B : 그럼 네가 수비 보든가, 우리한테만 책임지게 할 거면.
나 : 너희들 때문에 우리 반이 가망이 없네. 미안한 줄이나 알아 이 ＊＊들아.

나는 친구들이 나름 열심히 한 것을 알았음에도 불구하고 나의 기대 수준에 맞지 않는다고 해서 무시하거나, 노력했다는 것도 알지 못하고 결과만으로 사람을 판단하는 경향이 있다. 앞으로 친구가 실망스러운 성과를 냈을 때는 내 감정대로 행동하기보다는 알지 못하는 사연들을 생각해보며 신중하게 판단해야겠다. 또 설령 별로 노력을 하지 않았을지라도 건설적이지 않은 비난보다는 애정 어린 조언과 격려를 건네주어야겠다.

3) 욕설

나는 조금이라도 기분이 안 좋으면 상황을 가리지 않고 심한 욕을 내뱉는 경우가 있다.

상황 1 반 친구가 아침 조회시간에 떠들어서 집중이 잘되지 않아 욕을 하고 있다.

나 : 아니 ＊＊년아, 닥치라고 다른 사람들한테 피해 가잖아.
친구 A : 근데 왜 욕을 쓰는데?
나 : 너라면 욕 안 쓰겠냐. 떠들 거면 쉬는 시간에 떠들어. 너 같은 애들 때문에 반 분위기만 나빠져.

4. 소감

평소 과격한 내 언어 습관이 문제인 것 같고 반드시 고쳐야겠다고 다짐했지만 결국 다 흐지부지해져서 계속 욕을 남발한 것 같다. 하지만 이번 기회를 통해 어떤 점이 문제인지 제대로 파악하고, 욕을 듣는 사람이 나라고 생각하니 타인의 마음을 이해할 수 있었다. 또 다른 친구들이 나랑 잘 맞지 않거나 미성숙한 행동을 할 때가 많은데, 이로 인해 격화된 마음은 최대한 속으로만 두고 계속 참아보는 연습이 필요한 것 같다. 커서도 나와 안 맞는 사람들을 많이 접하게 될 건데, 그때도 지금같이 욕을 해대면 지금의 습관을 탓할 것이기 때문이다. (중략) 무엇보다도 다른 친구들이 나와 다르니 이상하고 틀리다는 왜곡된 생각은 빨리 버리고 진정성 있는 관계를 만들어야겠다.

보고서 쓰기

접 적기도 하고, 자신의 학습지에 평가 결과를 쓰기도 한다. 채점기준에 맞게 점수도 부여한다. 개인 보고서의 경우 7~8명 정도가 볼 수 있도록 돌리는데, 전체 구성이나 어법, 맞춤법 등은 이 과정에서 꼼꼼하게 수정을 받는다. 차례가 자기한테 돌아오지 않아 할 일이 없을 것을 대비하여 읽을 책을 한 권씩 책상 위에 두면 어떤 학생이 느리게 검토해도 할 일이 있다. 그동안 교사는 한 명씩 불러내어 구조를 비롯해 큼직한 것만 고치도록 짚어준다. 마지막으로 자신의 것을 받은 후, 친구들의 지적 사항을 고쳐 다시 올리는 것은 숙제로 해온다.

학생들이 쓴 보고서 중 '관련 자료 검토' 부분이 빈약했는데, 이 내용은 모둠을 만들어 함께 의논하도록 했으면 좋았겠다는 생각이 든다. 모둠별로 자신의 분류 상황도 함께 나누었다면 더 나은 보고서가 될 수 있겠다. 눈꽃 축제에서 발표할 '반가 만들기' 프로젝트 개사를 국어 시간에 진행해야 해서(음악, 체육 과목과 진행 시기를 맞추어야 했다) 조금 서둘러 끝냈던 것이 아쉽다.

⑧ 자기 성찰 평가하기

　다음 차시는 처음에 보았던 채점기준표를 다시 한번 점검한다. 처음에는 예상치를 표시했지만, 과제가 끝난 후에는 자신이 직접 했던 수행의 결과를 토대로 채점기준표를 다시 작성한다. 수업 시작하기 전에 예상했던 것과 달라진 것, 그 이유를 적고 '보통'이나 '미흡'을 받은 항목을 적어본 후 모둠 친구들과 '잘함'으로 끌어올리기 위해 무엇을 할 수 있을지 의논한다. 이때에는 모둠을 만들어 한 학생이 설명하면 다른 친구들이 듣고 있다가 조언하고, 발표한 학생은 그 내용을 학습지에 적도록 했다.

　학생들이 채점기준표를 완전히 이해하기는 어렵다. 아울러 친구들 조언이 쓸모 있지 않을 때도 있다. 하지만 지속해서 성취기준과 평가기준을 생각해보면 지금 내 수준을 알 수 있고, 앞으로 어떤 점을 발전시켜야 할지 고민하는 계기도 된다. 평가가 학생들의 성장을 돕기 위해서는 지금 자신의 모습을 본인이 아는 것부터가 시작이다. 방향만 알고 있다면 부족한 부분은 앞으로도 충분히 채울 수 있다.

> 가. 프로젝트를 끝내고 난 후 다른 색깔로 동그라미를 쳐봅시다.
>
> 나. 수업 시작하기 전 예상했던 것과 달라진 것은 무엇입니까? 그 이유를 2줄 이상 적어봅시다.
> - 듣기·말하기: 프로젝트를 시작하기 전에는 의식적으로 고운 말을 하고자 노력하면 순화된 말을 쓸 수 있으리라 생각했는데 충동적 욕구를 넘지 못한 것 같다.
>
> 다. '보통'이나 '미흡'을 받은 항목과 그 이유를 2줄 이상 적어봅시다.
> - 듣기·말하기: 욕 쓰는 것이 문제라는 것은 충분히 느꼈지만 매 순간의 감정을 잘 다스리지는 못했기 때문이다.

라. 모둠원들과 어떻게 하면 '잘함'으로 갈 수 있을지 의논하여 그 결과를 적어 봅시다.

• 쉽지는 않겠지만 하루에 욕을 얼마나 했는지 직접 세면서 내 언어생활이 얼마나 심각한지 계속 느끼면서 자연스럽게 고칠 수 있게 한다. (1반 고○○)

이후는 자기 성찰 평가의 단계이다. 처음에 자신이 세웠던 목표에 비추어 자기 자신이 수행했던 일을 되돌아본다. 다음과 같은 질문을 주고 자신을 성찰하게 한다. 채점기준표를 자꾸 들여다보고 고민을 했기에 학생들이 마지막 자기 성찰 평가서를 쓸 땐 자연스럽게 채점기준표의 기준에 비추어 자신의 모습을 평가한다. 일반적인 소감문과는 조금 다른, 말 그대로 자기 평가서가 된다.

• 이번 수업은 내 언어 실태의 문제점을 제대로 알게 해준 유익한 시간이었다. 다양한 자료를 통해서 내가 하는 욕설과 혐오 표현으로 인해 타인이 받는 실질적인 피해에 관해 구체적으로 알게 돼 역지사지로 공감할 수 있었다. 친구들의 언어생활을 살펴보면서 조심스러운 말을 할 수 있게 되었다. 처음에는 욕을 쓰는 것을 문제시하는 것에 대해 의문이 들었지만, 타인에게뿐만이 아니라 나 자신에게도 막대한 피해가 있다는 점이 충격적이어서 어느 정도 조심을 할 수 있게 되었다. (중략) 이번 프로젝트는 모둠활동보다는 개인적으로 노력해야 하는 부분이 훨씬 많았기에 모둠원들 때문에 마음고생을 하지 않아도 돼서 나았다. 앞으로는 더 나은 언어생활을 가지기 위해 노력해야겠다. (1반 고○○)

사실 이 평가서를 쓴 학생은 프로젝트를 처음 시작할 때 '솔직히 개인적으로는 이 프로젝트를 하는 이유가 합당하지 않다고 생각한다'라며 '어차피 애들은 실천하지 않을 테니 차라리 지식적인 부분이나 자세히 알려주면 좋겠다'라고 한, 체크리스트에서도 자신의 언어생활을 적

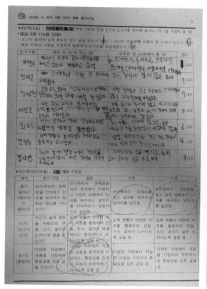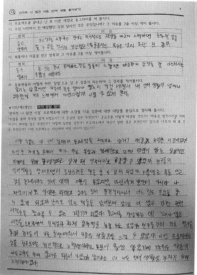

나라하게 보여주었던 그 학생이다. 본인은 혼잣말이라고 하지만 친구에게나 선생님에게나 가리지 않고 수위 높은 욕을 자주 남발하던 학생이었는데, 지금은 작년에 가르쳤던 담임 선생님께서 말씀하기를, 정말 많이 나아졌다고 한다. 나도 1주일에 1시간씩 수업을 들어가는데, 그 학생이 험한 말을 하는 것을 들은 기억이 없다. 뭔가 성장하긴 한 모양이다.

⑨ 평가하기와 기록하기

마지막 단계는 이 모든 프로젝트를 기록하는 단계이다. 다음은 한 학생의 생활기록부 '교과 세부능력 및 특기 사항'(자유학년제에서는 이것이 곧 성적표 내용이다)에 교과별로 기록한 내용이다. 지금은 자유학년 성적표에 글자 수 제한이 없어져 더 자세한 성적표 작성이 가능해졌다.

> (2학기) 국어(자유학기) : 언어폭력의 문제점을 다각도에서 정확히 인식하고 자신의 언어생활을 심도 있게 성찰하였으며, 순화가 필요한 부분을 찾아 매우 적절하게 수정함.
>
> (2학기) 사회(자유학기) : 대중문화를 비평하는 프로젝트에서 〈뷰티 인사이드〉 프로그램을 맡아 분석하였고, 그 내용을 친구들에게 잘 발표하였음.
>
> (2학기) 도덕(자유학기) : 혐오 표현 줄이기 프로젝트를 통해 혐오의식을 근절하는 성숙한 대항 표현을 만들어냄.

지금까지 이야기한 '혐오 표현 안 쓰기' 융합 프로젝트의 진행을 정리하면 다음과 같다.

과목	시기	수업 내용
도덕	10월 1~3주 (6차시)	인권 개념 알기, 미디어에 드러난 혐오 표현 찾기, 대항 표현 만들기 등
국어	10월 4주 (2차시)	수업 안내, 목표 세우기 이후 '우리말 바로 쓰기' 프로젝트를 진행하며, 지속해서 다음 활동을 함. ① 혐오 표현과 관련된 수준이 다른 4종류의 책을 읽음('한 학기 한 권 읽기') ② 방과후 친구들과의 대화를 녹음함. ③ 매일 '혐오 표현 안 쓰기' 체크리스트를 작성하면서 자신을 돌아봄.
사회	11월 1~3주 (7차시)	대중문화 개념을 알고, 예능과 드라마 등 대중문화에 드러난 혐오 표현 찾기
국어	12월 2, 3주(6차시)	녹취한 것을 바탕으로 자신의 언어생활에 대한 보고서 작성

이 프로젝트를 진행할 때 선생님들께서는 학년이 끝나가는 시점까지 복도에서 큰 소리로 '씨*'이라든가 '새*'라고 하는 소리가 들리지 않는다며 좋아했다. 2학년이 되었을 때도 아이들은 친구에게 안 좋은 이야기를 했다가도 금세 스스로 입을 막거나, 옆 친구의 지청구에 미안해한다. 물론 내가 정색하며 "우리 작년에 자신의 언어생활에 대해 많이 돌

(1학기)국어(자유학기) : 자신의 경험에서 내용을 선정 및 조직하여 어느 정도 충일성 짜게 글을 작성하였으며, 자신의 국어와 성향으로 발표하였으며, 내용의 타당성을 판단하여 듣기 활동을 함. 비유와 상징의 개념과 효과를 잘 이해하여 작품을 감상하였고, 시적 상황 및 시어의 의미를 추론하여 주제를 적절하게 파악함. 작품의 내용과 주제를 정확하게 파악하여 영상 언어에 맞게 표현하여 책 영상 제작시 조원들의 말을 참고하여 자신의 역할을 매우 성실히 수행함.
(2학기)국어(자유학기) : 언어 폭력의 문제를 다각도에서 정확히 인식하고 자신의 언어 생활을 심도 있게 성찰하였으며, 순화가 필요한 부분을 찾아 매우 적절하게 수정함. 다양한 자료를 활용하여 고운말 쓰기 실천 계획에 대한 의견을 적극적으로 제시함. 단풍나무를 대상으로 목적과 상황에 맞는 면담자를 설정하고 모둠별로 적절히 역할을 분담하였으며, 효과적이고 내용이 풍부한 면담을 진행함. 면담 내용을 재구성하고 감동이 있는 글로 작성하여 적확한 언어로 발표함. 품사의 종류를 정확하게 알고 각 특성을 매우 명료하게 이해함. 어휘의 체계와 양상을 적극적으로 탐구하고 적절하게 활용함.

(1학기)사회(자유학기) : 교과서 내용을 체계적으로 잘 요약하였고, 내용을 잘 이해하고 있음. 세계음식 홍보물을 각 문화의 특징을 살려 잘 만들었고, 친구들에게 홍보물의 내용을 적극적으로 설명함. 홍보포스터(또는 PPT,영상)에 기후(또는 지형)의 현상, 원인, 영향을 지도, 사진과 함께 넣어 체계적으로 쉽게 잘 만들었고, 참관자들에게 쉬운 표현으로 자신있게 설명함. 모둠 활동에 적극적으로 참여함. 모든 활동 내용을 체계적으로 잘 정리함.
(2학기)사회(자유학기) : 사회참여 프로젝트에서 '반려동물 목줄 미착용 문제'에 대해 모둠별로 탐구하였음. 자연재해 카드뉴스를 제작하고 발표하는 프로젝트에서 '폭설' 내용을 맡아 열심히 참여함. 대중 문화를 비평하는 프로젝트에서 '뷰티 인 사이드' 프로그램을 맡아 분석하였고, 그 내용을 친구들에게 잘 발표하였음. 교과서 내용을 체계적으로 잘 정리했고, 모둠 활동에 주도적이고 적극적으로 참여함. 사회 교과의 기본 개념을 잘 숙지하고 있음.

(1학기)도덕(자유학기) : 인간의 도덕적 삶의 필요성을 고찰하기 위해 진행된 모둠토론에서 토론의 주제 및 내용으로 활용된 동·서양 인성론의 차이점과 공통점을 체계적으로 인지함. 인성론 중 자신이 지지하는 학설의 입장을 대변하기 위해 풍부하고 깊이 있게 공부하여 근거가 탄탄한 토론을 전개함. 상대방의 의견을 경청하고 주장의 허점을 발견하여 적절한 반박을 펼침. 토론에 대한 흥미와 적극성을 보이는 모습이 훌륭함. 도덕적 개념어의 뜻을 명확하게 구분하고 해석함으로써 도덕적 지식을 쌓고 이를 삼단논법에 의거하여 사고할 수 있는 능력을 갖추기 위해 노력함. 도덕 원리, 사실 판단, 도덕 판단의 논리적 체계에 맞춰 도덕적 문제 상황에서 올바른 도덕 판단을 도출하기 위한 토론 과정을 열심히 연습하고 이해함.
(2학기)도덕(자유학기) : 혐오표현 줄이기 프로젝트를 통해 혐오의식을 근절하는 성숙한 대화표현을 만들어 냄. 위인지도 만들기 활동에서 신념을 가지고 도덕성을 발휘한 인물을 선정, 조사, 탐구하여 지도에 해당 내용을 구성하여 창의적인 결과물을 만들어 냄. 생명윤리를 주제로 진행된 딜레마 토론에서 이성적이고 합리적인 근거를 제시하여 논리적인 도덕 판단을 도출함.

아보지 않았냐?" 하기도 하는데, 학생들이 계면쩍어하는 모습을 보면 기분이 좋다. 이러한 모습이 얼마나 계속될지는 모르겠지만, 이만하면 괜찮다며 스스로 위로해본다. 이 정도 수준이나마 가능했던 이유는 짧게 지식 위주로 진행한 수업이 아니라, 사회나 도덕 등 여러 교과가 긴 기간을 두고 학생들 삶에 녹아들 수 있게 진행했던 교과 융합 프로젝트였기 때문이지 않았나 싶다.

다음은 1학년 교과 교사로, 2학년 담임 교사로 B 학생을 가르친 한 선생님의 이야기다. "그애가 약간 긍정적으로 변했어요. 그래서 욕이 좀 줄어든 거 같아요. 우선 투덜대는 게 많이 줄었어요. 자꾸 잔소리한 힘도 있지 않을까요? (중략) 난 그 프로젝트 좋은 것 같아요. 애들이 아무래도 신경을 쓰고, 우리 교사들도 '너희, 그거 수업시간에 했잖아. 욕하지 말아야지. 다시 말해봐, 다른 표현으로 고쳐봐' 하고 자꾸 애들한테 얘기하고 이런 효과도 있어요."

교사는 바쁘다. 교육과정의 성취기준에 맞게 교과서를 가르치려면 할 게 너무나 많다. 어쩔 수 없이 지필고사를, 혹은 한 학기를 기준으로 몇 주를 쪼개서 무엇을 해야 할지 정해야 한다. 그럼에도 이런 바쁜 일상과 교과서중심 활동에서 과감하게 벗어나 교육과정을 재구성하고 교과 융합 수업에 도전하기를 권한다. 국어 교사로서가 아니라 학생을 가르치는 교사로서, 내 학생이 어떤 사람으로 성장하면 좋을지 고민한 후 그것을 수업에 담게 되면 좋겠다. 쉽지 않은 일이지만 이러한 노력이 쌓이고 쌓이면 학생들이 민주사회에 걸맞은 시민으로 자라도록 하는 밑바탕을 만들 수 있지 않을까. 내가 하는 말과 행동 하나하나가 사회에 어떤 영향을 줄 수 있는지 자각하는 사람으로. 혐오 표현의 희생자가 된 설리, 구하라. 삼가 고인들의 명복을 빈다.

1단계 프로젝트 안내: 전지적 나 참견 시점

> 〈국어과 1학년 성취기준〉
> **[듣기·말하기] 언어폭력의 문제점을 인식하고 상대를 배려하며 말하는 태도를 기른다.**
> [쓰기] 자신의 삶과 경험을 바탕으로 하여 독자에게 감동이나 즐거움을 주는 글을 쓴다.
> [쓰기] 다양한 자료에서 내용을 선정하여 통일성을 갖춘 글을 쓴다.

가. 용어 정리

■ 비속어 : 비속어는 점잖지 못하고 천한 말, 대상을 얕잡아 보고 경멸하는 태도로 하는 말이다. 비속어를 사용하면 듣는 사람에게 불쾌감을 주게 된다.

■ 욕설 : 욕설(辱說) 또는 욕은 사회 속에서 모욕적이거나 점잖지 않다고 여겨지는 말. 상대방을 모욕하는 비도덕적인 행동이다. 욕은 크게 보아서 대가리(머리)·주둥이(입) 등의 비속어 및 남녀의 성기며 성행위를 지칭하는 따위, 또는 개와 같은 짐승을 가리키는 따위, 상스러운 표현이나 '뒤져라', '꺼꾸러져라' 따위 사나운 표현으로 남을 흠집 내고 욕보이는 말.

■ 혐오 표현 : 소수자에 대해 그들의 정체성을 부정하거나 차별하고 배제하려는 태도(말, 상징물에 의한 의사표시, 복장, 퍼포먼스 등). 소수자에게 정신적 고통을 줄 뿐만 아니라 차별을 조장한다(다수자에 대한 혐오 표현은 성립하기 어렵다).

■ 소수자 : 소수자는 역사적으로 불평등한 대우를 받아왔고 현재도 사회에서 불이익을 받는 집단으로서 인종, 성별, 장애, 성적 지향 등 고유의 특성을 함께 가지고 있는 집단 또는 그 집단에 속한 개인.

■ 뒷담화 : 어떤 사람이 없는 자리에서 그 사람의 험담 따위를 하는 것.

나. 프로젝트 진행 과정

도입 — 목표 세우기 — 나의 언어생활 녹음/녹취하기 — 분석하기 — 실천 결과 정리하기

2단계 개인/모둠 도입: 나를 아프게 하는 말

가. 내가 들었던 말 중 나에게 상처가 되는 말들을 적어봅시다.

나. 영상을 보고 느낀 점을 적어봅시다.

3단계 개인/모둠 목표 세우기: 이 프로젝트를 왜 할까?

가. '전지적 나 참견 시점' 프로젝트를 왜 할까? 하면 무엇이 좋을까? 하고나면 무엇이 달라질까?

나. '전지적 나 참견 시점' 프로젝트에서 나의 목표는?

다. 프로젝트를 시작하기 전에 채점기준표를 읽고 해당하는 부분에 검정색으로 동그라미를 쳐봅시다.

라. '보통'이나 '미흡'을 받을 것 같은 항목은 무엇입니까? <u>이유도 2줄 정도 적어봅시다.</u>

마. 모둠원들과 어떻게 하면 '잘함'으로 갈 수 있을지 의논하여 그 결과를 적어봅시다.

4단계 개인 배경 지식 쌓기 : 혐오 표현과 관련된 책들을 읽어봅니다.

『말이 칼이 될 때』(홍성수, 어크로스)   ★★★★★
『그건 혐오예요』(홍재희, 행성B잎새)   ★★★★
『말이 세상을 아프게 한다』(오승현, 살림프렌즈)   ★★★
『세상을 아프게 하는 말, 이렇게 바꿔요!』(오승현, 토토북)   ★★

5단계 개인 언어 채집하기 : 2주일 동안 하굣길 이후 나의 대화를 녹음하고 녹취해봅니다.

가. 한 달 동안 하굣길 이후 시간에 자신의 언어생활을 녹음해봅시다.
나. 녹음한 내용 중 언어 순화가 특히 필요한 부분을 골라 녹취해봅시다.
＊총 5회 이상, 총 녹음 분량 5분 이상

6단계 개인 언어생활 반성하기 : 언어생활 돌아보기

공책에 체크리스트를 만들고 그곳에 표시해봅시다. [누가 어떤 상황에서 이 말을 썼는지 기록(예:김가나, 하교 시간에 장난을 치다가) + 나의 언어생활 반성]

날짜	나의 언어생활 반성
	상대방이 상처받을 만한 말과 행동을 했는지 돌아봅니다.

7단계 개인 보고서 쓰기

① 홈페이지의 양식을 다운받아 자신의 내용으로 바꿉니다.
② 표지 : 전지적 나 참견 시점(제목) + 학번, 이름
③ 본문
  1. 문제제기 : 왜 요즘 자신의, 학생들의 언어 사용이 문제라고 생각하는지. 5줄 이상
  2. 관련 자료 검토 : 다양한 자료를 읽으며 새롭게 알게 된 점, 느낀 점. '10분 책읽기'에 요약하고 인용한 내용을 바탕으로 쓸 것. 12줄 이상. 읽은 책 제목, 작가, 출판사를 밝힐 것.
  3. 나의 언어생활 돌아보기 : 녹취 자료를 바탕으로 성취기준(언어폭력의 문제점을 인식하고 상대를 배려하며 말하는 태도를 기른다)에 비추어 자신의 언어생활을 돌아보는 글을 쓸 것. 자신의 언어생활을 욕설, 혐오 표현, 상대방에게 상처를 주는 말, 차별, 편견, 무시, 비난, 비웃음, 놀림 등으로 나눈 후 쓸 것. (반드시 이렇게 분류해야 하는 것은 아님) 소제목별로 15줄 이상. 특히 언어생활을 돌아보는 분석 내용은 7줄 이상 쓸 것.
      1) 분류한 제목 (하나의 분류당 2개 이상의 상황을 잡을 것)
         나의 언어생활은 ~~~ 하다. 예를 들면 다음과 같다. (2줄 이상)

상황 1. 내가 ~~했을 때 친구 A가 ~~했다.

나: ~~~ (당시 상황이 잘 드러나도록 쓸 것. **녹음한 것이 없으면 기억을 회상**하여 쓸 것)

친구 A: ~~~~~

상황 2. 집에 가는 길에 ~~~

친구 B: ~~~

이것으로 보아 나는 ~~~ (분석 내용 7줄 이상)

    2) 분류한 제목: 이하 생략

4. 소감: 도덕, 사회과와 혐오 표현 안 쓰기 프로젝트를 진행하면서 배우고 느낀 점, 어려웠던 점, 재미있던 점, 새롭게 깨달은 점, 앞으로 새롭게 실천하거나 적용해볼 점 등 10줄 이상.

5. 참고 자료: 참고한 책과 사이트 (책 제목, 작가, 출판사 혹은 사이트 제목과 주소)

8단계 모둠 보고서 상호평가

채점기준에 맞게 친구의 보고서를 평가해봅시다. (각 2줄 이상씩 쓸 것)

★채점기준 (10점 만점)

- 자신의 언어생활을 분류에 따라 상황이 잘 드러나게 예를 들었는가(녹취) (3점)

- 상황에 대한 분석이 구체적이고 자신의 언어생활 성찰이 잘 드러나 있는가 (3점)

- 관련 자료의 내용을 꼼꼼히 검토하여 이와 관련지어 자신의 생각과 느낌을 자세히 기술하면서도 통일성 있게 글을 썼는가 (3점)

- 참고 자료를 제대로 밝혔는가? (책 제목, 작가, 출판사 혹은 사이트 이름이나 주소) (1점)

친구 이름	잘한 점 (눈에 띄는 점)	부족한 점 (보완해야 할 점)	점수
			/10
			/10
			/10
			/10
			/10
			/10
			/10

9단계 개인/모둠 평가 : 채점기준표

영역	평가기준	잘함	보통	미흡
듣기 말하기 (배려하는 말하기)	언어폭력의 문제점을 인식하고 상대를 배려하며 말하는 태도를 가지는가?	언어폭력의 문제점을 여러 측면에서 이해하고 다양한 상황에서 상대를 배려하는 말하기를 지속적이고 능동적으로 실천함.	언어폭력의 문제점을 알고 상대를 배려하는 말하기를 실천함.	언어폭력의 문제점을 알고 일부 상황에서 상대를 배려하는 말하기를 실천함.
쓰기 1 (보고서 쓰기)	자신의 삶과 경험을 바탕으로 관찰, 조사, 결과가 드러나게 글을 쓰는가?	실제 생활이 반영된 여러 자료를 활용하여 관찰, 조사, 결과가 체계적이고 효과적으로 드러나도록 글을 씀.	실제 생활이 반영된 자료를 활용하여 관찰, 조사, 결과가 드러나도록 글을 씀.	실제 생활이 반영된 자료를 활용하여 관찰, 조사, 결과가 일부 드러나도록 글을 씀.
쓰기 2 (통일성)	다양한 자료에서 내용을 선정하여 통일성을 갖춘 글을 쓰는가?	다양한 자료에서 적절한 내용을 풍부하게 선정하고, 통일성을 갖추어 주제가 명료하게 드러나도록 글을 씀.	다양한 자료에서 적절한 내용을 선정하여 통일성을 갖춘 글을 씀.	다양한 자료에서 내용을 선정하여 부분적으로 통일성을 갖춘 글을 씀.

가. 프로젝트를 끝내고 난 후 다른 색깔로 동그라미를 쳐봅시다.

나. 수업 시작하기 전 예상했던 것과 달라진 것은 무엇입니까? 그 이유를 2줄 이상 적어봅시다.

항목	이유

다. '보통'이나 '미흡'을 받은 항목과 그 이유를 2줄 이상 적어봅시다.

항목	이유

라. 모둠원들과 어떻게 하면 '잘함'으로 갈 수 있을지 의논하여 그 결과를 적어봅시다.

10단계 개인 자기 성찰 평가

'전지적 나 참견 시점' 프로젝트에 대한 소감을 다음 질문에 대한 대답을 중심으로 정리해봅시다.

＊처음에 세웠던 목표를 얼마나 달성하였는가? 잘되었다면 혹은 잘되지 않았다면 그 이유는 무엇인가? 수업을 통해 무엇을 알게 되었는가? 더 궁금한 점은 무엇인가? 궁금증을 어떻게 해결할 것인가? 배움을 발전시키기 위해 자신이 해야 할 일은 무엇인가? 어떻게 실천할 것인가? 프로젝트에서 자신이 잘한 점이나 부족한 점은 무엇인가? 프로젝트를 수행하면서 재미있었던 점이나 어려웠던 점은 무엇인가? 프로젝트를 수행한 후 앞으로 다르게 해보고 싶은 것은 무엇인가? 프로젝트를 수행하면서 어떤 능력(역량)과 지식이 향상되었는가? 이번 프로젝트는 자신에게 어떤 의미가 있는가?

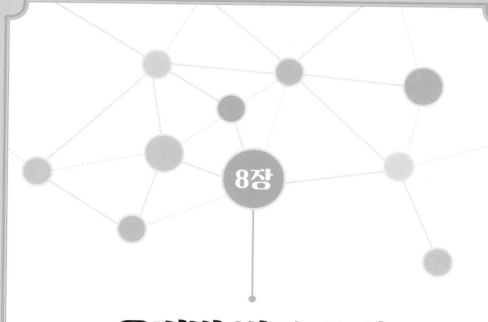

8장

우리말 바로 쓰기

+

정보 수업

문법 수업은 왜 할까? 여러 가지 이유가 있겠지만 내 생각으로는 잘 쓰기 위해서인 듯하다. 기본적인 원리를 잘 알면 더 깔끔하고 논리적으로 글을 쓸 수 있다. 학생들이 워낙 맞춤법을 많이 틀려 그에 관한 수업을 10년 넘게 따로 해왔는데, 하면서 내린 결론은 문법에 관한 기본 지식이 있어야 맞춤법 원리를 이해할 수 있고, 틀리지 않게 쓸 수 있게 된다는 거였다. 그냥 달달 외운 맞춤법은 조금만 변형되면 또 틀린다. 하다못해 품사가 뭔지를 알아야 그 원리를 이해할 수 있다. 발음도 마찬가지다. 표준 발음법을 달달 외우기보다 기본 원리를 이해하면 훨씬 쉽게, 제대로 발음할 수 있다. 그래서 몇 년째 문법 수업은 올바른 문장 쓰기와 연결해서 수업하고 있다. "있어 보이는 것까지는 아니더라도 없어 보이진 않아야겠지?" 하면서 학생들을 꼬드긴다.

중학교 1학년 국어과 성취기준에는 언어의 특징과 본질, 어휘의 체계와 양상, 품사의 종류와 특성에 관한 것이 있다. 학생들은 대부분 문법 수업을 좋아하지 않는다. 모든 국어 교사가 그것을 알고 있어서 그런지 교과서에는 문법 단원이 드문드문 배치되어 있다. 한꺼번에 하면 학생들이 뒤로 나자빠질 우려 때문이다. 물론 맞는 이야기지만 2018년에는 드문드문 문법 영역의 수업을 하는 것보다 몰입하여 수업하는 것이 낫겠다 싶어, 세 성취기준을 하나로 묶고, 학생들이 어려워하는 맞춤법까지 엮어서 한글날 즈음부터 '우리말 바로 쓰기' 프로젝트라는 수업을 열었다. '혐오 표현 안 쓰기' 프로젝트가 이미 진행 중이었고, 그 과제를 하는 도중에 '우리말 바로 쓰기 수업'을 했다.

① 정보 수업과 연계하기

학생들은 발표할 때 PPT를 많이 쓴다. 칠판에 적으면서 해도 되고, 종이에 써도 된다고 해도 다들 PPT를 만들어 발표한다. 하지만 막상 PPT를 제대로 배워본 적은 없고(나만 해도 알음알음 배운 거다), 미적 감각이 있어서 열심히 도맡아 만드는 애들이 주로 하니, 자칫하다가는 본인은 한 번도 안 만들어보고 졸업하는 예도 있다. 정보 선생님께 특별히 PPT 수업을 부탁드렸다. 수업공개 할 때 참관했는데 PPT로 영상 만들기 수업을 하고 있었다. 와, PPT로 영상도 만들 수 있구나. 정보 선생님께 배웠으니 학생들은 나보다 훨씬 PPT를 잘 다룰 것이었다.

② 문법 수업을 준비하며

2014년 겨울, 선생님들과 북유럽 학교와 도서관을 둘러보았다(이 답사는 『아름다운 삶, 아름다운 도서관』[학교도서관담당교사 서울모임, 우리교육]이란 책으로 출간됐다). 노르웨이의 한 학교에 갔을 때, 이 학교의 목표가 무엇이냐는 질문에 그곳 선생님은 너무나 당연하고 당당하게 "학생들이 모두 최고의 성적을 얻는 것"이라고 말씀하셨다. 최고의 성적이라니? 아이들이 모두 1등을 할 수는 없는 것 아닌가? 이 학교 학생들이 다른 학교보다 공부를 잘하면 좋겠다고 생각하시나? 다시 한번 여쭈었더니 "모든 학생이 A를 받는 것"이 학교의 목표라 했다. 몇 번의 되물음 끝에 드디어 내 사고방식이 지극히 한국적이었음을 깨달았다. 평가와 학습 목표에 대한 기본 전제부터가 달랐던 거다. 절대평가가 당연시되는 그곳에서는 학생들의 학습력을 끌어올려 누구나 A를 받을 수 있게 하는 것이 목표였다. 하지만 등수를 매기는 상대평가에 익숙한 나는 그 개념이 금방 머리에 들어오지 않았던 것이다.

그때의 충격은 내 머릿속에 오래도록 남아 있었다. '모든 학생이 A를 받는 수업'. 아니, 그렇게까지는 아니더라도 내가 원하는 목표에 70~80%의 학생이 A 수준에 도달해야 하지 않을까. 모르는 아이들을 가르쳐서 알게 하는 것이 교사의 존재 이유인데, 내가 없어도 잘하는 30~40% 학생을 보며 만족한다면 내가 굳이 가르치는 일을 할 필요가 없다는 것 아닐까.

그러던 중 맞이한 자유학기제 수업은 또 다른 전환점이 되었다. 시험 없는 한 학기는 교사에게 엄청난 가능성이었다. '시험 보니까 외워라, 공부해라'라는 말이 통하지 않는 상황에서 아이들이 품사를 알고 넘어가게 해야 했다. 진도 걱정은 하지 않아도 된다. 교과서 내용도 어차피 재구성해야 한다. 그러면 진득하니 문법 수업을 해볼까? 학생 대다수가 확실하게 알고 넘어가는 것! 여태 해보지 않았던 새로운 도전이었다.

확실하게 알고 넘어가게 하는 방법에 관한 논의는 이전부터 많았다. 학생들은 일방적으로 들은 것보다 자기가 배운 것을 밖으로 표현할 때 훨씬 많은 것을 기억했고, 복습의 순간이 자주 있을수록 오래 기억했다. 그걸 수업 모형에 넣기만 하면 됐다. 이러한 수업 방법은 많이 개발되어 있지 않은가. 이것을 적용하니, 나의 문법 수업은 1)읽기에서 시작한다. 혼자 혹은 친구들과 읽으며 공부한다. 2)공부한 내용을 친구들에게 설명한다. 3)배운 내용을 자주 복습한다. 이러한 방식으로 진행되었다.

중세 시대의 기본 공부 과목은 3R이었다. 읽기(Reading), 쓰기(wRiting), 셈하기(aRithmetic)는 모든 학습자가 반드시 익혀야 하는 기술이었다. 우리는 모두 이를 배움의 가장 기본기라고 생각한다. 모든 학습은 결국 읽기에서 시작한다. 어떤 텍스트를 읽고 확실하게 자기 것으로 만들어 표현(쓰기/말하기)할 수 있으면 이미 충분한 학습이 이루어진 것이다. 하지만 산업화가 진행되고 학문이 세분되면서 이상하게도 읽기와 쓰기는 국어 교과의 영역으로만 치부되는 경향이 있다.

여기서 학생들의 주된 읽기 교재인 교과서를 생각해볼 필요가 있다. 교과서는 그 과목에서 배워야 할 학문을 체계적으로 모아놓은 책이다. 책을 가능한 한 얇게 만들려다 보니 교과서 본문은 학생들이 익혀야 할 개념어 나열로 끝나는 경우가 많다. 수업시간에 교사는 낱말풀이를 하다가 시간을 다 보낸다. 그렇다고 학생들이 그 설명을 알아듣느냐면 그렇지도 않다. 아이들에게 교과서는 읽기 싫고 어려운 책이다.

우연히 서점에서 초등학생 대상의 책을 들춰본 순간, 신세계를 맛보는 기분이었다. 서점에 있는 책들은 교과서보다 훨씬 친절했다. 다양한 예, 사진, 삽화와 함께 자세하게 개념을 풀어주고 있었다. 교재로 써도 전혀 손색없을 듯한 책이 종류도 다양하게 나와 있었다. 교과서는 기본이다. 하지만 이것이 어렵다면 다양한 책을 수업에 끌고 들어오면 된다. 그 모든 책을 내가 구하기 힘들다면 학교 도서관을 활용하면 된다.

수업을 구상할 때 반드시 기본이 되는 텍스트를 읽고 이해하며 스스로 요약하거나 정리할 시간을 준다. 모둠별 발표 수업을 짤 때도 이것은 기본 전제였다. 하지만 시간이 지나면서 '텍스트'의 의미를 더 확장해야겠다는 생각이 들었다. 웹에는 이미 좋은 자료가 많다. 교사보다 설명을 잘하는 인터넷 강의부터 생생한 사진 자료까지. 낱말이 이해가 되지 않으면 바로 찾아볼 수도 있다. 또한, 공부한 것을 재가공하는 데도 미디어기기를 이용할 필요가 있었다. 이런 이유로 모둠별 수업을 실행할 때 학생들을 반드시 도서관과 컴퓨터실에 데려갔다.

수업을 시작하기에 앞서 수업에 필요한 텍스트를 확보해야 한다. 교과서를 그냥 쓸 수도 있지만 이보다 쉽고 재미있는 텍스트를 원한다면 사서 교사의 도움을 받아 다른 책들을 미리 찾아보는 것이 좋다. 문법 수업을 진행하기 위해서 설명이 쉽고 자세한 책을 찾았다. 혼자 읽으면서 공부가 가능한 다양한 텍스트를 나누어주었다. 설명이 자세한 다른 교과서도 있었고, 초등학생용 문법 교재도 있었다.

③ 발표 준비하기

공부할 부분을 언어의 특성, 어휘의 체계와 양상, 체언, 용언, 수식언, 관계언 6부분으로 나누고 모둠당 4명 정도로 모둠을 짰다. 문법 단원 경우는 학생 간 편차가 심해 모둠을 짤 때 신경을 쓴다. 학생들에게 너희끼리 발표하고 설명하는 것으로 끝이기 때문에 제대로 못하는 모둠이 있으면 전체가 손해라는 것을 강조했다. 이를 위해서 잘하는 친구들끼리 모이는 모둠이 없었으면 좋겠다고 말하면서 모둠장을 할 만한 사람을 자천, 추천하라고 했다. 롤스의 『정의론』에 나오는 '무지의 장막'처럼, 모둠원을 추첨 배정할 것이니 이 학생이 모둠장이어도 괜찮다고 생각하는 친구를 추천하라고 했다. 이때 분위기를 잘 잡아야 학생들이 제대로 고민하고 추천한다. 6명이 추천되면 그 친구들에게 자기를 도와줄 학생 1명씩을 고르게 한다. 성별 제한을 두지 않았는데 학생들이 반드시 같은 성의 친구를 고르지는 않았다. 모둠장에게 힘을 보태줄 만한 (머리로든, 마음으로든) 그 1명이 가장 중요하다. 어느 모임에서나 조력자가 있느냐 없느냐에 따라 리더에게 걸리는 과부하가 다르기 때문이다. 이렇게 모둠 4명 중 2명이 정해지고 나머지는 뽑기판을 돌린다. 모둠이 정해지면 원하는 주제를 골라 가진다. 어차피 학생들이 공부할 내용을 잘 모르기 때문에, 사다리 타기로 무작위 배정을 하기도 했다.

처음 시작은 자신이 공부하여 발표할 부분을 정리하는 것이다. 먼저 텍스트에 밑줄을 그으며 한 번 읽는다. 이후 마인드맵이나 비주얼 씽킹(Visual Thinking)으로 구조화시켜 각자 정리한다. 비주얼 씽킹에 관해서도 간단히 수업했으나, 둘 다 어렵다고 느끼면 개조식 요약을 해도 좋다고 했다. 하지만 친구들에게 나눠줄 학습지에는 반드시 비주얼 씽킹 정리가 하나씩은 들어가 있어야 한다고 강조했다.

다음 시간에는 모둠원 4명이 전 시간에 정리한 것을 간단히 서로 묻고 답하면서 복습한다. 일종의 하브루타(Havruta, 짝을 이뤄 서로 질문을 주고받으면서 논쟁하는 유대인식 토론교육 방법)인데, 한 명이 자신이 정리한 내용을 공책을 보면서 설명하면, 다른 친구는 궁금한 점에 관해 질문한다. 다음에는 반대로 내용을 들은 친구가 아무것도 보지 않은 상태에서 기억나는 대로 설명하면, 처음 설명한 친구가 질문한다.

이 과정이 끝난 후 모둠에서 맡은 내용을 어떻게 구조화하여 제시할 것인지 의논하게 한다. 각자 요약한 것을 기반으로 모둠이 의논하여 학습지를 어떻게 만들 것인지 계획을 세운다. 서로 알고 있는 내용을 확인하고 계획을 세우는 동안 학업이 떨어지는 학생도 뭔가 듣고 배우는 것이 생긴다. 아마 교사가 설명했더라면 거의 듣지 않았을지도 모른다. 어떤 내용을 어떻게 설명해야 하는지 같은 모둠 친구들이 꼼꼼히 챙겨준다. PPT도 만들고 친구들이 함께 볼 학습지도 만들어야 하니 역할 분담도 한다. 발표도 누가 어떤 부분을 할 것인지 정한다. 학생들이 이를 논의하는 동안, 교사는 모둠을 돌아다니며 핵심 개념을 학생들이 이해하고 있는지 확인한다. 평가란 결국 학생들이 학습 내용을 제대로 알고

발표 준비

있는지를 확인하는 것이다. 따로 거창하게 시험을 보지 않더라도 모둠을 살펴보면 누가 어떤 개념을 제대로 알지 못하는지, 어디를 더 공부해야 하는지 피드백을 통해 알려줄 수 있다.

다음 시간에는 컴퓨터실에서 수업을 진행했다. 이미 요약한 내용으로 학습지를 만들고, 교과서나 인터넷 자료를 이용하여 친구들이 풀어볼 문제를 뽑는다. 발표할 PPT도 만든다. 학습지 틀은 미리 홈페이지에 올려두었는데 2단 편집으로 만들었다. 왼쪽 단에는 내용 요약, 오른쪽 단에는 관련 문제를 넣는다. 수업시간에 그린 비주얼 씽킹 결과물도 넣어야 한다. 절대 1쪽 넘게 만들지 말라고 했다. 그래야 교사가 복사하거나 나누어줄 때 간편하다. 관련 문제를 넣어 완성한 한글 파일은 홈페이지에 올린다. PPT와 한글 파일을 홈페이지에 올린 모둠은 본인들이 학습지에 낸 문제를 공부한다. 학급 친구들이 물으면 모둠원 전체가 흩어져 대답을 해주어야 하기 때문이다.

학생들에게 수업시간에 공부할 시간을 충분히 주어야 한다. 목표가 있으면 학생들은 더욱 공부에 몰입한다. 앞에 나와 가르친다거나 학습

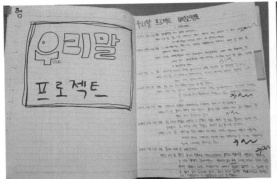
배움 진행표

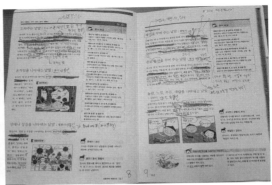
개인별로 공부하기

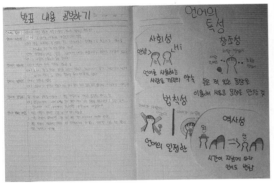
비주얼 씽킹으로 정리하기

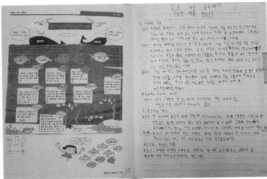
개인별로 공부한 것 요약 정리하기

지나 UCC 등 어떤 결과물을 내야 한다거나 주어진 과제가 있을 경우가 그렇다. 공부한 내용을 바탕으로 다른 결과물(PT 자료나 학습지, UCC 등)을 만들기 위해서는 수업시간에 의논할 시간을 주어야 한다. 학생들은 상당히 바쁘다. 모여서 약속 잡기가 쉽지 않으므로 과제로 제시하는 순간, 모든 것은 잘하는 아이 몇 명의 어깨에 떨어진다. 스스로 읽고 정리하며 이해해야 하고, 모둠별로 이해되지 않는 것을 물어가며 확실하게 소화할 수 있게 해야 한다. 결과물로 만드는 과정에서 학생들은 텍스트와 친구로부터 학습할 내용을 확실하게 배울 수 있다.

④ 발표하기

발표가 시작되면 교사는 학생들이 홈페이지에 올린 학습지를 학생 수만큼 출력, 복사해서 가져간다. 발표할 모둠은 PT와 학습지 등을 이용하여 맡은 부분을 설명한다. 모둠원이 돌아가면서 분량을 나누어 설명하고, 듣는 학생들은 이해될 때까지 질문한다. 교사가 설명하지 않아야 설명하는 학생도, 설명을 듣는 학생도 열심히 한다. 질의응답이 계속되면 앞에 나온 모둠원들이 설명할 때도 있고, 때로는 설명을 들은 학생이 자신이 이해한 대로 설명을 도울 때도 있다. 꽤 진지한 토의가 벌어지는데 그 모습을 구경하는 재미가 쏠쏠하다. 하지만 소극적인 학생들은 이해하지 못한 채 넘어갈 수 있다. 모둠활동의 장점은 친구로부터 배울 수 있다는 것이다. 그렇다고 개인이 학습을 게을리하거나, 잘 모르는 채로 넘어가서는 안 된다. 그래서 모둠원 전체가 제대로 이해하고 있는지 확인하기 위해 발표 학생들에게 개인별로 질문을 한다. 듣는 학생들은 이때만 제대로 들어도 복습할 수 있다. 만약 성적을 매겨야 하는 2, 3학년이라면 이때 개인별 대답으로 평가하겠다고 말한다. 공부는 함께, 평가는 따로. 무임승차가 일어나지 않도록 교사가 신경 써야 한다.

'배움의 공동체'에서는 교사의 역할을 '듣기, 연결 짓기, 되돌리기'라고 한다. 교사가 설명하기보다 이 세 가지에 더 초점을 맞춘다면 학생들은 더 잘 배운다. 보통은 참다못한 교사가 개입하게 되는데 이를 견뎌야 한다. 일단 교사가 설명한다는 것을 알게 되면 학생들은 친구들의 설명을 열심히 듣지 않는다. 궁금한 것이 생겨도 잘 질문하지 않는다. 하지만 진짜로 교사가 어떠한 설명도 덧붙이지 않으면 학생들은 어쩔 수 없이 발표한 친구들에게 매달린다. 선생님께 질문할 때보다 훨씬 편하게 이해할 때까지 질문하는 모습을 관찰할 수 있다.

PPT 발표가 다 끝난 후 질문하라고 하면 지나간 내용을 잊기도 하니,

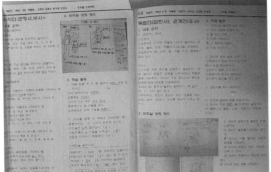
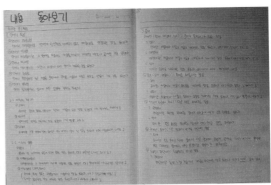

친구들이 만든 학습지

2분 쓰기 복습

슬라이드 한 장을 설명하고 난 후 모두 이해했는지 확인해야 한다. 다시 설명하지 않을 거라고, 반드시 질문해서 배우라고 독려해야 한다. 이미 나왔던 내용을 또 질문하는 예도 있는데 이때 교사는 '되돌리기'를 하며 다시 확실하게 알 수 있도록 도와준다. 복습의 중요성을 이야기하고, 그 질문이 수업에 매우 도움이 되는 것이었음을 알려주면 지난 내용을 질문한 학생이 무안해하지 않는다.

설명이 끝나면 학습지 문제를 푼다. 풀다가 모르면 학생들은 제자리에서 손을 들고, 발표를 맡은 모둠원이 출동하여 알려준다. 공부를 못하는 학생이라도 이 부분에서 활약해야 하므로 자기 모둠에서 낸 모둠의 답과 해설은 어느 정도 익히고 온다. 문제를 풀면 발표를 맡은 모둠이 문제의 답을 알려준다. 답뿐만 아니라 왜 그런지 설명도 한다. 역시 이해가 안 가면 질의응답이 이어진다.

끝나기 5분 전쯤 교사가 3분 타이머를 맞춰놓고, 학생들은 그날 배운 부분의 텍스트를 읽으며 중요하다고 생각하는 부분에 밑줄을 그어가며 친구들에게 들은 내용을 복습한다. 발표를 준비한 모둠을 제외하고는 처음 보는 글이지만, 이미 친구들에게 설명을 들은 터라, 쉽게 이해할 수 있다. 혼자 복습하는 3분이 지나면 다시 2분 타이머를 맞춰놓고, 2분

쓰기를 한다. 공책에 안 보고 공부한 내용을 써보는 것이다. 어떤 내용을 써야 할지 막막하므로 교사가 써야 할 내용의 소제목을 칠판에 적어준다. 2분 동안 어떤 것도 보지 않고 쓰는 것이지만, 막히거나 모르겠으면 읽었던 부분을 참고하여 쓰기도 한다. 2분이 지나거나 수업이 끝나면 마저 못 채운 것을 집에서 써오게 한다. 시간마다 학습한 내용을 복습한다. 자신이 무엇을 알고 무엇을 모르는지 성찰해보는 과정이 정말 중요하다.

다음 시간 수업을 시작하면 수업 일기를 읽으며 간략하게 지난 시간 내용을 정리한다. 또한, 지난 시간에 배운 것을 얼마나 알고 이해하고 있는지 상호평가하는 방법으로 하브루타를 쓴다. 교사는 타이머로 5분을 맞춰놓고, 학생들은 지난 시간에 배운 텍스트를 복습한다. 5분이 지나면 가위바위보 해서 순번을 정해 하브루타를 이용하여 복습한다. 어떤 이야기를 할지 감을 못 잡을 수도 있으니, 교사는 칠판에 '개념, 종류, 만드는 방법' 등 중요 항목을 적어준다. 내용을 보지 않고 읽은 내용을 짝에게 말로 설명하고, 짝은 이해가 잘 안 가는 부분을 질문한다. 바꾸어서 한다.

새로 다음 모둠이 발표를 시작하기 전에, 지난 시간 부족한 설명이나 오류는 교사가 간단하게 보충한다. 다음 모둠이 발표하고 질의응답을 한 후 문제를 풀고 답을 맞힌다. 끝나기 5분 전쯤 또 타이머를 맞추어놓고 복습을 시킨다.

도입	전 시간 평가	수업 일기 읽기 (복습) / 하브루타 (상호평가)
전개	새 내용 학습	모둠별 설명과 질의응답 / 학습지 문제 풀기
마무리	이번 시간 평가	2분 쓰기 (개인 성찰 평가)

이렇듯 매 수업시간에 학생들이 무엇을 배웠는지, 얼마나 제대로 배

왔는지 확인할 수 있는 평가를 배치한다면, 학생들은 더욱 온전하게 학습 목표에 도달할 수 있다. 스스로 점검하고, 친구가 점검해주고, 교사가 점검하는 과정을 통해 완전 학습에 다가간다.

⑤ 평가하기와 기록하기

학생들에게 배운 내용에 관해 쪽지시험을 보겠다고 예고한다. 공부하게 하는 것이 목적이기에 시험 예고 날 20분 정도 공부할 시간을 준다. 한 번도 OMR 카드 시험을 본 일이 없는 학생들이기 때문에 혹시 2학년에 올라가면 어리둥절할까 싶어 연습도 할 겸 OMR 카드를 복사하여 나눠주었다.

답을 불러주고 채점이 끝나면 모둠별로 함께 의논하면서 시험지 문제를 1번부터 끝번까지 분석하도록 한다. 중간고사를 보거나 기말고사를 본 후 항상 쓰는 방법인데, 틀린 문제만 오답 노트를 쓰는 것이 아니라 문제집의 '정답 해설지'를 만든다는 생각으로 모든 문제에 대해 해설을 쓴다. 혼자서는 하기 힘들어서 반드시 모둠을 만들어 함께 의논하도록 한다. 이 과정을 통해 학생들은 평가가 끝났어도, 무엇을 알고 모르는지 더 확실히 깨달을 수 있다.

학생들에게 쪽지시험의 개수를 환산해서 생활기록부에 어떤 평어로

A	품사의 종류를 정확하게 알고 각 특성을 매우 명료하게 이해함. 어휘의 체계와 양상을 적극적으로 탐구하고 적절하게 활용함.
B	품사의 종류를 정확하게 알고 각 특성을 명료하게 이해함. 어휘의 체계와 양상을 적극적으로 탐구하고 이를 활용함.
C	품사의 종류를 알고 특성을 이해함. 어휘의 체계와 양상을 탐구하고 활용함.
D	품사의 종류를 알고 특성을 이해하는 데에 약간 어려움을 겪음. 어휘의 체계와 양상을 탐구하고 활용할 때에 노력이 요구됨.
E	품사의 종류를 알고 특성을 이해하는 데에 많은 노력이 필요하며, 어휘의 체계와 양상을 탐구하고 활용하는 데에 어려움을 겪음.

생활기록부 평어기준

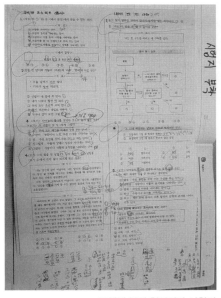

공책에 붙인 형성평가 시험지

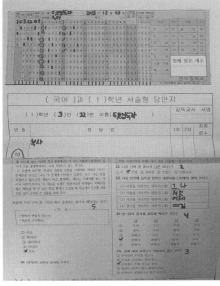

복사해서 쓴 OMR 답안지

형성평가 돌아보기 1

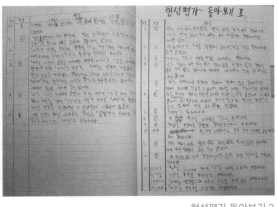

형성평가 돌아보기 2

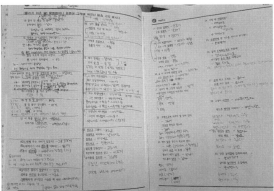

맞춤법

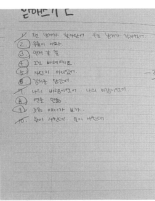

맞춤법 받아쓰기

기록할 것인지 알려준다. 다음 시간에 다시 평가해서 그 결과를 생활기록부에 기록하겠다고 하고, 다음 날 비슷한 유형으로 2차 쪽지시험을 본다. 이후에 자신의 등급을 올리고 싶은 사람은 점심시간에 찾아오라고 한다. 조금 다른 유형으로 쪽지시험을 보고, 가장 잘본 점수에 맞게 생활기록부에 기록해준다.

나는 우리말 바로 쓰기 프로젝트를 하는 동안 맞춤법 수업을 매일 조금씩 진행했다. 성취기준에는 나와 있지 않지만, 학생들이 글을 쓸 때 맞춤법을 많이 틀려서, 모둠 일기나 수업 일기 등에 특별히 많이 틀리는 것을 30여 개 골라 학습지를 만들었다. 매일 5분 정도 설명하는데, 이미 배운 품사 개념과 관련지어 설명할 수 있어, 품사 복습도 된다. 15개 정도 배운 후 받아쓰기 시험을 보겠다고 하면 학생들이 난리를 친다. 초등학교 때도 안 봤던 받아쓰기가 웬 말이냐며. 하지만 천연덕스럽게 난 받아쓰기 시험을 2~3회 본다(2, 3학년을 가르칠 땐 시험 문제에 넣는다).

⑥ 번외편: 단원 형성평가의 또 다른 방법

단원이 끝났을 때 형성평가 방법은 다양하다. 가장 흔하게는 앞에 나온 쪽지시험이나 구술평가를 할 수도 있다. 그 결과를 기록하였다가 생활기록부에 반영한다. 여기에서는 또 다른 방법을 제시한다.

단원이 끝나면 드디어 교과서를 본다. 교과서를 처음부터 꼼꼼하게 읽으며 교과서의 설명과 예문 중심으로 문제를 만들어보게 한다. 소단원 하나당 한 문제 정도씩 오지선다로 만든다. 학습지 1에 문제를 내고 학습지 2에 자기가 낸 문제의 정답과 해설을 자세하게 적는다. 문제 내는 행동을 통해 자신이 배운 내용을 다시 돌아보는 방식이다.

문제를 다 내면 앉은 자리에서 4명이 한 모둠이 되어 학습지 1을 오

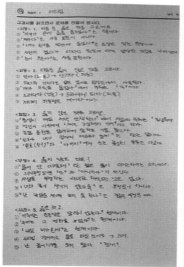

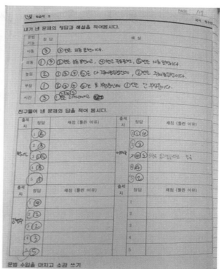

학습지 1 - 문제 내기

학습지 2 - 정답과 해설, 문제 풀기

른쪽으로 돌린다. 친구가 낸 문제가 든 학습지 1을 보며 자신의 학습지 2에 푼다. 모든 문제가 한 바퀴 다 돌았다면 자기가 낸 문제에 대해 채점한다. 자기 것을 받으면 서로 이해 안 가는 부분을 묻고 답한다. 어설프게 문제를 내는 친구들도 있는데, 모둠으로 함께 풀면서 의논하다보면 문제점은 수정된다. 모둠원이 완전히 알게끔 상호평가를 통해 서로 돕는다. 배운 내용을 다시 복습하기도 하고 문제 출제자가 어떤 의도로 문제를 만드는지도 경험해본다.

　탐구를 통한 문법 수업은 아직 제대로 시도해보지 못했다. 게임을 통한 수업도 마찬가지이다. 문법 수업을 하는 데는 여러 가지 방법이 있다. 어떤 방법이 되었든 학생들이 문법 수업을 통해 자기 언어생활을 돌아보고, 더 정밀하게는 자기 생각을 표현하는 방법을 배우고, 아울러 그 과정에서 자기 생각까지 더 정밀해질 수 있으면 좋겠다. 제 생각이 분명해져야 그다음 단계인 소통까지 나아가지 않을까.

[틀리기 쉬운 말] 맞춤법이나 표준어 규정에 어긋난 말을 고쳐봅시다.

1. 말이 안 **돼는** 것 같다. →
   중학생이 **됬다**. →

2. 영희는 오지 **안았다**. (아니했다.) →
   그러면 난 **않** 한다.(아니 한다.) →

3. **웬지** 모르게 마음이 아팠다. →
   왠 남자가 찾아왔어. →

4. 바른 생각을 **갖었으면** 좋겠다. →
   집에 **들렸다** 가라. →

5. 사람들은 **몰** 먹고 살까? →

6. 몇 월 **몇 일**이야? →
   몇 일 동안 결석했다. →

7. 이 책을 **썻다고** 한다. →
   이야기를 **나눳다니까** →

8. **도데체** 무슨 차이가 있을까? →
   숙제하기가 너무 **힘든대** 어쩌지? →
   둘이 **사귄데**. →

9. 이것은 틀리기 **쉽상**이다 →
   책을 **꺼꾸로** 들고 있네. →
   쩨쩨하게 굴지 말고 가슴을 쫙 펴라 →

10. 남자 **애들뿐**이야. →
    애들아, 지금 뭐 하니? →

11. 위험을 **무릎쓰고** →
    무릅이 아파 →

12. 제가 **할께요** →
    먼저 **갈 껄** →

13. 그 점이 의문**이였다**. →
    매우 현실적**이여서** →

14. 저는 학생**이예**요. →
    그건 배려**에요**. →

15. 선생님이 **아니예요**. →
    사진이 **아니였어**. →

16. **몰르고** 그랬어 →
    살릴려고 하지마 →
    할려고 →
    만드려고 →
    골르게 만들었다 →
    쪼잔하게 **일르지** 말고 →
    농작물을 **길르면** →

17. 김치를 **담궜어**. →
    문을 **잠궜어**. →

18. 나의 **바램**이었어. →
    그는 나의 **설레임** →

19. 연을 **만듬** →
    고개를 **흔듬** →

20. 좀 더 여기에 **이따가** 갈래. →
    조금 **있다가** 보자. →

21. 날씨가 왜 그렇게 덥**든지** →
    비행기**던지** 기차**던지** 아무거나 타라. →

22. 학생**으로써** 지켜야 할 것이 있어. →
    칼**로서** 연필을 깎는다. →

23. 병이 **낳은** 친구가 학교에 왔다. →
    엄마가 **나은** 내 동생 →
    형보다 네가 **났다**. →
    여드름이 **낫다**. →

24. 이럴 땐 **어떻하죠**? →

25. **오랫만에** 옛 친구를 만나서 반가웠다. →

26. 집에 **도착하는데로** 전화해. →
    자기들만 **좋은 대로** 여행갔네. →

27. **금새** 하고 오세요. →
    요세 자꾸 틀려 →

28. 규정이 **바꼈어**. →
    핸드폰 **뺏기면** 어쩌지? →

29. 명절을 **쇴어**. →
    내일 **뵈요**. →

30. 양을 **늘이면서** 섭취하세요. →
    길이를 **늘리면서** 조절해라. →

31. 저 둘은 **뗄레야 뗄** 수 없는 친구이다. →
    그가 건강히 잘 **있을런지** 모르겠다. →

32. 아버님, **올 한 해도 건강하세요.**
    → 올 한 해도 건강하게 지내세요.
    (＊알맞다, 급급하다, 건강하다는 모두 형용사이
    므로 청유형 어미를 쓸 수 없다.)

33. 유익한 **주말이 되십시오.**
    → 유익한 주말을 보내시길 바랍니다.
    (＊주어와 서술어의 호응상)

34. 우리 소리에 **놀랜** 토끼가 도망갔다. →

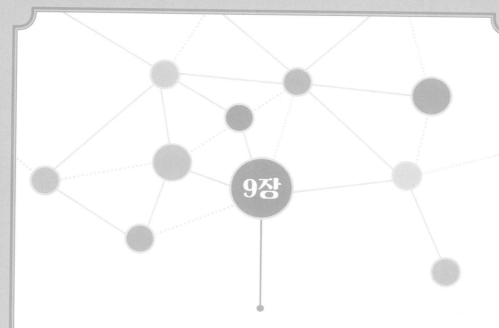

9장

반가 만들기

+

음악 수업

관악중학교는 교정이 아름답다. 아름드리나무와 예쁜 꽃, 다양한 식물이 계절을 장식한다. 하지만 아이들은 늘 지나다니는 교정의 아름다움을 잘 느끼지 못한다. 살구꽃이 활짝 핀 날, 이렇게 예쁜 학교 모습을 아이들과 나누고 싶었다. 생태환경 교육이 그리 특별한 게 아니라는 생각을 하면서.

'봄꽃 축제'는 옆 학교의 벚꽃축제 소식을 듣고 즉흥적으로 결정했다. 따뜻한 봄날 방과후에 1학년 학생들과 의논해 반별로 작은 부스를 만들었다. 학생들 스스로 홍보 포스터도 만들었고 반별 부스도 진행했다. 도감, 시집, 종이접기 책 등 다양한 책을 활용하여 봄꽃 축제를 진행했고, 그 결과물을 복도에 전시하였다. 그런데 학생들이 물어오기 시작했다. "선생님, 우리 여름에는 무슨 축제를 하나요?"

학생들의 요구로 '여름 더위 쫓기 축제'가 시작되었다. 먹거리 부스를 원해서 그것도 포함했다. 기말고사를 끝내고 홀가분하게 즐기는 취지였는데, 그다음 해부터는 과학 수업과 연계하여 '에너지 제로 더위 쫓기 축제'로 진행했고, 어떤 해는 국어, 과학, 가정, 일본어, 수학, 영어 과목이 융합으로 진행하기도 했다.

가을 축제는 '낙엽 축제'였다. 수업시간에 진행했기에 좀 더 교과와 관련 있는 내용으로 구성하려고 했고, 가을 낙엽을 교과와 관련지어 어떤 활동을 할지는 반별로 아이들이 정했다. 축제 전 과학 시간을 이용하여 도감을 찾아가며 우리 학교 생태지도를 만들었고, 우리 학교 나무에 이름표와 설명 팻말을 만들어 붙였다. 이를 바탕으로 나무 이름 3행시와 가을 도감을 만들 수 있었다. 그다음 해 가을 축제는 '누리보듬 가을 축제'였다. 자폐가 심한 특수학급 학생을 중심으로 축제를 꾸렸다. 여러 반 연합으로 교과와 연합한 코스프레 부스를 차리고, 이 학생이 보조 교사의 도움을 얻어 한복, 유카타, 체육대회 반 티셔츠 등 다양한 복장을 한 아이들의 사진을 찍어주었다. 축제 열흘 전부터 국어 수업 전 10분 책읽기 시간에 장애 관련 책을 읽혔다. 축제의 전 과정은 학생들이 주도하여 이루어졌다. 직접 활동과 음식 메뉴를 정했고, 준비물과 영수증을 챙겼으며, 부스 운영을 돌아가며 했다. 여름 축제와 가을 축제에서 먹거리를 판매한 수익금도 스스로 의논하여 유니세프에 기부했다.

겨울 축제는 '눈꽃 축제'라는 이름인데, 학년 마무리 축제로 진행했다. 도덕과 기술 과목에서 융합 수업으로 진행했던 '행복한 학교 만들기 UCC' 상영, 국어와 음악 융합 수업으로 진행했던 '반가 만들기 경연대회', 연극, 기타 연주 같은 선택 프로그램 발표 등 강당에서 다양한 프로그램으로 이루어졌다. 아울러 다른 수업에서 진행했던 결과물도 전시하여 학부모님들과 학생들의 성장을 마음껏 축하하고 나누는 자리였다.

① 계절 축제와 음악 수업 연계하기

이제는 관악중학교 전통이 된 1학년만의 계절 축제를 2018년에도 계절마다 진행했다. 봄에는 사회와 음악 교과와 융합하여 '세계 음식문화와 함께하는 봄꽃 축제'를 마련했다. 사회 시간에 다섯 반 학생들이 각 대륙을 맡아 대륙별 대표 음식문화를 공부하고, 음악 시간에는 그 지역의 전통음악을 선정했다. 부스별로 대륙의 대표 음식 정보 게시판을 전시하고, 전통음식을 만들어 판매했다. 여름에는 여느 해처럼 과학 수업으로 '에너지 제로 더위 쫓기 축제'를 했다. 가을에는 선배들 시험 기간에 근처 낙성대공원에서 오리엔티어링을 활용해 전 교과 문제를 내고, 하루 소풍처럼 볕을 쬐는 여유를 누렸다. 그리고 다시 겨울, 눈꽃 축제 준비를 하게 되었다.

'반가 만들기' 프로젝트는 국어와 음악 융합 수업으로, 음악 시간에 학생들은 반가에 적합하다고 생각하는 곡을 골랐다. 인기 있는 최근 노래들이 주로 뽑혔는데, 학생들이 합창을 고려하지 않고 음악을 골라 여러 번 퇴짜를 놓았다고 한다. 국어 시간에 개사한 후, 음악 시간에 합창 연습을 했다. 음악이 1주일에 1시간밖에 없는 상황이라, 음악 선생님뿐 아니라 국어 교사인 나나 담임 선생님들까지 총출동했다.

② 목표 세우기

수업을 시작하기에 앞서 목표를 정했다.

─ 반가 만들기는 왜 할까? 하면 무엇이 좋을까? 하고나면 무엇이 달라질까?

• 반가 프로젝트를 하는 이유는 우리 반의 단합을 위해서인 것 같다. 만일 우리가 반가를 만든다면, 반가를 만들고 고치고 노래하는 과정에서 친구들과 말을 많이 하게 될 것이고 더 친하게 지낸다. 친하지 않았더라도 더 친해지는 기회가 있을 것이다. 또한, 노래를 개사하면서 개사 실력도 나아질 것이고 이

프로젝트를 하고 나면 전보다 단합이 잘되는 1반이 될 수 있다.

• 반가의 소재를 생각해보면서 1년 동안 우리 반 좋은 추억과 친구들과의 생활을 긍정적으로 생각하면서 학교생활을 하는 데 보다 더 행복한 마음가짐을 가질 수 있다. 우리의 삶을 아름답고 정확히 표현하는 낱말을 선정하는 과정에서 관찰력과 어휘력 등 국어 관련 능력을 기를 수 있을 것이다.

학생들이 목표 발표하는 것을 들으면 나의 목표와 별로 다르지 않다는 데 놀란다. 어떨 때는 미처 내가 생각하지 못한 부분을 짚어주고, 나보다 더 훌륭한 언어로 목표를 표현한다. 발표를 들으면서 내가 하는 일이라고는 감탄밖에 없다.

─반가 만들기에서 나의 목표는?
• 반가 발표회에서 나의 목표는 친구들과 협동을 잘하는 것이다. 친구들과 협동을 잘하고 싶다. 또한, 이 프로젝트가 끝나면 눈꽃 축제와 관악제에서 이 노래를 발표한다고 하는데 그때 잘 불러서 꼭 일등을 하고 싶다. 반가 만들기 프로젝트가 정말 기대된다.
• 이번 프로젝트에서 나의 목표는 우리 반의 1년 생활에 대해 되도록 긍정적인 관찰을 해봄으로써 심신에 조금이나마 위안을 주고 친구들에 대한 무시를 근절하고 모든 친구와 남은 2학기 생활을 평화롭게 잘 마치는 것이다. 노래 가사에 잘 어울리는 단어를 선정해 새로운 발상으로 가사를 짓고 싶다.

이미 한 번 이상씩 수업한 성취기준이었지만, 그런데도 '반가 만들기'를 해야겠다고 생각한 이유는 학생들도 말했듯이 1년을 정리해보기 위해서였다. 자유학년제로 첫 중학교 생활 1년을 보내면서 다양한 일들을 경험했는데, 그걸 한 번쯤 되돌아보며 말로 정리하게 해주고 싶었다. 아

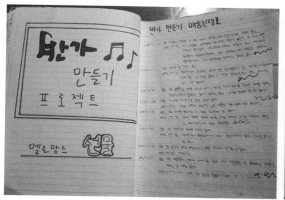 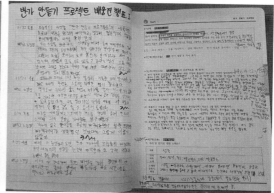

울러 반가 연습을 하면서 우리가 1년을 함께 걸어왔다는 것을 절실히 느낄 수도 있지 않을까. 또 다른 목표가 하나 더 있다면, 학생들에게 공동창작의 맛을 느끼게 해주고 싶었다. 혼자 창작할 수도 있겠지만 같이 머리 싸매고 고민해서 뭔가를 해결했을 때의 기쁨, 함께해서 오는 시너지, 이런 것을 느끼게 하고 싶었다.

③ 함께 개사하기

우리 반의 반가가 반의 1년을 돌아보는 가사가 되기 위해서는 1년 동안 어떻게 지내왔는지 돌아보는 것이 필요하다. '질문 형성하기' 기법과 '이미지 카드'로 1년을 돌아보았다.

'질문 형성하기' 기법은 2장에서도 설명했듯이, 모둠을 만들어 '질문 초점'에 관해 5분 정도 계속 다양한 질문을 만들어보는 활동이다. 여기선 '우리 반의 특징과 1년살이'를 질문초점으로 잡아 질문을 많이 만든다. 그 질문을 죽 늘어놓고 제한된 시간이 끝나면 마음에 드는 질문에 동그라미를 쳐보게 했다. 또한 그 질문을 고른 이유도 적어보게 했다.

질문 형성 기법	질문 형성하기	질문 생성 규칙 1
	◆ '질문초점'에 대해 규칙에 맞게 5분간 가능한 많은 질문을 만들어봅니다.	◆ 가능한 많은 질문을 한다. - 질문초점에 있는 단어가 들어가지 않아도 됩니다. 초점과 관련하여 많은 질문을 해보세요. 비슷한 질문도 괜찮습니다.
1	2	3
질문 생성 규칙 2 ◆ 어떤 질문이라도 토의, 판단, 답하기 위해 멈추지 않는다. - 질문만 합니다. 질문에 대해 다른 이야기는 하지 않습니다. 대답을 하거나 판단을 하지 마세요.	**질문 생성 규칙 3** ◆ 정확하게 모든 질문을 적는다. - 자신과 친구들이 했던 모든 질문을 있는 그대로 적습니다. 요약하지 않습니다.	**질문 생성 규칙 4** ◆ 진술은 질문으로 바꾼다. - 친구의 말이 질문이 아닌 경우, 질문으로 바꾸어 적습니다.
4	5	6

- **고른 질문:** 첫인상과 비교했을 때 가장 의외의 성격을 지닌 친구는 누구일까?
- **고른 이유:** 반가를 만들려면 우리 반의 특징을 최대한 다양하게 뽑아내야 하므로. 대조를 통해 신선한 특징을 찾을 수 있으므로.

- **고른 질문:** '나의 발자국' 공책을 쓰는데 어떻게 생각하나?
- **고른 이유:** 우리가 평소에 꾸준히 쓰는 건데, 대부분 친구가 선생님의 강요로 자신만의 의미를 찾지 못하고 진지하게 쓰지 못해 무의미한 시간을 보내고 있는 것 같다.

혹시나 사고의 발산이 제대로 되지 않았을 수도 있겠다 싶어 다른 항목을 하나 만들었다. '나의 발자국'이란 공책을 한 권 만들어 학급살이 1년을 그대로 담고 있는데, 1년 동안 무엇을 했는지 떠올리기 어려울까봐 '나의 발자국' 공책을 꺼내놓고 돌아보라고 했다. '나의 발자국' 공책에 행사 후 소감, 적성검사 결과지, 상담 소감, 봉사활동 소감, 우리 반 관찰 보고서, 나에게 스승이란 등등 시기에 맞게 다양한 주제의 글을 써서 모아왔기 때문이다.

—1년 우리 반에서 있었던 일을 생각해봅시다. 수업시간, 쉬는 시간, 점심시간, 다양한 행사 등에 우리 반은 어떤 모습을 보였나요? 기억에 남는 일의 목록을 만들어봅시다. 긍정적이고 좋은 추억이 좋겠죠?

- 4월 봄꽃 축젯날 모든 반 친구들이 착실히 준비해온 노력을 발휘해 많은 사람에게 음식을 만들어주었다.
- 7월 여름 더위 쫓기 축제에서 모든 친구가 원 없이 즐기고 먹는 시간을 가져 친해질 수 있었다.
- 입학한 후 몇 주간 ○○와(도움반 친구) 같은 반 생활을 하는데, 전체적인 반 분위기가 흐려졌는데 이내 서로 배려해 잘 지내게 되었다.
- 강당에서 사회 수업으로 '세계 기후 콘테스트'를 하기 위해 모든 친구가 협동해서 노력했다.
- 국어 수업의 '우리 동네 생태지도 만들기' 프로젝트에서 모둠끼리 외부에 나가 다양한 식물을 찾았다.
- 1학년 전체가 간 수련회에서 많은 친구와 훨씬 가까워지고 몰랐던 나의 성격도 알 수 있었다.
- 1주일쯤 전에 했던 3반과의 리그전에서 많은 친구의 선전, 공격, 수비, 중원 등 모든 부분에서의 조화, 나의 해트트릭 등의 요인으로 3 : 0 완승을 거두었다. 역대급으로 잘한 경기였다.

—모둠원끼리 적은 목록을 돌려봅시다. 내가 미처 생각하지 못한 내용을 2~3가지 적어봅시다.

- 스마트폰 과의존 예방 교육에서 스마트폰 중독과 관련된 다양한 내용을 듣고, 요약하는 활동을 했다.
- 가을에 낙성대공원에 가서 오리엔티어링을 해 시원한 자연의 정기를 느끼며 여유롭게 친구들과 시간을 보낼 수 있었다.
- 학기초 선생님과의 상담 시간을 가지며 나 자신의 문제점과 해결 방안을 생각해보는 계기가 되었다.

'나의 발자국' 공책을 보며 1년간 한 일 떠올리기

이미지 카드 고르기

이미지 카드로 우리 반 1년 비유하기

2명씩 의논하여 개사하기

    이미 이전 수업시간에 배웠던 '은유'를 이용하여 '이미지 카드' 중 한 장을 고르고 우리 반을 표현하는 활동도 했다. '우리 반은 (　　　)(이)다. 왜냐하면'에 맞게 이미지를 고르고 설명을 쓰는 식이다. 각자 해본 후 모둠을 만들어 친구들과 함께 나누면서 우리 반의 특징을 이야기하고, 그것을 바탕으로 개사 주제를 잡았다.

    모둠별로 주제가 명확하게 잡히면 개사를 시작한다. 처음엔 노래를 4부분으로 나누어 각자 해보라고 했는데, 학생들이 너무 어려워해서 둘씩 의논해서 절반 만들고, 다른 두 명의 내용과 합치라고 했다. 하지만 전체적인 콘셉트가 유지되어야 하니, 의논을 충분히 한 후에 작업하

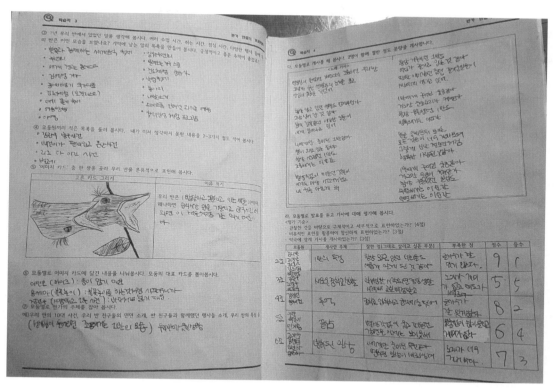

이미지 카드와 개사

라고 했다. 학생들은 글자 수를 맞추는 것을 어려워했다. 또 자꾸 여기 저기서 부르며 이런 내용을 이 구절에 넣고 싶은데 어떻게 줄여야 할지 모르겠다며 힘들어했다. 그래, 운율에 맞추어 글자 수, 라임을 생각해서 시 쓰기가 어디 쉬운 일인가. 두 명씩 작업한 후 모둠이 전체적으로 보면서 어색한 부분을 다시 다듬으라고 했다. 개사하면서 반드시 비유나 상징을 넣어야 한다고 강조했다.

2학기 중반이 지나, 국어교과실에 노후하여 사용하지 않는 컴퓨터를 몇 대 가져다 놓았는데, 모둠별로 다 완성된 모둠은 컴퓨터를 한 대씩 배분하고, PPT에 개사한 가사를 4줄 정도씩 쓰도록 했다. PPT는 절대 꾸미지 말고 가사만 볼 수 있게 적으라고 했다. 학생들은 PPT를 만들면서 다시 한번 자기 모둠의 가사를 손보았다.

그리고 발표 시간. 화면에 PPT를 띄우고, 유튜브를 이용해 노래 반주를 틀면 반 전체가 그 가사를 보며 노래를 같이 부른다. 특히 발표하는 모둠에는 마이크를 줘서 좀 더 크게 부를 수 있게 한다. 처음 부르는 학생들은 감을 못 잡기 때문이다. 다른 모둠은 노래가 끝난 후 함께 의논하여 발표 모둠의 주제, 잘한 점(그대로 살리고 싶은 부분)과 부족한 점을 적고, 평가기준에 따라 합의한 점수를 준다. 각 모둠은 점수를 등수로 환산하고, 자기 모둠을 제외하고 칠판에 적은 후 합산하여 1등 모둠을 가린다.

하지만 1등을 했다고 이 노래가 바로 반가로 뽑히는 것은 아니다. 이 모둠의 주제를 그대로 유지하면서 반 전체가 PPT를 띄워놓고 한 구절씩 다 함께 다듬었다. 엄지 투표(마음에 들면 엄지를 올리고, 그렇지 않으면 엄지를 밑으로 내린다)를 이용해 한 구절씩 괜찮은지 아닌지 살폈다. 한 명이라도 어색하다거나 마음에 들지 않는다고 이야기가 나오면 아이디어를 모아 그 부분을 수정했다. 어느 한 반은 의견이 쉽게 모이지 않아 다른 반보다 1시간이 더 걸려 가사를 완성하기도 했다. 나도 구성원의 일부분으로 가사에 관해 여러 의견을 냈는데, 학생들은 내 의견을 받아들이기도 하고 무시하기도 하면서 개사를 해나갔다.

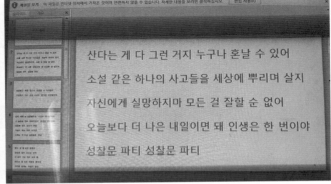

반가 개사 PPT 만들기

〈하루도 혼나지 않은 날이 없었다〉

(원곡: 〈하루도 그대를 사랑하지 않은 날이 없었다〉, 노래: 임창정)

시끄럽고 즐거운 2반의 1년 중
우리 처음 만났던 그날이 있었죠
어색했던 우리들을 기억하나요
떨렸던 우릴 기억하나요

이동수업 가는 것 참 힘들었어요
교과실 가는 길 복잡했기에
그래도 갔어요. 이제 익숙해졌어요 ~
하지만 우린 맨날 늦어요.

국어 누구나 하는 흔하디흔한 이야기
수업 일기 못 쓰고 교무실 가는 이유도
그땐 몰랐기에 그저 재밌는 날들
우린 어떤 수업을 했었나요. 그날들에

사회 하자는 말 왜 안 했겠어요.
프로젝트 할까 생각했어요
그런데 진짜로 하고 마네요
그때야 나는 당황했지요

영어 누구나 하는 흔하디흔한 이야기
책상을 옮기던 우리들의 모습도
가만히 있어도 왠지 혼나던 날들
우린 어떤 칭찬이 있었나요. 모든 날들

귀찮음을 핑계 삼아야 했던
그날이 이제는 그리워질 텐데
준비 못해서 발표 못해서
우린 단 하루라도 안 혼난 적이 없단 걸

과학 누구나 하는 흔하디흔한 이야기
수학 하는 이유도 정보 하는 이유도
지금도 모르기에 그저 허무한 날들
우린 어떤 시간을 보냈나요. 그 수업에

도덕 누구나 하는 흔하디흔한 이야기
체육의 이유는 미술의 이유는
우리는 알기에 모두 행복한 날들
우린 어떤 수업이 좋았나요. 1년 동안

〈성찰문 파티〉

(원곡: 〈아모르 파티〉, 노래: 김연자)

산다는 게 다 그런 거지 누구나 혼날 수 있어.
소설 같은 한 편의 성찰문을 학교에 뿌리며 살지
자신에게 실망하지마 모든 걸 잘할 순 없어
오늘보다 더 나은 내일이면 돼 인생은 빠르 없어
성찰문 파티(안○혁 전○훈 소○영 성찰문 셋)
성찰문 파티(박○준 이○빈 허○은 성찰문 둘)

빈 종이와 펜을 들고서 무엇을 써내야 할지
고민하고 다시 썼던 시간이 없다면 거짓말이지
억지로 쓴 성찰문처럼 시간도 지나갔지만
성찰문 개수 채워가면서 들었던 '어쭈~'여
(잔소리여)
성찰문 숫자 선도위 코앞

심장이 쫄깃한 걸 느껴봐
이제는 더 이상 성찰문 안녕
왔다 갈 한 번의 징계야
담임 사인 필수 교과는 선택
마음이 가는 대로 쓰면 돼
한 번 더 쓰는 건 순간일 뿐이야.
다가올 징계는 두렵지 않아
성찰문 파티 성찰문 파티 성찰문 파티
(한밤에 운석이 떨어졌음 좋겠어)
(학교에 떨어져 휴교했음 좋겠어)

〈꽃길〉

(원곡: 〈꽃길〉, 노래: 빅뱅)

그땐 참 좋았는데 말야 모두 함께할 수만 있다면
물론 청소할 때만 말야 우리와 같이할 수만 있다면
say 너너너 청소해 너너너 우리 이게 마지막이 아냐
우리 비워야 해 쓰레기통 우리 반은 웃긴 애들 많아
○○이나 ○○같이 말야 이런 반이 설마 또 있을까
우리 4반만이 가능할 것 같아
아무 생각 없이 춤을 추는 윤○○
우리 땜에 고생하는 박○○샘
우리 반 이제 청소 좀 하자
아무튼 우리 반이 최고인 거 인정 인정해
떠나려거든 보내드리오리다
님이 가시는 길에 꽃을 뿌리오리다
우리 내년에 다시 만나요 그때 또다시 우리 만나요
이 꽃길 따라 잠시 쉬어가다가
2학년 교실에서 날 기다려요

그땐 참 좋았는데 말야, 리그 우승했을 때는 말야
때론 힘들고 지쳤긴 해도 우리 같이 할 수만 있다면
많이 지기도 했지만 이긴 날도 많아
내 머릿속 안에는 추억이 너무 많아
이 또한 재미있긴 했으니까
내년에 또 만나요, 꽃이 피면
1년 365 이 세상 하나뿐인
우리 반의 motive 친구들과의 케미
네 커다란 키를 보면 깜짝 놀라
떠오르던 전봇대 아직도 참 생생해 ○○, ○○
○○이의 표정의 개수는 십만 개
리그전 ○○, ○○ 둘이서 캐리하네
○○이는 ○○이를 좋아해
내 눈을 의심했지 둘이 싸웠을 땐
우리 내년에 다시 만나요. 그때 또다시 우리 만나요
이 꽃길 따라 잠시 쉬어가다가
2학년 교실에서 날 기다려요
꽃잎 따다 입을 맞추죠. 얼굴은 빨개지고
꽃길을 깔아 준비를 하죠
2학년 교실에서 날 기다려요

교실에서 연습하기

강당에서 연습하기

④ 눈꽃 축제와 반가 발표하기

　개사하는 도중 담임 선생님들의 도움을 얻어 반별로 안무 맡을 학생과 안무팀을 구성했다. 체육 시간을 활용하여 춤을 배우고, 공연에 올리기 직전에는 여러 수업을 빌려와 연습했다. 국어 시간에는 아예 한 번씩 강당에 데려가 무대에 오르고 내리는 연습을 시켰다. 담임 선생님들도 조회와 종례, 본인 수업시간을 이용해 1~2번씩 연습을 시켜주셨다. 자유학년제 예산으로 반별로 잡은 주제에 따라 필요한 소품을 마련했다. 축제 때마다 학생들이 장을 보고, 개산급에 맞게 영수증도 잘 챙겨와 수월하게 진행했다. 2학년 기말고사 기간 중 하루를 잡아 대대적으로 총연습을 했는데, 음악 선생님께서는 학생들의 목소리가 크게 들리

반가 발표회 안내장

사회자 학생이 써온 대본

발표회 장면

지 않는다고 걱정했다. 축제 예산으로 합창용 마이크를 몇 개 구매했지만 그다지 실효성은 없었다.

눈꽃 축제는 학생들이 사회도 보고, 주제 선택 프로그램을 한 친구들의 끼도 함께 엮어 1년을 마무리하는 학년 축제의 자리로 즐겁게 진행했다.

⑤ 평가하기와 기록하기

수업의 마지막은 언제나 자기를 돌아보는 일이다.

─수업 시작하기 전과 달라진 것
- 말하기 2(존중) / 내가 생각보다 토의에서 다른 사람의 의견 경청을 잘하고 존중하기 위해 지속해서 노력했기 때문.
- 존중 태도 / 전에 해왔던 모둠 토의에서 경청하는 태도가 부족해서 나름 신경 써서 존중해보기로 노력했고 다른 친구 심정을 잘 배려하며 진행했기 때문이다.

아래는 학생들이 쓴 자기 성찰 평가서이다.

- 반가 만들기 수업을 통해 개사할 수 있는 능력과 노래 능력이 늘어난 것 같다. 반가를 만들 때 무엇이 더 좋을지, 어떻게 해야 더 좋을지 토의하면서 내가 전에는 좀 부족했던 다른 친구에 대한 존중심을 향상할 수 있었다. 반가 발표회를 하고나서 나도 노래를 하나 정해서 개사를 해보고 싶었다. 개사할 때 친구와 함께하면 재밌을 것 같았다. 이 프로젝트에서 나는 아이디어를 내는 것을 잘한 것 같다.

- 우리 모둠에서는 참신한 아이디어가 떠오르지 않았으나 다른 모둠 PPT를 분석하며 다양한 소재들을 배우고 창의력을 기르게 된 것 같다. (중략) 모든 친구가 적극적으로 참여하지는 않았다. 따라서 각자 숙제로 개사를 시도해보고, 서로의 개사에 대해 평가하면서 더 넓은 생각을 통해 다양한 노래를 녹인 가사가 만들어지면 좋겠다. 다른 모둠 가사는 개사 소재 자체가 굉장히 구체적이어서 추상적인 단어만 사용하려 했던 내 고정관념에 대해 반성하게 되었다.

- 반가 연습을 하는 것은 정말 힘들었다. 특히나 노래와 춤을 외우는 것은 힘들었다. 반가 발표회 당일 다른 반 친구들의 공연을 들으면서 사실 놀라웠다. 우리 반이 나름 잘한다고 생각했었는데 2반은 재밌게, 3반은 신나게, 4반은 이쁘고 아름답게 그리고 5반은 멋지게 다 잘했기 때문이다. 각각의 반가에는 그 반의 특징이나 추억이 정말 잘 드러나 있는 것 같다. 반가 경연대회가 끝나고 통쾌하기도 했지만 좀 아쉽기도 했다. 반가를 발표하기 위해서 연습하고 외우는 것이 힘들기는 해도 재밌었기 때문에 아쉬웠다. 그래도 반가 경연대회는 정말 좋은 추억이었다. 다음에 후배들도 이 프로젝트를 재밌게 할 것이다.

- 이번 프로젝트를 수행하면서 재미있었던 점은 여러 조가 개사했지만 모든 조의 주제가 다 똑같았다는 점과 똑같은 주제로 개사를 했지만, 가사가 다 다르다는 점이다. 이 프로젝트를 하면서 문장을 매끄럽게 잇는 능력이 향상된 것 같다. 다른 모둠들이 〈아모르 파티〉를 개사한 걸 들었을 때 같은 노래를 개사해도 다양한 주제와 개사가 나올 수 있다는 것을 알았다. 개사하는 것은 너무 어렵다고 생각한다.

음악 선생님께서는 학생들의 생활기록부에 반가 만들기 프로젝트에 관한 내용을 "협동심을 발휘하여 선정한 곡의 가사를 바꾸어 반가를 만든 후 안무와 함께 제창으로 반가를 적극적으로 부름" 등으로 기록하셨다.

학교에서는 다양한 행사들이 이루어진다. 교사가 미리 준비하고 신경 쓰면 행사를 준비하고 진행하는 과정에서 한 뼘 성장하는 학생들의 모습을 볼 수 있다. 1학년이 진행했던 네 번의 계절 축제만 살피더라도, 학생들이 자란 모습이 보인다. 처음 봄꽃 축제 때는 선생님들이 많은 부분을 간섭하고 가르쳐주고 고생을 많이 했다. 그런데 횟수가 늘어갈수록 학생들은 이전 경험을 바탕으로 역할을 나누고, 자기 책임을 완수하고, 주변 친구들을 챙기면서 주도적으로 축제를 진행해갔다. 학생들의 그런 모습을 보면 '중학교 1학년은 너무 어려. 어린데 뭘 제대로 하겠어, 내가 해줘야지' 생각했던 것은 나의 편견에 지나지 않았다는 깨달음을 얻는다.

누구나 그렇듯이 처음은 서투르다. 하지만 자꾸 해보면 방법을 터득하고 요령이 생긴다. 학생들은 그렇다. 내가 그렇듯이. 단지 그 서툴러 버벅대는 시간을 참고 견디는 나의 여유, 인내가 필요할 뿐이다.

1단계 프로젝트 안내

〈국어과 1학년 성취기준〉

[듣기·말하기] 토의에서 의견을 교환하여 합리적으로 문제를 해결한다.

[쓰기] 자신의 삶과 경험을 바탕으로 하여 독자에게 감동이나 즐거움을 주는 글을 쓴다.

[문학] 비유와 상징의 표현 효과를 바탕으로 작품을 수용하고 생산한다.

도입−목표 세우기−생각 꺼내기−모둠 개사하기−전체 개사하기−반가 발표회 준비하기−연습−평가하기

2단계 개인/모둠 도입: 반가 영상 & 가사 보기

3단계 개인/모둠 목표 세우기: 이 프로젝트를 왜 할까?

가. 반가 발표회 프로젝트를 왜 할까? 하면 무엇이 좋을까? 하고나면 무엇이 달라질까?

나. 반가 발표회 프로젝트에서 나의 목표는?

다. 프로젝트를 시작하기 전에 채점기준표를 읽고 해당하는 부분에 검정색으로 동그라미를 쳐봅시다.

라. '보통'이나 '미흡'을 받을 것 같은 항목은 무엇입니까? 이유도 2줄 정도 적어봅시다.

마. 모둠원들과 어떻게 하면 '잘함'으로 갈 수 있을지 의논하여 그 결과를 적어봅시다.

4단계 모둠 반가 만들기

가. 우리 반 반가로 정한 노래는?

제목	
작사 작곡 노래	
노래의 분위기, 특징	

〈노래 가사〉	

나. 개사할 주제를 잡아봅시다.

① 우리 반의 특징과 1년에 대해 질문을 형성해봅시다.

★**질문초점 : 우리 반의 특징과 1년살이**

★**질문 생성하기**

[규칙] 1) 가능한 많은 질문을 한다. 2) 어떤 질문이라도 토의, 판단, 답하기 위해 멈추지 않는다.

        3) 진술된 대로 정확하게 모든 질문을 적는다. 4) 진술은 질문으로 바꾼다.

[방법] 5분 동안 최대한 많은 질문을 생성한다.

② 마음에 드는 질문 2개에 동그라미를 쳐봅시다. 왜 그 질문을 골랐나요?

    1의 이유:

    2의 이유:

③ 1년 우리 반에서 있었던 일을 생각해봅시다. 여러 수업시간, 쉬는 시간, 점심시간, 다양한 행사 등에 우리 반은 어떤 모습을 보였나요? 기억에 남는 일의 목록을 만들어봅시다. 긍정적이고 좋은 추억이 좋겠죠?

-
-
-
-
-
-
-
-
-

④ 모둠원끼리 적은 목록을 돌려봅시다. 내가 미처 생각하지 못한 내용을 2~3가지 적어봅시다.

⑤ '이미지 카드' 중 한 장을 골라 우리 반을 은유적으로 표현해봅시다.

고른 카드 그리기	이유 3줄 적기
	우리 반은 ( )(이)다. 왜냐하면

⑥ 모둠별로 이미지 카드에 담긴 내용을 나눠봅시다. 모둠의 대표 카드를 뽑아봅시다.

⑦ 모둠별로 반가의 주제를 잡아봅시다.
　　㉔ 우리 반의 10대 사건, 우리 반 친구들의 면면 소개, 반 친구들과 함께했던 행사들 소개, 우리 반의 특징 등등

다. 모둠별로 개사를 해봅시다. 2명이 함께 절반 정도 분량을 개사합니다.

〈노래 가사〉	

라. 모둠별로 발표를 듣고 가사에 대해 평가해봅시다.

<평가기준>

- 관찰한 것을 바탕으로 구체적이고 세부적으로 표현하였는가? (4점)
- 비유적인 표현을 활용하여 참신하게 표현하였는가? (3점)
- 악곡에 맞게 가사를 개사하였는가? (3점)

모둠원	개사한 주제	잘한 점(그대로 살리고 싶은 부분)	부족한 점	점수	등수

마. 최종 우리 반 반가 가사를 적어봅시다.

반가의 주제	
〈노래 가사〉	

5단계 개인/모둠 반가 발표회 준비하기

가. 모둠별로 반가 공연 준비를 해봅시다.

공연 무대의 콘셉트는?	
준비물	

나. 반 전체가 함께 의논해봅시다.

공연 무대의 콘셉트는?	
준비물	
누가? (역할 분담)	

6단계 개인/모둠 채점기준표

영역	항목	평가기준	잘함	보통	미흡
말하기	문제 해결	토의에서 의견의 차이를 파악하고, 서로 다른 의견을 조정하여 문제를 해결할 수 있는가?	토의 참여자들의 의견이 어떤 점에서 다른지 기준을 세워 정리하고, 자신의 의견과 비교할 수 있고, 참여자들의 의견 차이가 발생한 쟁점을 중심으로 의견을 조정하여 해결 방안을 도출할 수 있음.	토의 참여자들의 의견이 어떤 점에서 다른지 파악할 수 있고, 참여자들의 의견을 부분적으로 조정하여 해결 방안을 도출할 수 있음.	토의 참여자들의 의견이 서로 다르다는 것을 파악할 수 있고, 문제 해결을 위해 의견 조정을 시도하나 해결 방안을 도출하는 데 미흡함.
	의견 존중	토의에서 다른 사람의 의견을 존중하는 태도를 지니는가?	토의에서 다른 사람의 의견을 경청하고, 그 의견의 가치를 파악하며, 해결 방안을 탐색할 때 다른 사람의 의견을 존중하려는 노력을 지속적으로 보임.	토의에서 다른 사람의 의견을 경청하고, 해결 방안을 탐색할 때 다른 사람의 의견을 고려하려고 노력함.	토의에서 다른 사람의 의견을 경청하는 태도가 미흡함.
쓰기	개사 하기	자신의 삶과 경험을 바탕으로, 비유적인 표현을 활용하여 독자에게 감동이나 즐거움을 주는 글을 쓰는가?	자신의 삶과 경험을 바탕으로, 참신한 비유적인 표현을 이용하여 사건이나 행동, 생각이나 느낌을 진술하고 창의적으로 표현하여 독자에게 감동이나 즐거움을 주는 글을 씀.	자신의 삶과 경험을 바탕으로, 비유적인 표현을 이용하여 사건이나 행동, 생각이나 느낌을 표현하여 독자에게 감동이나 즐거움을 주는 글을 씀.	자신의 삶과 경험을 바탕으로, 사건이나 행동, 생각이나 느낌을 표현하는 글을 씀.

가) 프로젝트를 끝내고 난 후 다른 색깔로 동그라미를 쳐봅시다.

나) 수업 시작하기 전 예상했던 것과 달라진 것은 무엇입니까? 그 이유를 적어봅시다.

항목	이유

다) '보통'이나 '미흡'을 받은 항목과 그 이유를 적어봅시다.

항목	이유

라) 모둠원들과 어떻게 하면 '잘함'으로 갈 수 있을지 의논하여 그 결과를 적어봅시다.

7단계 **개인** **가사 만들기에 대한 자기 성찰 평가**

'반가 만들기' 프로젝트에 대한 소감을 다음 질문에 대한 대답을 중심으로 정리해봅시다.

* 수업을 통해 무엇을 알게 되었는가? 더 궁금한 점은 무엇인가? 궁금증을 어떻게 해결할 것인가? 배움을 발전시키기 위해 자신이 해야 할 일은 무엇인가? 어떻게 실천할 것인가? 프로젝트에서 자신이 잘한 점이나 부족한 점은 무엇인가? 프로젝트를 수행하면서 재미있던 점이나 어려웠던 점은 무엇인가? 프로젝트를 수행한 후 앞으로 다르게 해보고 싶은 것은 무엇인가? 프로젝트를 수행하면서 어떤 능력(역량)과 지식이 향상되었는가? 이번 프로젝트는 자신에게 어떤 의미가 있는가?

_____

_____

_____

_____

_____

_____

_____

_____

_____

_____

_____

8단계 **개인** **모둠별 상호평가**

가. 내가 한 일, 모둠원들이 한 일에 별점을 주고 그 이유를 2줄 정도 적어봅시다. (아주 구체적으로 진행 과정에서 무엇을 얼마나 열심히 했는지)

이름	별점	이유
	☆ ☆ ☆ ☆ ☆	
	☆ ☆ ☆ ☆ ☆	
	☆ ☆ ☆ ☆ ☆	
	☆ ☆ ☆ ☆ ☆	

나. 다음 표를 채워봅시다.

평가 내용	준비성			개방성			협동성			
평가기준	모둠활동에서 완성도를 높이기 위해 준비했는가			참신한 아이디어를 다양하게 제시하고 모둠원의 의견을 경청하였는가			전반적인 모둠활동에 적극적으로 참여하고 협동하였는가			
평가 / 모둠원	상	중	하	상	중	하	상	중	하	총점
	3	2	1	3	2	1	3	2	1	
	3	2	1	3	2	1	3	2	1	
	3	2	1	3	2	1	3	2	1	

다. 다른 모둠원들의 발표를 들으며 새롭게 배운 점, 느낀 점을 적어봅시다.

_____
_____
_____
_____

9단계 개인 반가 발표회를 마치고

1학년   반   번 이름: _____

가. 반가 연습을 하며 (모든 준비 과정)

_____
_____
_____
_____

나. 다른 반 친구들의 공연을 들으며

_____
_____
_____
_____

다. 반가 경연대회를 끝내며

_____
_____
_____
_____

10장

갈등과 성장
배우기

소설을 가르친다. 단편소설을 가르친다. 참 쉽지 않다. 학생들에게 어떤 맛을 느끼게 해줄 것인지 나부터 명확하게 가닥을 잡아야 하는데, 방황하고 흔들린다. 잘 모르겠다. 학생들이 소설을 읽고 내가 느꼈던 감동과 재미를 느꼈으면 좋겠다. 학생들이 친구들과 이야기하다가, 새삼스럽게 뭔가 깨닫고 "작가가 어떻게 이런 걸 다 생각하면서 썼지?" 감탄하면 좋겠다. 나와 전혀 다른 사람들의 이야기에, 생전 만나볼 것 같지도 않은 사람들 이야기에 공감하며, '이 사람과 내가 비슷한 점도 있구나' 생각하며 문득 멍하게 앉아 있게도 하고 싶다. 밀란 쿤데라가 '절대 영화로 만들지 못하는 소설을 쓰겠다'라며 글을 썼듯이, 소설을 가르친다면 '이건 소설이 아니면 안 되겠구나, 영화로는 절대로 이걸 담아낼 수 없겠구나' 느껴보거나, 조금 전까지 단순하다고 생각했던 세상이 온갖 물음표로 바뀌고, '사람이란 정말 알다가도 모를 존재구나' 혼잣말을 하게, 그렇게 수업하고 싶다. 장편 소설이 아니라 단편소설을 가르친다면, '이게 단편소설만이 지닌 묘미구나. 장편소설은 도무지 이렇게 할 수 없겠구나' 이런 생각을 해보게 하고도 싶다.

"단편은 사건을 겪은 인간의 이야기고, 장편은 인간이 겪은 사건의 이야기라고 생각합니다. 단편은 거대한 사건보다는 한 인간이나 가까운 사람, 관계를 조망한 작품이 많아요. 그렇기 때문에 단편을 읽으면서 거대한 서사를 기대하면 실망할 수밖에 없어요. 우리가 옆에 있는 사람의 이야기를 듣듯이 혹은 누군가를 관찰하듯이 단편을 보면 사소한 관찰로 매우 큰 것을 얻을 수 있어요. 반면에 장편은 인간이 겪는 사건에 좀 더 초점이 맞춰져 있어요. 단편의 경우는 인간에 더 초점이 맞춰져 있죠."

팟캐스트 〈이동진의 빨간 책방〉(제117회, 『대성당』 1부)에서 소설가 김중혁이 했던 말이다. 단편을 가르친다는 것은 '인간'을 가르친다는 얘기다. 얼마나 가슴 뛰는 말인지! 하지만 교실 공간으로 돌아오면, 현실은 내 소망과 어긋난다. 소설 수업을 한다, 하면 아이들은 눈을 게슴츠레 뜨고 그 길고 재미없는 걸 어떻게 읽으라는 말이냐, 하는 표정을 짓는다. 얼굴이 말한다. 그러니 우선 읽게 하는 것부터 시작해야 한다. 꿈은 아득하고 갈 길은 멀다.

① 소설을 읽히다

중학교 문학에서 성취기준은 그렇게 어렵거나, 이론적 지식이 많이 필요하지 않다. 어떤 소설로 수업해도 성취기준을 달성하는 데 그렇게 무리 있을 것 같지는 않다. 이번 프로젝트에서 다루게 될 성취기준은 다음과 같다.

문학 작품을 읽고 그것을 토의하면 달성할 수 있는 성취기준이다. '갈등'이나 '성장'은 서사 장르에 더 적합하니, 단편소설로 수업을 해야겠다고 생각한다. 그런데 문제는 소설에 있다. 성취기준을 달성하기 위해서 어떤 소설을 골라야 할까.

먼저 '갈등'에 대해서 살펴보자. 중학교 교과서에서 다루는 '단편소설'은 학생을 고려해서겠지만 깊이 이야기하지 않아도 되는, 겉으로 드러난 그 이야기가 끝인 텍스트가 많다. 선과 악도 분명하다. 만약 갈등을 다른 사람과 일으켰다면 그 상대는 '악의 축'이 된다. 하지만 내가 좋아하는, 불분명한 캐릭터가 나오는 작품일 경우(헤르만 헤세의 「공작 나방」에는 나쁘다고 말하기엔 뭔가 찜찜한 에밀과 착하다고 말하기엔 뭔가 찜찜한 하인리히가 등장한다. 평범한 사람 안에 내재한 욕망을 건드려야 작품 해석이 가능하다), 당장 학생들의 아우성이 빗발친다. 뭐래! 그러다보니 갈등이 등장하지만 나쁜 인물에게도 좀 그럴 만한 이유가 있어 보이는 작품, 다른 사람을 이해하면서 인물이 성장하는 작품 찾기란 쉽지 않다.

그렇다면 '성장'은 어떤가. 신형철 평론가의 이야기를 듣고, F. 스콧 피츠제럴드가 썼다는 「무너져내리다」란 에세이를 찾아본 적이 있다(피츠제럴드의 이 자전적 에세이는 『위대한 개츠비』[펭귄클래식코리아]에 실려 있다).

당연히, 사람의 일생은 천천히 무너져내리는 과정이다. 그러나 그 일의 극적인 면을 담당하는 충격—외부로부터 오는, 혹은 오는 것처럼 보이는 갑작스러운 큰 타격—즉, 우리가 기억하고 탓하고 마음 약해질 때 친구들에게 이야기하는 충격은 그 여파가 한 번에 다 드러나지 않는다. 내부에서 오는 충격은 또 종류가 다르다. <u>우리가 어떻게 손써볼 수 있는 시간이 지나버릴 때까지, 혹은 자신이 어떤 면에서는 다시는 예전만큼 좋은 사람이 될 수 없으리라는 궁극적인 깨달음을 얻을 때까지</u> 우리는 그것을 느끼지 못한다. 첫 번째 종류의 붕괴는 순식간에 일어나는 것처럼 보인다. 두 번째 종류는 우리가 거의 알아채지 못하는 사이에 일어나지만 깨달음은 마찬가지로 갑작스럽게 온다.

밑줄 친 부분은 내가 아주 좋아하는 구절이다. 나는 이런 '타격'이 드러나 있는 소설을 좋아한다. 이 '내부에서 오는 충격'으로부터의 깨달음, 이를 온전히 내 것으로 받아들이는 것이 바로 '성장'이라고 생각한다. 헤세의 「공작 나방」은 이 조건에도 아주 잘 맞아떨어지는 소설이지만 중학교 1학년에게는 쉽지 않았다. 아직 내 수준이 낮아 새로운 작품에서 찾기도 쉽지 않았다. 고르고 고르다 내가 고른 작품은 「나비를 잡는 아버지」라는 소설이었다. 현덕 작가가 꽤 오래전에 쓴 단편소설인데, 딱 들어맞지는 않아도 어느 정도 내 의도와 부합할 여지가 많았다. 작품을 고르면 수업의 절반이 끝난 것이다.

성취기준에서 '갈등'을 다뤄야 하니 『중학교 개념학교—소설』(교사공동체 나눔과 채움, 우리학교)에서 '갈등'과 '플롯' 부분을 발췌해 나눠주고 10분 책읽기 시간에 읽혔다. 단편소설의 갈등은 플롯과 직접 연관된다. 학생들은 소설의 구성과 갈등 부분을 요약하면서, 소설 수업을 하는 내내 꾸준히 이론 공부를 했다.

본 수업시간에는 현덕의 단편소설 「나비를 잡는 아버지」를 읽혔다. 각자 읽으라고 하면 속도 차이도 날 뿐 아니라 이해도 차이가 심하므로, 모둠별로 문단을 나눠 돌아가면서 낭독하게 했다. 낭독하면서 지정된 부분까지 읽은 후, 학생들이 질문을 만들어 써야 한다. 각자 읽었던 부분에 대해 궁금한 점, 중요하다고 생각하는 점, 이해가 안 가는 점 등을 질문으로 만든 후 모둠에서 그 부분에 관해 이야기를 나눈다. 충분히 이야기가 진행되면 다음 부분을 계속 낭독하며 읽는다(뒤의 사진에 나오는 PPT는 그다음 해에 만든 것으로, 붙임 쪽지를 이용해서 진행했다).

모둠별로 소설을 다 읽은 후에는 함께 줄거리도 정리했다. 그 후 자신의 질문 중 괜찮다고 생각하는 질문을 2개 뽑거나 새롭게 다시 만들게 했다. 이미 모둠에서 이야기를 나눈 후이기에 단순한 질문이 나오지는 않았다. 소설에서 금세 답을 찾을 수 있는 질문 말고, 해석하거나 추론해야 하는 질문, 우리의 현실과 연결할 수 있는 질문을 뽑아보라고 했다. 찬반이 분명한 질문도 괜찮냐고 하길래, 이야기를 나눌 때 그 근거에 관해 풍부하게 말할 수 있는 거라면 괜찮다고 했다. 모둠에서 각자 2개씩 뽑은 질문으로 이야기를 나눈 후, 최종적으로 '모둠의 질문'을 뽑는다. 이때 중요한 것은 돌아가면서 자신이 제시한 질문을 말하고 왜 그 질문이 중요하거나 궁금하다고 생각했는지 이유를 말하는 것이다. 한 사람당 1분 이상씩 이야기를 해야 한다고 말해줘야 서로의 질문에 대해 더 깊게 생각할 수 있다. 붙임 쪽지를 이용한 경우에는 스티커 투표를 통해 모둠의 질문을 뽑게 했다. 이 과정에서 질문의 수준은 더 높아진다. 각자의 질문 중에서 수준 높고 괜찮은 질문이 '모둠의 질문'으로 뽑힌다. 수업의 성패는 이 모둠의 질문이 얼마나 괜찮은지에 달려 있으므로 이 과정에 매우 공을 들인다.

학생들의 질문 중 일부이다.

나비는 무엇을 상징할까?

바우에게 사과하라고 하는 바우 아버지의 심정은 어떨까?

바우를 위해 나비를 대신 잡는 아버지에 대한 바우의 감정은 어떠할까?

마름의 아들이라는 위치로 남의 땅을 망치는 일은 옳은 일일까?

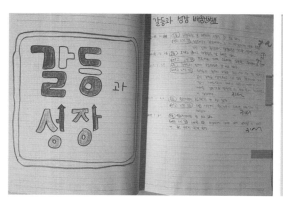

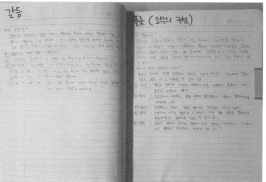

모둠별 돌려 읽기

관악중학교 구본희

1

① 학습지 내용을 세 부분으로 나눕니다.

2

② 첫 부분까지 돌아가며 한 문단씩 낭독합니다.

읽지 않는 사람들은 조용히 눈으로 따라 읽습니다.

3

③ 첫 부분을 다 읽은 후 중요하거나 궁금한 것을 질문으로 만들어봅니다.

- 1인당 2개 이상
- 포스트잇 하나에 질문 하나씩 쓰기
- 포스트잇을 읽은 부분에 붙이기

4

④ 둘째, 셋째 부분도 반복합니다.

5

⑤ 질문들을 판에 붙이고 한 사람씩 돌아가며 자신의 질문을 말하고 왜 그런 질문을 했는지 이야기합니다.

⑥ 비슷한 질문끼리 분류합니다.

⑦ 가장 좋은 질문에 스티커 2장, 그다음 질문 2개에 1장씩 붙입니다. (총 3질문)

⑧ 모둠의 질문 3개를 학습지에 정리합니다.

6

바우네같이 부당한 대우를 받는 사람들을 구제하기 위해 국가는 어떤 일을 할 수 있을까?

바우와 경환이는 왜 서로를 싫어할까?

경환이는 벌어지는 모든 일을 보며 무슨 생각을 할까?

② 월드 카페 대화

월드 카페 대화는 사람들이 카페와 유사한 공간에서 창조적이고 집단적인 대화를 함으로써, 지식을 공유하거나 생성하는 대화 방법이다. 월드 카페는 지식과 지혜는 딱딱한 회의실에서 만들어지는 것이 아니라, 카페 같은 열린 공간에서 긴장을 완화한 상태로 부담 없이 이루어지는 대화를 통해 생성된다는 생각에 기반을 둔다(김혜진, 「국어과 학습대화로서 월드 카페 대화 활용 방안 연구」). 월드 카페를 접한 후, 소설 수업을 할 때 종종 애용하고 있다. 축제도 있던 연말이었지만 학생들은 차분하게 소설을 읽고 즐겁게 월드 카페 대화를 시작했다(이를 다른 현대 소설에 적용한 예는 『한 학기 한 권 읽기 어떻게 할까?』를 참고하면 된다).

학생들에게 월드 카페 대화 방법을 설명한다. 학생들은 '카페' 단어에 우선 혹한다. 요즘은 중학생들도 카페를 자주 들락거려 그런지, 커피가 있냐, 쿠키를 파냐, 질문을 쏟아낸다.

"아니, 얘들아. 음식은 집에 가서 먹고, 카페 분위기를 만들 거야. 너희 카페에 가면 뭐 하니?" "먹고 수다 떨어요." "그래, 우리는 소설을 읽고 수다를 떠는 거지." "그런데 왜 월드예요?" "야, 다른 나라 소설 읽나 보지." "여기 교실에 앉아 대화해도 온 세상사에 관해 다 얘기할 수 있어서 그렇지 않을까? 선생님도 잘 모르겠는걸."

우선 영상을 보여주고, PPT로 방법을 설명한다. 내가 설명을 못하는

월드 카페 대화

1

월드 카페 대화란
- 카페와 같은 열린 공간에서
- 강력한 질문을 바탕으로
- 토의, 토론을 진행하며
- 집단 지성으로
- 결과를 도출해내는 것

2

월드 카페 대화를 위한 준비
- 편안한 대화 환경 만들기
  - 원형 탁자와 의자(모둠별로 앉기)
  - 종이(전지), 사인펜, 포스트잇 등 (대화 내용 메모할 수 있게)

3

월드 카페 대화하는 방법
① 모둠 만들기
  - 4명이 앉아 카페 이름 짓기
② 아이스 브레이킹(마음열기)
  - 인사, 자기소개
③ 각 방의 호스트(주인장) 정하기
  - 대화 촉진, 조정, 정리, 발표

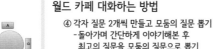

4

월드 카페 대화하는 방법
④ 각자 질문 2개씩 만들고 모둠의 질문 뽑기
  - 돌아가며 간단하게 이야기해본 후 최고의 질문을 모둠의 질문으로 뽑기
⑤ 모둠별 질문에 대해 자유롭게 대화하기
  - 대화 내용 전지에 메모하며 기록 남기기
  - 되도록 구조화하여 정리하기
  - 도표, 그림 등 이용

5

월드 카페 대화에서 대화 내용을 적는 방법
- 각자 다른 색깔 사인펜으로 적습니다

6

월드 카페 대화하는 방법
⑥ 각 방의 주인장만 남고 손님은 다른 카페로 이동하기
  - 새로운 모둠 구성원이 되도록 노력하세요!
⑦ 주인장은 이전 이야기를 정리해 들려주기
⑧ 새 손님들은 그 카페의 주제에 새로운 의견을 덧붙이며 이야기 나누기

7

기호를 이용하여 적는 방법

기호	내용
선	서로의 대화를 직선이나 곡선으로 연결
+	상대방의 의견에 내 의견을 보태요
?	궁금합니다
A	대답입니다
★	창의적인 생각이에요!
♥	그 생각에 공감합니다
☺	흥미로운 의견이네요

8

월드 카페 대화하는 방법
⑨ 또 다른 카페로 찾아가 그 카페의 주제에 관해 이야기 나누기
⑩ 원래의 카페로 돌아가 처음 주제를 중심으로 공유할 내용 정리하기
  - 각자 나누었던 이야기를 모두 풀어놓으세요
⑪ 주인장이 발표하고 질의응답하기

9

월드 카페 대화 전체 진행

내용	시간
개인 질문 만들기 (각자 2개)	
모둠 질문 뽑기	
주인장 모둠 질문 발표	
모둠 질문 토의	7분
자리 이동 후 토의	5분
자리 이동 후 토의	3분
원래 모둠에서 어울림 토의 준비	3분
어울림 토의 후 질의응답	

10

월드 카페 대화에서 이루어지는 대화

분류	내용
시작하기	지금까지 의견 정리, 새로운 의견 내기
반응하기	보충하기, 질문하기, 답변하기
피드백하기	칭찬하기, 공감하기

11

월드 카페 대화할 때 유의할 점
- 모든 이들이 기여할 수 있게 하라!
  - 주인장은 손님들이 자기 의견을 말하고, 질문할 기회를 골고루 가지도록 해야 한다.
  - 말하기보다는 듣기를 좋아하는 사람도 배려하고 격려해주어야 한다.

12

건지, 학생들은 한 회기가 돌아가지 않으면 설명만 들어서는 감을 못 잡는다. 카페에 주인장과 손님이 있다는 것, 주인장은 남고 손님은 이사한다는 것만 정확하게 알면 된다.

앉은 자리에서 모둠을 만들고 '호스트'라 부르는 카페의 주인장을 뽑는다. 카페 주인장은 이야기가 잘 진행되도록 사회도 봐야 하고, 다른

손님들에게 이전 손님들의 이야기를 정리해줘야 하고, 마지막에 발표도 해야 한다. 이때 발표가 진짜 중요하고, 이 발표로 소설에 관해 우리가 다 제대로 이해하게 해야 한다며 강조한다. 부담스러운 자리라 그런지 요구사항에 책임을 지고 임할 만한 학생들로 주인장을 뽑는다.

월드 카페 대화가 다른 대화와 구별되는 특성 중 하나는 '낙서'가 있다는 것이다. 카페별로 큰 종이를 펼쳐놓고 거기에 낙서하면서 이야기한다. 이때 주의할 것은 낙서하느라 이야기를 못하는 경우는 없어야 한다는 점이다. 미리 학생들에게 주의시키고, 이야기하면 주인장이 받아 정리해도 된다고 말했다. 혹시나 낙서로 자기 의사를 표현할 수 없는 학생이 있을지 몰라 '기호를 이용하여 적는 방법'을 알려준다. 기호로 연결하고 덧붙여 말하며 간단한 자기 의사를 나타낼 수도 있다고, 낙서에 너무 부담 갖지 말라고 이야기한다.

모둠에서는 한가운데 이젤 패드 종이를 놓고 우선 '모둠의 질문'을 적는다. 모둠장은 이 종이를 들고 카페별 질문을 발표한다. 이때 주제가 겹치는 경우가 간혹 있으므로 '모둠의 질문'을 뽑을 때 미리 예비 질문 1~2개를 뽑아놓으라고 한다. "같은 질문이 나오면 먼저 발표하는 모둠이 임자"라고 했더니 순서를 정해주지 않아도 알아서 모둠 질문을 소개한다.

우선은 자기 모둠의 질문에 관해 이야기하는 시간이다. '모둠의 질문'을 뽑을 때 이미 어느 정도 이야기를 했기 때문에 7분이라고 적어놓기는 했지만, 상황을 봐서 교사가 알람을 조정한다. 모둠을 돌아다니면서 이야기 진행 상황을 파악하고, 이야기가 잘 나오지 않는 카페에 가서는 대화를 지속할 수 있도록 교사가 질문을 던져야 한다.

알람이 울리면 교사는 이야기를 멈추게 하고 각자 지금까지 한 이야기를 조금 큰 붙임 쪽지에 정리하도록 한다. 이때 주인장은 나온 내용을 정리하여 이젤 패드에 '낙서'한다. 이동하라는 말에 맞춰 자기가 움직이고 싶은 카페로 이동한다. 이때 같은 카페의 구성원은 모두 다른 질문으로 이동해야 한다. 이사 가는 속도가 다르므로 자리 배치를 교사가 조정해야 하는 상황이 생긴다.

다른 카페로 이동한 후 각 카페의 주인장은 지금까지 나왔던 이야기를 자신이 이젤 패드에 정리한 내용을 바탕으로 새 손님들에게 설명한다. 이 설명을 들으면서 손님들은 이젤 패드에 자기 생각을 '낙서'한다. '낙서' 실명제라고 이야기하곤 학생마다 다른 색깔 펜을 쓰고 자기 낙서에 이름을 적게 했다. 보통 여기까지 진행하면 1시간이 지나간다. 교사는 이젤 패드를 걷고, 학생들이 자기 붙임 쪽지를 챙겨 공책에 붙여 놓도록 한다(이렇게 잔소리를 안 하면 끝나고 교실에 붙임 쪽지가 굴러다닌다!).

다음 시간에 이어서 월드 카페를 진행할 때는 이젤 패드를 나눠주고 우선 앉은 자리 모둠에서 지난 시간에 나눴던 이야기를, 자신이 정리한 붙임 쪽지를 보며 돌아가면서 1분 정도씩 이야기하게 한다. 학습 점검 서클을 변형한 것으로 이렇게 나누면서 서로의 생각에 더 발전이 있기에 자주 나누는 시간을 주려고 한다. 손님으로 다녀온 친구들은 다른 모둠에서 들은 이야기를 전하고, 주인장은 자기 모둠의 질문에 대해 다른 손님들이 한 이야기를 전한다. 이 과정에서 소설 전반에 대한 이해의 폭이 높아지기 때문에, 예전에는 서둘러 1시간에 월드 카페를 끝냈다가, 지금은 일부러 2시간에 걸쳐 천천히 진행한다.

전 시간에 이어 또 이동한다. 학생들이 어느 카페의 질문이 어떤 건지 벌써 잊었기 때문에, 각 주인장은 다시 한번 이젤 패드를 들고 자기 모둠의 질문을 발표한다. 손님들은 지난번 고른 질문과 다른 질문 카페로 색깔 펜과 자기 붙임 쪽지를 들고 이동한다.

새 카페에 가서 주인장의 설명을 듣고, 그 사이에 이젤 패드에 '낙서'를 하고, 알람이 울리면 지금 나눈 이야기를 간단하게 자기 붙임 쪽지에 정리한 후 원래 자기 모둠의 자리로 움직인다(상황에 따라 이동을 한 번 더 할 수 있다).

자기 모둠으로 와서 다시 한번 서클 방식으로 이야기를 나눈다. 주인장은 맨 마지막에 이야기하면서 자기 모둠의 질문에 대한 손님들의 답변을 말한다. 4명이 한 번씩 이야기를 나눈 후에 함께 의논하여 이젤 패드 여백에 '모둠의 질문'에 대한 답변을 어떻게 낙서로 도식화하여 설명할지 의논하여 정리한다. 지금까지 나왔던 이야기를 종합해서 새롭게 '낙서'하라고 이야기한다. 배웠던 비주얼 씽킹을 이용하라고도 한다.

소설 수업의 하이라이트인 발표 시간, 모둠장이 자기 모둠의 질문과 대답을 발표한다. 모든 손님의 의견을 늘어놓는 것이 아니라 최종적으로 정리한 낙서를 이용해 재구조화하여 말해야 한다. 그리고 이에 대한 질의응답. 한 번도 이 모둠 카페에 들르지 않은 친구들이 완전히 이해할 수 있게 여유를 두고 진행해야 한다. 학생들에게서 질문이 나오지 않으면 교사는 발표 모둠에 계속 질문을 던진다. 이것도 학생들의 사고를 자극하는 데 유용하기 때문에(당연히 교사의 질문은 꽤 수준이 높다!) 학생들이 생각하는 표정을 즐기면서 자꾸 질문한다.

학생들의 소감을 보면 흥미로운 지점을 발견할 수 있다.

- 평소에 능력 없는 사람들의 갑질 같은 황당한 얘기를 들어도 별로 연민을 느끼지 못했는데, 소설로 접해보니 바우의 심정을 잘 이해할 수 있었고 불의를 느꼈다.
- 월드 카페를 하기 전에는 경환이가 일이 이렇게 커지기를 바랐고 일이 커져 좋아했을 거 같다고 생각했었는데, 경환이도 당황했을 거라는 말이 나오니 그랬을 거 같기도 하다.
- 월드 카페를 하면서 「나비를 잡는 아버지」에 관해 더 깊게 생각해볼 수 있었다. 나비가 무엇을 의미하는지도 알 수 있었고 바우와 아버지의 입장이 되어서 생각해볼 수도 있었다. 더 나아가 사회적인 문제로도 생각할 수 있었다. 다른 책을 가지고도 이러한 활동을 하고 싶다.

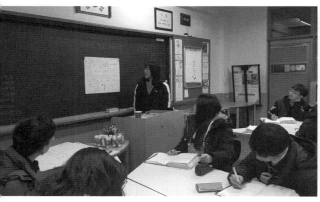

모둠활동

　경환이는 주인공의 반대 지점에 서 있는 인물로, 소설을 깊게 읽지 않을 땐 쉽게 나쁜 캐릭터라고 생각할 수 있다. 하지만 학생들은 월드 카페를 통해서 바우의 심정, 아버지의 심정뿐만 아니라(이걸 이해하면 '성 장'에 관한 성취기준을 달성하게 된다) 경환이의 속사정, 열등감도 짐작해볼 수 있다. 그리고 이러한 갈등의 저변에 마름과 가난이라는 사회적 구조가 깔려 있다는 것도 알게 된다.

③ 번외편: 딕싯 카드로 이야기 나누기

　보드게임 딕싯(Dixit)을 알고 있었지만, 우연히 연수를 통해 게임참가 자가 계속해서 말하고, 말을 생각하게 유도하는 것이 게임의 핵심인 딕 싯을 수업에서 쓸 수 있다는 것을 알게 되었다. 경기도 사서교사모임 '책봄'에서 배웠는데, 그 덕에 '학부모, 교사, 학생 연합독서토론'에서도 이용하고, 수업시간에도 잘 이용하고 있다. 그 방법을 간단히 안내한다.
　1인당 사탕이나 막대기 등 쿠폰처럼 사용할 수 있는 것을 5~10개 정 도 나눠준다. 연합독서토론을 할 땐 사탕을 나눠주었으나 수업시간에는 먹는 것에 너무 정신을 **빼앗길까봐**(게다가 수업시간에 초콜릿 등의 외적 보상을 일절 쓰지 말자는 내 원칙 때문에) 쿠폰 대체품을 찾다가 과학 시간에 쓰다 남은 재료인 색깔 막대기를 이용했다.

각자 텍스트를 읽으면서 질문을 만드는 방법은 위에 제시한 것과 같다. 단, 각자 만든 질문을 하나당 한 장씩 붙임 쪽지에 쓰고, 전체 쪽지 질문에 관해 이야기를 나눠본 후, 모둠의 질문으로 적절하다고 생각하는 것에 스티커 투표를 한다. 많이 받은 순서로 모둠의 질문 3~5개 정도를 골라 모둠별로 받은 마분지 판에 붙인다(우드락을 잘라 써도 좋고 자석 칠판도 좋다. 그냥 책상 위에 붙여서 이용해도 된다).

딕싯 카드를 잘 섞어 한 사람당 5장씩 받는다. 나머지 카드는 무더기로 만들어 쌓아놓는다. 스티커가 많이 붙은 질문부터 순서대로 대답한다. 가장 많은 스티커를 받은 사람은, 가진 카드 5장 중 첫 번째 질문에 대한 대답으로 가장 그럴듯한 카드 한 장을 꺼내 다른 모둠 친구들에게 보여주며 그 질문에 대한 답을 말한다(이제 손에 4장만 남아 있다). 정확히는 꿰어맞춘다. 시계 반대 방향으로 돌아가며 첫 번째 질문에 대해 카드를 나란히 내려놓으며 모두 답을 말한다. 대답이 다 끝난 후에 가장 그럴듯한 대답을 한 카드 위에 자기 쿠폰을 올려놓는다. 최대 개수를 2~3개 정도로 제한해야 자신한테 쿠폰이 계속 남아 있게 된다. 자신이 내려놓은 카드 위에 있는 쿠폰은 각자 챙긴다. 그중 가장 많은 쿠폰을 받은 학생이 무더기 카드 중 5장을 친구들에게 각 1장씩 나눠주고(손에는 다시 5장의 카드가 들려 있다), 두 번째 질문에 대해 가장 먼저 대답을 한다. 같은 순서를 반복하고 마지막 쿠폰을 가장 많이 받은 학생에게 두뇌를 많이 쓴 것에 대해 칭찬한다(작은 상품을 마련할 수도 있으나 나는 외적 보상을 그리 좋아하지 않는다). 전체적으로 모든 질문에 관해 이야기 나누기가 끝나면 함께 나눈 질문과 나의 답변, 친구들의 가장 그럴듯한 답변을 공책에 옮겨 적는다.

딕싯으로 질문 나누기

- 막대기를 1인당 5개씩 나누어줍니다.
- 가장 많은 표를 얻은 질문을 쓴 사람이 먼저 카드를 섞습니다.
- 각자에게 카드를 5장씩 안 보이게 나누어주고 나머지 카드는 엎어서 무더기로 쌓아놓습니다.
- 스티커가 많은 질문부터 5장의 카드 중 자신이 하고자 하는 이야기와 가장 유사한 카드를 바닥에 보여주면서 질문에 대한 답을 말합니다.

딕싯으로 질문 나누기

- 시계 반대 방향으로 돌아갑니다.
- 가장 그럴듯한 대답을 한 사람의 카드 위에 막대기를 올려놓습니다. (자기 제외, 1~3개)
- 자기가 낸 카드 위 받은 막대기는 가져갑니다.
- 사용한 카드는 한쪽에 치워두고, 무더기에서 새롭게 한 장씩 뽑아 가집니다.
- 가장 많은 막대기를 받은 사람부터 두 번째 질문으로 다시 시작합니다.
- 반복합니다.

덕싯 카드의 그림은 상상력이 풍부하고 워낙 매력적이어서 한마디로 단정 지을 수 없다. 학생들은 순발력과 창의력을 발휘하여 질문에 대해 카드 그림을 강제로 결합해야(강제결합법, forced relationship) 한다. 미처 생각해보지 못한 것도 그림 덕에 더 풍부한 이야기로 발전할 수 있다. 학생들도 한 번 경험해본 후에는 이 방법에 매력을 느끼는지, 이번에는 또 덕싯 카드를 사용하지 않느냐고 질문을 한다.

어떤 방법을 쓰든 학생들이 소설을 깊이 읽는 맛을 깨달아, 좋아하는 작가도 생기고, 스스로 소설을 찾아 읽어보면 좋겠다. 그러기에는 교사가 많은 것을 설명해주는 방식이 아니라, 양은 적더라도 학생이 궁금증을 갖고 그걸 풀기 위해 다른 사람과 이야기를 나누는 방식, 교사가 많은 부분은 침묵하고 사고를 자극하는 질문을 할 때만 입을 여는 방식이어야 가능하다. 작품에 등장하는 인물과 그 인생 이야기가 바로 나의 이야기임을 절실히 느끼려면, 그래야 한다.

● 현덕의 단편소설 「나비를 잡는 아버지」를 모둠별로 나눠서 읽으며 질문 만드는 활동과 같이
　진행합니다.

1단계 프로젝트 안내: 갈등과 성장

〈국어과 1학년 성취기준〉
[문학] 갈등의 진행과 해결 과정에 유의하며 작품을 감상한다.
[문학] 인간의 성장을 다룬 작품을 읽으며 삶을 성찰하는 태도를 지닌다.

가. 『중학교 개념학교―소설』 용어 정리

1. 갈등 　1. 갈등의 뜻 　2. 갈등의 종류 　　1) 내적갈등 　　2) 외적갈등 　　① 인물 vs 인물 ② 인물 vs 사회 　　③ 인물 vs 자연/운명	**2. 플롯(구성)** 　1. 플롯의 뜻 　2. 플롯의 단계 　　1) 발단 2) 전개 3) 위기 4) 절정 5) 결말 　3. 플롯의 종류

나. '갈등과 성장 배우기' 프로젝트 진행 과정
도입―소설 읽기―월드 카페 대화―독후감 쓰기

2단계 개인/모둠 목표 세우기: 이 프로젝트를 왜 할까?

가. '갈등과 성장 배우기' 프로젝트를 왜 할까? 하면 무엇이 좋을까? 하고나면 무엇이 달라질까?

나. '갈등과 성장 배우기' 프로젝트에서 나의 목표는?

다. 프로젝트를 시작하기 전에 채점기준표를 읽고 해당하는 부분에 검정색으로 동그라미를 쳐봅시다.

라. '보통'이나 '미흡'을 받을 것 같은 항목은 무엇입니까? <u>이유도 2줄 정도 적어봅시다.</u>

마. 모둠원들과 어떻게 하면 '잘함'으로 갈 수 있을지 의논하여 그 결과를 적어봅시다.

3단계 개인/모둠 질문 나누며 돌려 읽기

가. 모둠별로 역할을 나눕니다. (사회자 1명, 질문 2명, 호응 1명)
나. 각 구성 단계를 인원수만큼 나누어 낭독하며 읽습니다. (발단 부분을 4명이 돌아가며 읽기)

다. 읽은 부분의 질문을 정리해봅시다. (사회자, 호응은 1개, 질문은 2개)

발단	
전개	
위기	
절정 결말	

라. 읽은 부분의 소감, 감상을 나눈 후, 질문에 관해 이야기를 나눠봅시다.

마. 읽은 부분의 줄거리를 정리해봅시다. **사건의 인과 관계(원인과 결과)**를 고려하여 줄거리를 적어봅시다. 김첨지의 **심리적인 상태**를 포함해야 합니다. (마음 상태에는 밑줄을 그어봅시다.)

_____

_____

_____

_____

_____

_____

_____

_____

_____

4단계 개인/모둠 소설 꼼꼼하게 읽기

가. 바우와 경환이가 나비를 잡는 이유를 각각 적어봅시다.

바우	경환

나. 마지막 부분에서 바우 아버지는 왜 나비를 잡고 있었을까요?

다. 바우는 잘못한 일이 없다고 생각하면서도 결국 경환이에게 사과할 것 같습니다. 이 사건을 통해 바우가 깨닫게 된 것은 무엇일까요?

5단계 | 개인/모둠 | 월드 카페 대화하기

가. 이 소설 전체에서 소설을 이해하는 데 중요하다고 생각하는 질문을 2개 뽑아봅시다.

나. 모둠별로 의논하여 우리 모둠의 질문을 뽑아봅시다. 모둠장을 정하고 모둠장이 질문을 발표합니다.

다. 모둠장이 발표한 질문을 듣고 마음에 드는 질문에 찾아가 토의합니다. (모둠장은 움직이지 않는다) 토의
   를 할 때는 자기가 한 말을 간단하게 전지에 적어봅시다. (이동하여 두 모둠에서 더 토의해보자)

라. 모둠장은 토의한 결과를 발표해봅니다. 발표 결과를 간단하게 메모해봅니다.

질문	질문에 관해 토의한 내용

마. 월드 카페 대화를 한 후 새롭게 알게 된 사실들을 정리해봅시다.

6단계 개인/모둠 독후감 쓰기

1. 이 소설을 읽고 별점을 매긴 후 그 이유를 써봅시다.

별점	이유 (3줄 이상)
☆ ☆ ☆ ☆ ☆	

2. 이 작품을 읽으면서 떠올랐던 나의 경험을 적어봅시다. (작품과 관련된 경험 찾기)

_____

_____

_____

_____

_____

_____

_____

3. 이 작품을 읽으면서 떠올랐던 사회적인 사건을 적어봅시다. (사회 현상과 연결 짓기)

_____

_____

_____

_____

_____

_____

_____

4. 이 작품을 읽으면서 떠올랐던 다른 소설, 책, 영화를 적어봅시다.

7단계 **개인/모둠** **평가: 채점기준표**

영역	평가기준	잘함	보통	미흡
듣기 말하기 (배려하는 말하기)	언어폭력의 문제점을 인식하고 상대를 배려하며 말하는 태도를 가지는가?	언어폭력의 문제점을 여러 측면에서 이해하고 다양한 상황에서 상대를 배려하는 말하기를 지속적이고 능동적으로 실천함.	언어폭력의 문제점을 알고 상대를 배려하는 말하기를 실천함.	언어폭력의 문제점을 알고 일부 상황에서 상대를 배려하는 말하기를 실천함.
쓰기 1 (보고서 쓰기)	자신의 삶과 경험을 바탕으로 관찰, 조사, 결과가 드러나게 글을 쓰는가?	실제 생활이 반영된 여러 자료를 활용하여 관찰, 조사, 결과가 체계적이고 효과적으로 드러나도록 글을 씀.	실제 생활이 반영된 자료를 활용하여 관찰, 조사, 결과가 드러나도록 글을 씀.	실제 생활이 반영된 자료를 활용하여 관찰, 조사, 결과가 일부 드러나도록 글을 씀.
쓰기 2 (통일성)	다양한 자료에서 내용을 선정하여 통일성을 갖춘 글을 쓰는가?	다양한 자료에서 적절한 내용을 풍부하게 선정하고, 통일성을 갖추어 주제가 명료하게 드러나도록 글을 씀.	다양한 자료에서 적절한 내용을 선정하여 통일성을 갖춘 글을 씀.	다양한 자료에서 내용을 선정하여 부분적으로 통일성을 갖춘 글을 씀.

가. 프로젝트를 끝내고난 후 다른 색깔로 동그라미를 쳐봅시다.

나. 수업 시작하기 전 예상했던 것과 달라진 것은 무엇입니까? 그 이유를 2줄 이상 적어봅시다.

항목	이유

다. '보통'이나 '미흡'을 받은 항목과 그 이유를 2줄 이상 적어봅시다.

항목	이유

라. 모둠원들과 어떻게 하면 '잘함'으로 갈 수 있을지 의논하여 그 결과를 적어봅시다.

질문 만들기

1. 작품 속에 등장하는 인물에게 2가지씩 질문을 하고 답을 만들어봅시다.

바우	
경환	
바우 아버지	

2. 제목이 무엇을 뜻하는지 써봅시다.

3. 주제를 생각하며 읽고, 글쓴이에게 궁금한 점을 2가지 질문해본 후 답을 만들어봅시다.

4. 작품 속에서 상징적인 소재(사물, 낱말 등)를 찾아 그 의미를 생각해봅시다.

독서 감상문 쓰기

1. 책을 읽고 감상문을 쓰기 위해 다음을 생각해봅시다.

1) 이 책의 주제는 무엇입니까?

2) 책 내용과 관련하여 내가 쓸 독후감의 주제는 무엇입니까?

2. 주제와 관련지어 문제를 제기하고 그에 대한 자신의 대답을 써봅시다.

문제제기	
나만의 대답	

3. 독서 감상문을 쓰기 위한 개요를 짜봅시다.

처음	
중간	
끝	

■ 들어갈 만한 내용 : 소설에 대한 자신의 해석, 소설을 읽고 난 후 감동, 소설을 보면서 떠오르는 자신의 경험, 제목에 대한 자기 생각, 소설을 보기 전 생각, 소설에 대해 비판할 점, 주인공이나 작가에게 하고 싶은 말, 인상적인 장면 등등

4. 독서 감상문을 써봅시다.

1학년   반   번 이름:

◉ 글 쓸 때 유의할 점

1. 처음 시작을 멋있게 ('나는'이나 '이 책은'으로 시작하지 않는다. 3~5줄 정도 첫머리를 쓴다)
2. 문단은 잘 지켜서 (처음, 중단, 끝을 명확히 구분한다. 문단은 생각의 단위! 한 이야기가 끝나면 반드시 들여쓰기를!)
3. 줄거리는 5줄을 넘지 않는다.
4. 감상을 자세히 쓴다. (막연하게 '재미있다, 감동적이다'가 아니라 어디에서 그런 점을 느꼈는지 구체적으로 쓴다)
5. 마무리는 감동적으로 (감동을 받았다거나, 앞으로도 소설을 더 읽어야겠다는 이야기는 쓰지 않는다. 3~5줄 정도 마무리를 쓴다)

제목 :   (을/를 읽고)

이 독후감은 ____학년 ____반 ____번 _____이/가 (책 제목) _____을 읽고 쓴
(독후감 제목) _____입니다. (각자 7줄 이상씩 쓰세요)

평가자			
전체적으로 이 글은			
이 글에서 칭찬하고 싶은 점은			
이 글에서 더 보충 했으면 하는 점은			
나의 글과 비교하면			
친구들의 글을 읽고 나는			

에필
로그

끝없는 시행착오,
그리고
기록과 공유

프로젝트 수업 위주의 자유학년제 1년을 마쳤다. 자유학년 수업은 지필평가가 없다. 그 대신 수업 중 끊임없는 피드백과 다양한 평가 방식으로 학생이 성취기준을 달성하도록 해야 한다. 아울러 자유학년제가 목표로 삼는 학생들의 꿈과 끼를 키울 수 있게 해야 하고, 교육과정에서 목표로 삼는 다양한 역량을 갖춘 학생이 될 수 있게 해야 한다. 수업을 실질적으로 이렇게 만들기 위해서는 많은 고민이 필요하다.

여기서 내가 고민하는 것은 '긴 시간'이다. 그래야 수업이 삶의 맥락을 놓치지 않을 수 있다고 생각하기 때문이다. "나, 카드 뉴스 만들어봤어. 설명문, 그거 써봤어. 인터뷰도 해봤어"라는 말과 함께 학생들에게 그냥 스쳐 지나가는 수업이 아니었으면 좋겠다. 내가 수업에서 다룬 것들이 우리 학생의 몸과 마음에 착 달라붙었으면 좋겠다. 이게 가능해지려면 학생에게 수업을 관통하는 목표가 있어야 한다. '너희가 책을 쓸 거야. 우리 동네 생태지도를 만들어보자. 뮤지컬 공연을 올릴 거야' 이런 구체적인 목표 말이다. 이것은 바로 프로젝트 수업에서 말하는 산출물이다. 그래서 자꾸 교육과정을 (흔히 하는 말로) 재구성하여 파편적으로 나뉘어 있는 단원 수업을 점차 더 호흡이 긴 프로젝트 수업으로 바꾸려고 한다.

그렇다면 어떤 프로젝트 수업을 할까? 교육을바꾸는사람들 대표 이찬승에 따르면(EBS 교육대기획 〈다시, 학교〉 8부 '잠자는 교실'의 근본적 해법, 2020. 03. 04), 학습과학적으로 뇌가 주의를 기울이기 위해서는 '필요, 새로움, 의미, 감정(정서)'이 요구된다고 한다. 자기를 표현하고, 자기가 사는 공간에 관심을 가지며, 자신의 언어생활을 돌아보고, 1년 생활을 돌아보는 등 학생의 삶에서 시작하는 수업이라면 이 네 가지 요소를 고루 만족시킬 수 있지 않을까? 최종 목적지인 산출물을 향해 나가면서도, 교사가 단계별로 비계를 제시한다면 성취기준을 달성하기 위해 꽤 수준 높은 요구를 해도 학생들은 포기하지 않고 따라온다. 학생 자신과 관련된 소재나 주제에서 오는 관심이 프로젝트를 유지하는 동력이 되기 때문이다.

시작은 이렇다.

엥? 그걸 우리가 한다고요? 제가 할 수 있을까요?

하지만 마지막은 이렇다.

우리가 해냈네! 쉽진 않지만 할 수 있군요!

① 다른 교과 수업이나 학교 행사와 적극 연계하기

학생들의 앎과 삶을 일치시키기 위해서는 자신이 맡은 교과뿐만 아니라 다른 교과와 함께 융합 수업을 시도해보는 것도 추천하고 싶다. 우선 서로 의기투합한 선생님들부터 시작하면 된다. 학생들은 더 긴 시간 동안 더 깊이 있게 어떤 주제를 접할 수 있고, 교사는 더 수준 높은 학생의 결과물에 만족하게 되고, 수행평가 부담을 줄일 수도 있다. 평소에 엄두 내기 힘들었던 시도도 해볼 용기를 얻는다. 융합 수업을 하다보면 자꾸 주변 선생님들의 수업에 관심을 두고, 말을 붙여보게 된다. 학생뿐만 아니라 교사공동체를 튼튼하게 만드는 데도 크게 도움이 된다.

교과 간 융합 수업뿐 아니라 학교에서 벌어지는 진로체험이나 축제, 교육여행 등 다양한 행사를 수업과 융합하는 건 어떨까? 행사가 그냥 스쳐가는 일이 되지 않도록 더 깊게 자신을 돌아보는 계기가 되려면 수업과 결합하는 방식이 좋다. 모든 과정은 상호평가, 자기평가를 비롯한 수업 중의 평가와 교사의 피드백, 기록으로 마무리되면 더욱 좋겠다.

1년 수업을 이런 방향으로 구성하려고 애를 썼다. 학생들이 자신을 성찰하는 메타인지를 발달시켰으면 하는 바람에서, 수업을 시작할 때마다 학생들과 같이 목표를 세우고, 채점기준표를 훑어본 후 예상하게도 하고, 매시간 그날의 목표와 배우고 느낀 점을 쓰게 하고, 프로젝트가 끝날 때마다 자기 성찰 평가를 통해 자신을 되돌아보게 했다. 아이들이 자신이 하는 일이 무엇인지, 그것을 통해 어느 방향으로 나가고 있는지 스스로 파악할 수 있으면 좋겠다고 생각했다.

② 시행착오의 연속, 그리고 기록과 공유

자유학년제를 하면서 일은 참 많았다. 학년 야영이니 지역 연계 봉사 활동이니, 행사가 많았다. 회복적 서클에 학생들 생활 교육도 만만치 않았다. 무엇보다 우리 반 학생들이 참 개성이 강해서 아이들과 함께하는 게 쉬운 일은 아니었다. 하지만 학년 부장을 맡은 덕택에 수업과 행사를 더욱 수월하게 연결할 수 있었고, 이거 하자, 저거 하자 하는데도 마음 모아 함께한 1학년 담임 선생님들이 있었기에 새로운 시도들도 가능했다. 당시 혁신부장을 맡아 어려운 일이 있을 때 언제나 기꺼이 도와주신 박래광 선생님께도 이 자리를 빌려 감사 말씀을 전하고 싶다.

수업 이야기를 하면, 선생님들이 "몇 시에 퇴근하세요? 몇 시에 주무세요?"라고 묻곤 하신다. 오후 5시 넘어서까지 일한 적은 거의 없고(대신 아침에는 좀 일찍 온다), 워낙 운동하는 것을 좋아해 기본 체력은 괜찮다. 잠은 좀 부족하지만, 커피와 쪽잠으로 벌충한다. 매번 드리는 말씀이지만 어떤 수업 하나, 행사 하나가 어느 날 갑자기 뿅, 튀어나온 것은 없다. 이래저래 실수하고 실패한 것을 고치고 고쳐 탄생했기에 그 결과만 놓고 보면 꽤 그럴듯해 보이는 것뿐이다. 지금 하는 수업도 정리하다보면 또 여전히 마음에 안 들어 혼자 부글부글한다. 수업시간에 이상한 것은 표시해두었다가 다음 시간 들어가기 전에 학습지를 고친다. 그렇게 고치고 또 고치다 보면 직전에 했던 수업인데도 낯부끄러워진다.

자꾸 휘발되는 기억 때문에 내 수업 일기를 쓰기 시작했다. 수업시간에 벌어진 일들, 학생들의 반응, 발견되는 문제점 등등. 그러다보니 학생들의 수행 자료를 모아놓아야 나중에라도 예시 자료로 쓸 수 있겠다는 생각이 들었고, 한 프로젝트가 끝나면 정리를 해두어야겠다고도 생각했다.

이 책은 어찌 보면 내 수업 일기의 종합판이다. 매일 실수하고 실패하며 기록하고 고친 자료로, 다른 선생님들이 좀 더 쉽게 수업에 적용하면 좋겠다. 흔히 하는 말로 기록과 공유인 셈이다.

"아니, 선생님, 무슨 열정으로 이런 일들을 다 하세요?" 얼마 전에도 들었던 질문이다. 생각도 하지 않고 바로 말했다.

"1년을 지내면 학생들이 부쩍 큰 모습이 보여요. 3월에 들어왔을 때와 비교도 할 수 없을 정도로 성장해서 2월에 헤어지곤 해요. 내가 이걸 해서 학생들이 직접적으로 더 자라고 덜 자라는 건 아니겠지만, 공책 한 쪽 쓰는 것도 힘들어하던 학생이 이젠 A4 5쪽도 그냥 써내는 걸 보는데 어떻게 대충할 수 있겠어요."

그때는 빠뜨리고 말하지 못했지만, 학생들이 쑥쑥 크는 모습을 보며 나 또한 교사로서 성장하고 있다는 느낌이 들기에 이렇게 열과 성을 다하는 게 아닌가 싶다. 그래서 오늘도 나는 학습지를 고친다.

코로나가 전 세계를 휩쓸고 있다. 매일 쏟아지는 새로운 뉴스의 홍수 속에서 우리는 무엇을 믿고, 무엇을 믿지 말아야 할지 어리둥절하고 불안하다. 우리 모두, 그리고 우리 아이들이 현명하게 이 난국을 헤쳐나갔으면 좋겠다. 내게 흘러들어오는 정보를, 내가 겪고 있는 상황을 주체적으로 판단하고, 자신의 말과 행동을 되돌아보고 성찰했으면 좋겠다. 내가 가르치는 학생들이, 함께 사는 이 공동체를 걱정하고, 더욱 좋은 공동체로 나아가는 데 힘을 보태는 사람이 되었으면 좋겠다. 그 작은 씨앗이 내 수업에서 싹트면 좋겠다.

이 모든 것을 가능하게 해준 두 남자, 주말마다 새로운 음식을 선보이며 끼니를 책임졌던 남편 이성훈과 혼자서도 있는 듯 없는 듯 잘 노는 아들 이한결에게 사랑과 감사를 보낸다.